KB070176

세상이 변해도
배움의 즐거움은
변함없도록

시대는 빠르게 변해도
배움의 즐거움은
변함없어야 하기에

어제의 비상은
남다른 교재부터
결이 다른 콘텐츠
전에 없던 교육 플랫폼까지

변함없는 혁신으로
교육 문화 환경의 새로운 전형을
실현해왔습니다.

비상은 오늘, 다시 한번
새로운 교육 문화 환경을 실현하기 위한
또 하나의 혁신을 시작합니다.

오늘의 내가 어제의 나를 초월하고
오늘의 교육이 어제의 교육을 초월하여
배움의 즐거움을 지속하는 혁신,

바로, 메타인지 기반 완전 학습을.

상상을 실현하는 교육 문화 기업 비상

메타인지 기반 완전 학습

초월을 뜻하는 meta와 생각을 뜻하는 인지가 결합한 메타인지는
자신이 알고 모르는 것을 스스로 구분하고 학습계획을 세우도록 하는
궁극의 학습 능력입니다. 비상의 메타인지 기반 완전 학습 시스템은
잠들어 있는 메타인지를 깨워 공부를 100% 내 것으로 만들도록 합니다.

한 권으로 끝내기

한끝

중등 역사 ②-1

이 책의

구성과 특징

진도 교재

단원별 **내용** 학습

문제로 실력 **쌓기**

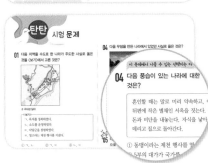

대단원 마무리

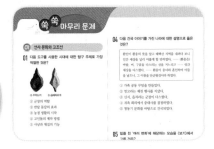

---

1 교과 내용 정리
역사 교과서에서 다루는 내용을 상세하고 이해하기 쉽게 정리하였습니다.

2 생생 자료
교과서 자료들을 철저하게 분석하여 시험 출제 가능성이 높은 사료, 지도, 사진, 도표 등 중요 자료만 콕콕 찍어 알기 쉽게 설명하였습니다.

3 쏙쏙 용어
교과서에 등장하는 주요 용어를 읽기만 해도 쉽게 이해할 수 있도록 친절하게 설명하였습니다.

1 꼼꼼 개념 문제
중단원에서 학습한 내용을 간단한 문제를 통해 확인해 보세요. '대표 자료로 확인하기 / 한눈에 정리하기'로 주요 학습 요소를 잘 이해했는지 점검할 수 있습니다.

2 탄탄 시험 문제
학교 시험에 꼭 나오는 핵심 문제들을 엄선하여 구성하였습니다. 다양한 유형의 문제로 여러분의 실력을 탄탄하게 다져 보세요.

3 학교 시험에 잘 나오는 서술형 문제
학교 시험에 자주 출제되는 유형의 서술형 문제를 선별하여 구성하였습니다.

1 연표와 표로 정리하는 대단원
대단원별 학습 내용을 체계적으로 정리하고 학습 목표에 따라 주요 개념을 잘 이해했는지 점검할 수 있습니다.

2 쏙쏙 마무리 문제
단원 통합형 문제를 확실히 대비할 수 있도록 다양한 문제 유형을 제공하였습니다.

시험 대비 문제집

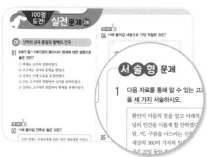

시험 전 한끝

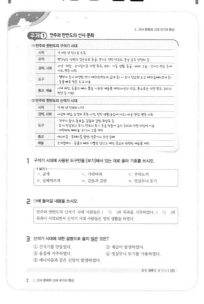

---

1 핵심 정리
단원별 핵심 내용을 콕 집어 정리한 시험 대비 문제집으로 개념을 익혀 보세요. 아무리 시험 범위가 많아도 쉽고 빠르게 학습할 수 있습니다.

2 100점 도전 실전 문제
학교 시험 기출 문제를 철저하게 분석하여 빈출 유형의 문제들로 구성하였습니다. 실전 문제로 실력을 키워 학교 시험 100점에 도전해 보세요.

3 서술형 문제
빈출 유형의 서술형 문제로 실력을 쌓으면, 학교 시험에서도 자신 있게 답안을 작성할 수 있습니다.

● 시험에 자주 나오는 주제를 빠짐없이 정리하였습니다. 단원별 핵심 내용을 익히고 문제를 풀며 시험 직전 소중한 시간을 알차게 사용해 보세요.

● 한끝에 수록된 모든 문제에 대한 답과 상세한 풀이가 담겨 있습니다. 해설을 꼼꼼히 읽으면 오답의 이유에 대해서도 정확하게 이해할 수 있습니다.

한끝과 내 교과서 단원 비교하기

	단원명	한끝	비상교육	금성	동아출판	미래엔	지학사	천재교육
I 선사 문화와 고대 국가의 형성	01 선사 문화와 고조선	10~15	10~17	10~15	12~17	12~21	10~15	12~19
	02 여러 나라의 성장	16~19	18~23	16~19	18~21	22~25	18~21	20~23
	03 삼국의 성립과 발전	20~27	24~35	20~29	24~33	26~39	24~31	24~33
	04 삼국의 문화와 대외 교류	28~33	36~43	30~37	36~41	40~47	32~39	34~41

	단원명	한끝	비상교육	금성	동아출판	미래엔	지학사	천재교육
II 남북국 시대의 전개	01 신라의 삼국 통일과 발해의 건국	42~47	48~55	44~49	48~53	54~61	44~50	46~53
	02 남북국의 발전과 변화	48~55	56~63	50~55	56~63	62~69	52~59	54~59
	03 남북국의 문화와 대외 관계	56~61	64~71	56~61	66~71	70~75	60~69	60~71

이 책의 차례

Ⅲ 고려의 성립과 변천

I

선사 문화와
고대 국가의 형성

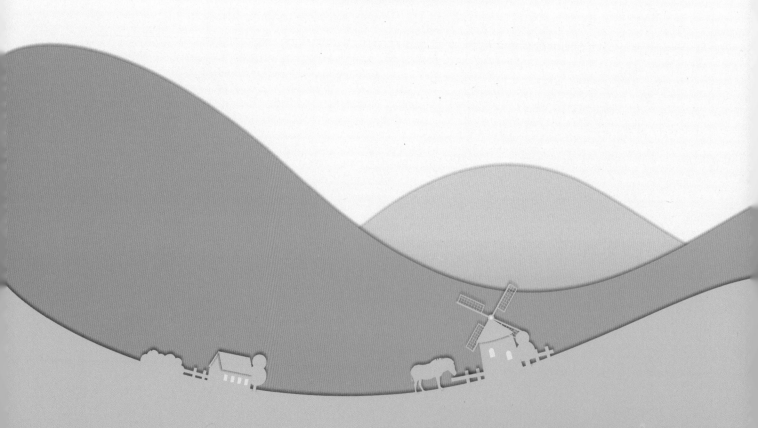

01 선사 문화와 고조선

● 만주와 한반도의 선사 문화

1. 만주와 한반도의 구석기 시대

(1) **시작**: 약 70만 년 전으로 추측

(2) **유적**: 평안남도 상원의 검은모루 동굴, 경기도 연천 전곡리, 충남 공주 석장리 등이 대표적

(3) **경제·사회**: 사냥·채집·고기잡이로 식량 획득, 무리·이동 생활, 동굴·바위 그늘·강가의 막집 등에 거주, 평등 사회

(4) **도구**: 뗀석기, 동물 뼈로 만든 도구 등 사용 〔자료①〕

초기	하나의 석기를 여러 용도로 사용(찍개, 주먹도끼 등) → 다양한 석기 제작(긁개, 밀개 등)
후기	이전보다 정교한 도구 제작(슴베찌르개, 돌날 등)

(5) **신앙·예술**: 시체 매장, 동물의 뼈나 뿔을 이용한 예술품 제작(사냥의 성공, 풍요로운 식량 획득, 무리의 번성 등 기원)

2. 만주와 한반도의 신석기 시대

(1) **시작**: 약 1만 년 전부터 빙하기가 끝나고 기후가 따뜻해짐(오늘날과 유사한 자연환경 형성) → 사슴과 같은 작고 날쌘 동물 번성 → 정교한 도구(간석기) 제작

(2) **경제·사회**: 사냥과 채집, 농경과 목축 시작, 정착 생활(강가·바닷가의 움집에 거주), 마을 형성, 평등 사회

(3) **도구** 〔자료②〕

① **간석기**: 돌낫, 돌보습, 갈돌과 갈판, 화살촉, 낚시 도구 등 제작

② **토기**: 빗살무늬 토기, 덧무늬 토기 등을 만들어 음식 조리·식량 저장

③ **가락바퀴, 뼈바늘**: 옷이나 그물 제작

(4) **종교**: *애니미즘, *토테미즘 발생, 영혼이나 조상 숭배

(5) **예술**: 조개껍데기·동물의 뼈로 장신구 제작, 종교 관련 예술품 제작

● 만주와 한반도의 청동기 문화

1. 청동기 문화의 보급 〔자료③〕

(1) **시기**: 기원전 2000년경~기원전 1500년경부터 만주에 보급, 점차 한반도 전역으로 확산

(2) **도구**

청동기	청동은 귀하고 다루기 어려움 → 주로 지배층의 장신구, 거울·방울 등 제사용 도구, 청동 검 등 무기 제작(청동을 녹인 후 거푸집을 이용하여 제작)
돌, 나무	생활 도구, 농기구 제작에 사용(반달 돌칼 등)
토기	민무늬 토기, 미송리식 토기 등 제작

(3) **독자적 문화권 형성**: 만주와 한반도를 중심으로 독자적 청동기 문화권 발달(*비파형 동검 등) → 우리 민족 형성, 일본에 청동기 전파

자료 ① 구석기 시대의 도구

↑ 주먹도끼 ↑ 슴베찌르개

└ 슴베 부분을 자루에 연결하여 창처럼 사용하였어.

구석기인들은 돌을 깨뜨려 만든 뗀석기를 사용하였다. 초기에는 찍개, 주먹도끼, 긁개 등을 사용하다가 후기에는 작고 날카로운 형태의 슴베찌르개 등을 제작하였다.

자료 ② 신석기 시대의 도구

└ 섬유를 꼬아 실을 만들 때 사용된 도구야.

↑ 갈돌과 갈판 ↑ 가락바퀴 ↑ 빗살무늬 토기

신석기인들은 돌을 정교하게 갈아서 만든 간석기를 사용하였다. 갈돌과 갈판으로 곡식을 갈고, 화살촉으로 사냥을 하였다. 가락바퀴와 뼈바늘로 옷이나 그물을 만들었으며, 토기를 만들어 사용하였다.

자료 ③ 청동기 시대의 도구

└ 청동기 시대 후기~초기 철기 시대에 한반도에서 사용되어 한국식 동검이라 불려.

↑ 농경문 청동기(왼쪽)와 반달 돌칼(오른쪽) ↑ 비파형 동검(왼쪽)과 세형 동검(오른쪽)

└ 밭을 가는 사람이 새겨져 있어.

청동기 시대에는 잡곡을 재배하고 벼농사가 시작되었는데, 농기구는 돌이나 나무로 만들어졌다. 청동은 주로 제사용 도구와 무기 등을 만드는 데 쓰였다.

* **애니미즘** 태양, 물, 바위와 같은 자연물에 영혼이 있다고 믿은 신앙

* **토테미즘** 특정 동물을 숭배하는 신앙

* **비파형 동검** 모양이 비파라는 악기와 닮아서 붙여진 이름이다. 몸체와 손잡이가 일체형인 중국 동검과 달리 비파형 동검은 몸체에 손잡이를 끼워 사용하였다.

2. 청동기 시대의 생활 모습과 사회 변화

(1) **농경 발달**: 잡곡 재배(조, 피, 보리 등), 한반도 남부 지역에 벼농사 보급 → 반달 돌칼·돌낫 등으로 곡식 수확, 민무늬 토기·미송리식 토기 등에 저장

(2) **사회 변화**

① 계급 분화: 농경과 목축의 발달로 여분의 생산물 발생(→ 사유 재산의 개념 등장, 빈부 차이 발생), 정복 활동 → 계급 발생

② 족장(군장)의 등장과 성장

등장	권력과 재산이 많은 사람이 족장(군장)이 됨
성장	부족 통솔과 제사 주관(제정일치 사회) → 지배층이 죽으면 고인돌이나 돌널무덤 제작(청동 검, 청동 거울 등을 함께 매장) 자료 ④

③ 마을 형성: 농사와 전쟁에 유리한 나지막한 언덕에 형성, 사각형이나 원형의 움집 제작, 방어 시설을 갖춤(울타리, 도랑 등)

●● 고조선의 건국과 발전

1. 고조선의 건국 자료 ⑤

(1) **건국**: 만주와 한반도의 서북부에서 청동기 문화를 바탕으로 단군왕검이 건국(기원전 2333)

(2) **단군의 건국 이야기**: 농업 사회, *홍익인간의 건국 이념, 제정일치 사회(단군 – 제사장, 왕검 – 정치적 지배자), 동물 숭상, 집단 간의 연맹 등이 드러남 자료 ⑥

2. 철기의 보급과 고조선의 발전

(1) **철기 수용과 발전**: 기원전 5세기경 철기 문화 수용 → 농업 발전, 기원전 4세기경 '왕' 칭호 사용, 연과 맞설 정도로 성장

(2) ***위만의 집권**: 기원전 2세기경 위만이 준왕을 몰아내고 집권 → 본격적으로 철기 문화 수용(→ 농업 발전, 세력 확대), 중국의 한과 한반도 남쪽 나라들 사이에서 중계 무역으로 경제적 이익 획득

3. 고조선의 사회

(1) **계층 분화**: 왕을 비롯한 지배층(상, 대부, 장군 등의 관직에 등용)과 피지배층으로 분열

(2) **법 제정**: 사회 질서 유지를 위해 8개의 법(「8조법」) 제정 → 3개 조항이 전해짐(계급·농경 사회, 개인의 생명(노동력)과 재산 중시, 사유 재산 인정 등의 특징이 드러남) 자료 ⑥ **서술형 단골** 법 조항을 통해 고조선 사회의 특징을 유추하는 문제가 자주 출제돼.

4. 고조선의 멸망

(1) **배경**: 고조선이 한과 맞설 정도로 성장

(2) **멸망 과정**: 한의 고조선 공격 → 고조선이 1년여 동안 저항, 지배층의 분열로 수도인 왕검성 함락·멸망(기원전 108)

(3) **멸망 이후**: 한이 고조선의 옛 땅에 군현을 세우고 지배함(낙랑군 등), 고조선 유민이 한반도 남쪽으로 이주(삼한 사회의 형성과 발전에 영향을 줌), 한 군현은 점차 소멸

자료 ④ 고인돌

⬆ 고인돌(탁자식)

만주와 한반도 지역에서 발견되는 거대한 규모의 고인돌을 통해 청동기 시대에 노동력을 동원할 수 있는 힘을 가진 지배자가 있었음을 알 수 있다.

자료 ⑤ 고조선의 문화 범위

한반도와 만주의 비파형 동검과 탁자식 고인돌의 분포 지역으로 고조선의 문화 범위를 알 수 있다.

자료 ⑥ 고조선 사회의 특징

바람, 비, 구름은 농업에 중요한 요소로, 고조선이 농경 사회였음을 보여 줌.

- 환인이 환웅의 뜻을 알고 태백산 지역을 내려다보니 인간 세상을 널리 이롭게 할 만하였다. …… (환웅은) 바람, 비, 구름을 다스리는 신을 거느리고 …… 인간 세상을 다스렸다. …… 환웅이 웅녀와 혼인하여 아들을 낳으니, 그 이름을 단군왕검이라 하였다. – 단군의 건국 이야기

- 사람을 죽인 자는 즉시 죽이고, 남에게 상처를 입힌 자는 곡식으로 갚는다. 도둑질을 한 자는 노비로 삼는데, 용서받고자 하는 자는 한 사람마다 50만 전을 내야 한다. – 8개의 법(「8조법」)

단군의 건국 이야기를 통해 고조선이 농업 사회였고 제정일치 사회였음을 알 수 있다. 그리고 「8조법」을 통해 계급이 있었고 개인의 생명과 재산을 중시하였다는 사실 등을 짐작할 수 있다.

쏙쏙 용어

★ **홍익인간** 널리 인간을 이롭게 한다는 고조선의 건국 이념

★ **위만** 한이 중국을 통일한 이후 유이민 세력과 함께 고조선으로 망명하였다.

대표 자료 확인하기

◆ 고조선 사회의 특징

• (환웅은) ⊙ 바람, 비, 구름을 다스리는 신을 거느리고 …… 인간 세상을 다스렸다. …… 환웅이 웅녀와 혼인하여 아들을 낳으니, 그 이름을 ⓒ 단군왕검이라 하였다. – 단군의 건국 이야기

• 사람을 죽인 자는 즉시 죽이고, 남에게 상처를 입힌 자는 곡식으로 갚는다. ⓒ 도둑질을 한 자는 노비로 삼는데, 용서받고자 하는 자는 한 사람마다 50만 전을 내야 한다. – 8개의 법(「8조법」)

단군의 건국 이야기에서 ⊙은 (①   )와 관련된 것으로, 고조선이 농업 사회였음을 보여 주며, ⓒ의 명칭을 통해 고조선 사회가 (②   ) 사회였음을 알 수 있다. 8개의 법 조항 중 ⓒ을 통해 당시 개인의 재산을 중시하였고 (③   )이 존재하였음을 짐작할 수 있다.

한눈에 정리하기

◆ 만주와 한반도의 선사 문화

구분	구석기 시대	신석기 시대
시작	약 70만 년 전으로 추측	약 1만 년 전
생활 모습	뗀석기 사용, 사냥·채집·고기잡이, 무리·이동 생활	간석기 사용, 농경과 목축 시작, (①) 제작(곡물 보관, 음식 조리), 정착 생활

◆ 만주와 한반도의 청동기 문화

보급	기원전 2000년경~기원전 1500년경부터 보급
도구	청동기(지배층의 장신구, 제사용 도구, 무기), 돌·나무로 만든 생활 도구와 농기구, 민무늬 토기 제작
사회 모습	잡곡 재배, 벼농사 보급, 빈부 차이와 계급 발생, (②)이 부족 통솔과 제사 주관, 지배층의 무덤으로 고인돌 제작

◆ 고조선의 건국과 발전

건국	기원전 2333년 청동기 문화를 바탕으로 건국
사회 모습	• 단군의 건국 이야기: 농업 사회, (③)의 건국 이념, 제정일치 사회 등이 드러남 • (④)조의 법: 계급·농경 사회, 개인의 생명과 재산 중시, 사유 재산 인정 등이 드러남
발전	기원전 5세기경 (⑤) 문화 수용 → 농업 발전·'왕' 칭호 사용·연과 경쟁 → 위만 집권(기원전 2세기경) → 중계 무역으로 경제적 번영
멸망	한의 왕검성 함락으로 멸망(기원전 108)

꼼꼼 개념 문제

1 구석기 시대와 신석기 시대에 처음 제작된 유물을 〈보기〉에서 골라 기호를 쓰시오.

┌ 보기 ├
ㄱ. 뼈바늘   ㄴ. 가락바퀴   ㄷ. 주먹도끼
ㄹ. 슴베찌르개   ㅁ. 갈돌과 갈판   ㅂ. 빗살무늬 토기

(1) 구석기 시대 – (   ) (2) 신석기 시대 – (   )

2 다음 설명이 맞으면 ○표, 틀리면 ✕표를 하시오.

(1) 구석기 시대에 계급이 발생하였다.   (   )
(2) 신석기인들은 강가 등에서 움집을 짓고 살았다.   (   )
(3) 청동기 문화가 확산되면서 사람들이 정착 생활을 하기 시작하였다.   (   )
(4) 청동기 시대에 청동제 농기구가 주로 사용되어 농업 생산량이 크게 늘어났다.   (   )

3 다음 빈칸에 들어갈 내용을 쓰시오.

(1) (   ) 시대에 농경과 목축이 시작되었다.
(2) 고조선은 기원전 2333년에 (   )이 건국하였다.
(3) 구석기 시대에는 돌을 깨뜨려 만든 (   )를 사용하였다.
(4) 신석기 시대에는 태양, 물, 바위와 같은 자연물에 영혼이 있다고 믿는 신앙인 (   )이 등장하였다.

4 다음 유물과 그 특징을 옳게 연결하시오.

(1) 고인돌   •   • ⊙ 지배층의 무덤
(2) 가락바퀴   •   • ⓒ 옷이나 그물 제작
(3) 반달 돌칼   •   • ⓒ 음식 조리, 식량 저장
(4) 빗살무늬 토기 •   • ② 곡식의 이삭을 자르는 데 사용

5 다음 괄호 안의 내용 중 알맞은 말에 ○표를 하시오.

(1) 중국의 (연, 한)은 고조선을 멸망시키고 고조선의 옛 땅에 군현을 세워 지배하였다.
(2) 고조선은 기원전 2세기경 (위만, 준왕)이 집권하면서 철기 문화를 본격적으로 수용하였다.
(3) (신석기, 청동기) 시대에는 족장(군장) 세력이 등장하여 부족을 통솔하고 제사를 주관하였다.

탄탄 시험 문제

01 지도의 유적을 남긴 시대의 생활 모습으로 옳은 것은?

① 정착하여 농사를 지었다.
② 강가에 움집을 짓고 살았다.
③ 청동 검을 제사에 활용하였다.
④ 주먹도끼를 사용해 사냥을 하였다.
⑤ 뼈바늘을 이용하여 그물을 만들었다.

02 중요해 (가)에 들어갈 유물로 가장 적절한 것은?

수행 평가 보고서

• 탐구 주제: ○○○ 시대의 도구
• 수집 자료

┌─────────────────────────────┐
│   (가)   │
└─────────────────────────────┘

• 자료 분석 결과
  - 특징: 돌을 깨뜨려 제작
  - 변화: 초기에 하나의 석기를 여러 용도로 사용하다가 후기에 다양한 석기를 만들어 하나의 용도로 사용함

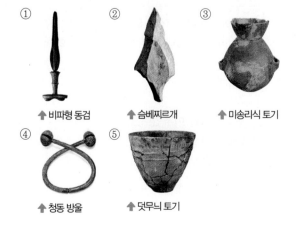

① 비파형 동검 ② 슴베찌르개 ③ 미송리식 토기
④ 청동 방울 ⑤ 덧무늬 토기

03 다음 도구에 대한 설명으로 옳은 것은?

↑ 주먹도끼   ↑ 긁개

① 구석기 시대의 도구이다.
② 군장의 권위를 나타냈다.
③ 농사를 짓는 데 활용하였다.
④ 실을 만드는 데 사용하였다.
⑤ 그물을 만드는 데 이용하였다.

04 다음 도구를 통해 알 수 있는 신석기 시대의 생활 모습으로 가장 적절한 것은?

↑ 가락바퀴

① 특정 동물을 숭배하였다.
② 군장이 부족을 지배하였다.
③ 의복이나 그물을 만들었다.
④ 무리지어 이동하는 생활을 하였다.
⑤ 곡물을 수확하여 토기에 저장하였다.

05 신석기 시대의 생활 모습으로 옳은 것을 〈보기〉에서 고른 것은?

┤ 보기 ├
ㄱ. 벼농사를 지었다.
ㄴ. 간석기를 사용하였다.
ㄷ. 지배층이 죽으면 고인돌을 만들었다.
ㄹ. 애니미즘, 토테미즘과 같은 신앙을 믿었다.

① ㄱ, ㄴ   ② ㄱ, ㄷ   ③ ㄴ, ㄷ
④ ㄴ, ㄹ   ⑤ ㄷ, ㄹ

06 다음 거주지를 처음 만든 시대에 대한 탐구 주제로 가장 적절한 것은?

> 땅을 파서 움집을 지으면 기둥을 높이 세우지 않아도 돼.

① 고조선의 건국
② 철기 문화의 보급
③ 청동기의 제작 방법
④ 농경과 목축의 영향
⑤ 사냥과 이동 생활의 시작

이 문제에서 나올 수 있는 선택지는 다~!

07 다음 토기를 처음 사용한 시대에 대한 설명으로 옳지 않은 것은?

① 벼농사를 짓기 시작하였다.
② 사냥과 채집으로 식량을 얻었다.
③ 애니미즘, 토테미즘 등이 발생하였다.
④ 정착 생활을 하여 움집 등에 거주하였다.
⑤ 조개껍데기 등으로 장신구를 제작하였다.
⑥ 돌낫, 돌보습과 같은 간석기를 사용하였다.
⑦ 가락바퀴와 뼈바늘로 옷이나 그물을 제작하였다.

08 청동기 시대에 대한 설명으로 옳은 것은?

① 청동제 농기구를 주로 사용하였다.
② 뗀석기를 도구로 사용하기 시작하였다.
③ 영혼이나 조상을 숭배하기 시작하였다.
④ 민무늬 토기와 미송리식 토기를 만들었다.
⑤ 빈부의 차이가 없는 평등한 생활을 하였다.

09 ㉠ 시대에 대한 설명으로 옳은 것은?

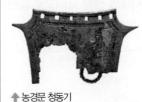

↑ 농경문 청동기

> 이 유물은 (㉠) 시대에 농사를 짓는 모습이 새겨져 있다. 당시에는 벼농사가 시작되었다.

① 농사를 처음 지었다.
② 주로 이동 생활을 하였다.
③ 동굴이나 막집에서 살았다.
④ 사유 재산의 개념이 등장하였다.
⑤ 빗살무늬 토기를 만들기 시작하였다.

중요해
10 다음 유적을 통해 알 수 있는 청동기 시대의 사회 모습으로 옳은 것은?

① 목축 생활이 시작되었다.
② 무리지어 이동 생활을 하였다.
③ 족장(군장) 세력이 부족을 통솔하였다.
④ 하나의 석기를 여러 용도로 사용하였다.
⑤ 도구를 사용해 옷이나 그물을 제작하였다.

11 밑줄 친 '이 국가'에 대한 학생들의 발표 내용으로 가장 적절한 것은?

> 고려의 일연이 쓴 『삼국유사』에 이 국가를 세운 단군의 건국 이야기가 수록되어 있다. 조선 시대의 역사서 『동국통감』에는 기원전 2333년에 이 국가가 건국되었다고 기록되었다.

① 평등 사회를 이루었어요.
② 중국의 한을 멸망시켰어요.
③ 한반도 남부에서 등장하였어요.
④ 우리나라 역사상 최초의 국가였어요.
⑤ 철기 문화를 바탕으로 건국되었어요.

12 (가), (나) 사이 시기에 고조선에서 있었던 사실로 옳은 것은?

> (가) 고조선으로 이주해 온 위만이 왕위에 올랐다.
> (나) 한이 고조선의 왕검성을 함락하였다.

① 준왕이 왕이 되었다.
② 한 군현이 설치되었다.
③ 중계 무역이 전개되었다.
④ 철기가 처음으로 들어왔다.
⑤ 왕 칭호를 사용하기 시작하였다.

13 ㉠ 국가의 문화 범위를 짐작하게 해 주는 유물과 유적을 〈보기〉에서 고른 것은?

> 환웅이 웅녀와 혼인하여 아들을 낳으니, 그 이름을 단군왕검이라 하였다. 단군왕검은 요 임금이 왕위에 오른 지 50년에 평양성에 도읍을 정하고 나라 이름을 (㉠)(이)라고 불렀다.   – 일연, 『삼국유사』

┌ 보기 ┐
ㄱ. 주먹도끼   ㄴ. 반달 돌칼
ㄷ. 비파형 동검   ㄹ. 탁자식 고인돌

① ㄱ, ㄴ   ② ㄱ, ㄷ   ③ ㄴ, ㄷ
④ ㄴ, ㄹ   ⑤ ㄷ, ㄹ

★ 중요해
14 다음 자료를 통해 알 수 있는 고조선의 특징으로 옳지 <u>않은</u> 것은?

> 환인이 환웅의 뜻을 알고 태백산 지역을 내려다보니 인간 세상을 널리 이롭게 할 만하였다. …… (환웅은) 바람, 비, 구름을 다스리는 신을 거느리고 …… 인간 세상을 다스렸다. …… 환웅이 웅녀와 혼인하여 아들을 낳으니, 그 이름을 단군왕검이라 하였다.

① 동물을 숭상하였다.
② 제정일치 사회였다.
③ 농업을 기반으로 하였다.
④ 계급이 없는 평등 사회였다.
⑤ 홍익인간을 건국 이념으로 삼았다.

학교 시험에 잘 나오는 서술형 문제

1 다음을 보고 물음에 답하시오.

↑주먹도끼   ↑긁개   ↑슴베찌르개

(1) 위 도구들이 처음 만들어진 시대를 쓰시오.

_____

(2) (1) 시대의 생활 모습을 제시된 유물의 용도를 포함하여 서술하시오.

_____
_____

2 다음과 같이 도구가 변화된 배경을 자연환경에 기반하여 서술하시오.

┌─────┐   ┌─────┐
│ 뗀석기 │ ➡ │ 간석기 │
└─────┘   └─────┘

_____
_____

3 다음 자료를 통해 알 수 있는 고조선 사회의 모습을 두 가지 서술하시오.

> 사람을 죽인 자는 즉시 죽이고, 남에게 상처를 입힌 자는 곡식으로 갚는다. 도둑질을 한 자는 노비로 삼는데, 용서받고자 하는 자는 한 사람마다 50만 전을 내야 한다.   – 반고, 『한서』

_____
_____

02 여러 나라의 성장

●● 철기의 보급과 사회 변화

1. **철기의 보급** 기원전 5세기경 만주·한반도에 보급, 기원전 1세기경 확산
   - (1) **철기**: 철제 농기구 제작(→ 농업 생산량 증가, 인구 증가), 철제 무기 사용(→ 전쟁 증가)
   - (2) **청동기**: 주로 장신구나 의식용 도구 제작에 사용(세형 동검 등)

2. **철기 시대의 사회 모습** 널무덤과 독무덤 사용, 부족 간 활발한 전쟁, 중국과 활발한 교류(→ 한반도에서 중국 화폐 명도전 발견, 한자 전래)

●● 철기 문화를 바탕으로 세워진 여러 나라 자료①

1. 부여 서술형 단골 각 나라의 정치적 특징을 묻는 문제가 자주 출제돼

성립	만주 쑹화강 일대 넓은 평야 지역에서 성립(밭농사와 목축 활발)
정치	연맹 왕국: 왕이 중앙 지배, 가(加, 마가·우가·저가·구가 등)들이 각자의 영역 지배, 왕과 가(加)들이 중대사 의논·결정, 왕권 미약
풍속	엄격한 법 시행, 왕이나 귀족이 죽으면 사람을 함께 묻는 순장 풍습, 소의 발굽 모양으로 길흉을 점침, 제천 행사(영고) 거행

2. 고구려

성립	압록강 중류 일대에서 성립, 부여에서 이주한 주몽 집단과 압록강 유역의 토착 세력이 건국·졸본에 도읍
정치	연맹 왕국: 왕 아래 상가·패자·고추가 등 관직 설치, 5부(계루부, 소노부, 절노부, 관노부, 순노부)의 대가가 국가 운영, *제가 회의 개최
풍속	서옥제, 제천 행사(동맹) 거행, 말타기·활쏘기 등 무예 중시 자료②

3. 옥저와 동예

구분	옥저	동예
위치	한반도 동해안의 비옥한 지역에서 성립(농경 발달, 해산물 풍부)	
정치	왕이 없고, 군장(읍군·삼로)이 각 지역 지배 → 고구려에 예속됨	
풍속	*민며느리제 시행, *가족 공동 무덤 조성	족외혼, 책화(타 부족의 경계 침범 시 배상), 제천 행사(무천) 거행
특산물		단궁(작은 활), 과하마, 반어피의 가죽

4. 삼한 자료③

성립	한반도 남부 지역에서 마한, 진한, 변한이 연맹체로 발전
정치	제정 분리: 군장(신지·읍차)이 소국 지배, 제사장(천군)이 소도 지배
풍속	5월과 10월에 제천 행사 거행, 변한은 철을 생산하여 낙랑과 왜에 수출·덩이쇠를 화폐처럼 사용

생생 자료

자료① 여러 나라의 성립

┌ 마한의 소국 중 목지국의 지배자가 삼한을 대표하였어.

철기를 잘 다루는 집단은 철제 무기로 주변 지역을 정복하면서 세력을 확장하였고, 영역이 확대되면서 점차 국가로 성장하였다. 그리하여 만주와 한반도에 **부여, 고구려, 옥저, 동예, 삼한**이 등장하였다.

자료② 서옥제

> 혼인할 때는 말로 미리 약속하고, 여자 집에서 본 채 뒤편에 작은 별채인 서옥을 짓는다. …… 이때 신랑은 돈과 비단을 내놓는다. 자식을 낳아 장성하면 아내를 데리고 집으로 돌아간다. ─ 『삼국지』

고구려에는 혼인할 때 신랑이 신부 집으로 가 뒤편에 지은 서옥(사윗집)에 살다가, 아들을 낳아 크면 아내를 데리고 자기 집으로 돌아가는 혼인 풍습이 있었다.

자료③ 소도

> 하늘의 신의 제사를 주관하는 사람을 천군이라고 부른다. 여러 나라에는 각각 별도의 지역이 있는데, 이를 소도라고 한다. 소도에는 큰 나무를 세우고 방울과 북을 매달아 놓았다. 그 지역으로 도망 온 사람은 누구든 돌려보내지 아니하였다. ─ 『삼국지』

삼한에는 천군이라는 제사장이 소도에서 제사 의식을 주관하였다. 소도는 정치적으로 독립된 지역으로, 죄를 짓고 도망친 사람이 숨어도 잡을 수 없었다. 이는 삼한이 제정 분리 사회였음을 보여 준다.

쏙쏙 용어

★ **제가 회의** 여러 '가(加)'가 모인 회의라는 의미로, 왕과 부족 대표들이 고구려의 중요 국가 정책을 의논·결정하였다.

★ **민며느리제** 신랑이 될 집안이 혼인을 약속한 여자아이를 데려와 키우다, 아이가 자라면 남자가 여자의 집에 예물을 주고 혼인을 청하는 풍습

★ **가족 공동 무덤** 가족이 죽으면 시신을 임시로 묻어 두었다가 나중에 그 뼈를 추려서 하나의 곽 속에 넣는 장례 풍습

대표 자료 확인하기

◆ 여러 나라의 성립

(①)	만주 쑹화강 일대의 넓은 평야 지역에서 연맹 왕국으로 성립
고구려	압록강 중류 일대에서 (②) 집단과 토착 세력이 건국
옥저, 동예	한반도 동해안의 비옥한 지역에서 성립
(③)	한반도 남부 지역에서 마한, 진한, 변한이 연맹체로 발전

한눈에 정리하기

◆ 철기의 사용과 사회 변화

철기의 사용	사회 변화
철제 농기구 사용 (①) 사용	농업 생산력 향상, 인구 증가 부족 간 활발한 전쟁 → 만주와 한반도에 여러 나라 등장

◆ 철기 문화를 바탕으로 세워진 여러 나라

부여	• 정치: (②) → 왕 아래 가(加)들이 각자의 영역 지배 • 특징: 엄격한 법 제정, 순장 풍습, 소의 발굽 모양으로 길흉을 점침, 영고 거행
고구려	• 정치: 연맹 왕국 → 5부의 대가가 국가 운영, 제가 회의에서 중대사 결정 • 특징: (③)의 혼인 풍습, 동맹 거행, 무예 중시
옥저, 동예	• 정치: 왕이 없고 (④)·삼로라고 불린 군장이 각 지역 지배 • 특징: 옥저(민며느리제, 가족 공동 무덤), 동예(족외혼, 책화, 무천 거행)
삼한	• 정치: 제정 분리 → 군장(신지·읍차)이 소국 지배, (⑤)이라는 제사장이 소도 지배 • 특징: 5월과 10월에 제천 행사 거행

1 다음 설명이 맞으면 ○표, 틀리면 ×표를 하시오.

(1) 철기 문화를 바탕으로 고조선이 성립하였다.　　　(　　)

(2) 철기 시대에 생활 도구는 주로 청동기로 제작되었다.
　　　　　　　　　　　　　　　　　　　　　　(　　)

(3) 철제 농기구가 제작되면서 농업 생산량이 늘어나고 인구가 증가하였다.　　　　　　　　　　　　　　　(　　)

2 다음 괄호 안의 내용 중 알맞은 말에 ○표를 하시오.

(1) 옥저에는 (서옥제, 민며느리제)라는 혼인 풍습이 있었다.

(2) (부여, 고구려)에는 왕 아래 상가, 패자, 고추가 등의 관직이 있었다.

(3) (동예, 옥저)에는 타 부족의 경계를 침범하면 배상하게 하는 책화라는 풍속이 있었다.

3 다음 빈칸에 들어갈 내용을 쓰시오.

(1) 고구려의 왕과 부족 대표들은 (　　　　)에서 국가의 중요한 일을 결정하였다.

(2) 부여에는 (　　　　)의 풍습이 있어 왕이나 귀족이 죽으면 사람을 함께 묻었다.

(3) (　　　　)와 동예는 왕이 없고 읍군, 삼로라고 불리는 군장이 각 지역을 지배하였다.

4 다음 나라와 각 나라에서 개최된 제천 행사를 옳게 연결하시오.

(1) 동예　•　　　　　　　　　•　㉠ 동맹

(2) 부여　•　　　　　　　　　•　㉡ 무천

(3) 고구려 •　　　　　　　　　•　㉢ 영고

5 다음에서 설명하는 나라를 〈보기〉에서 골라 기호를 쓰시오.

┌ 보기 ├─────────────────────────────
ㄱ. 동예　　　　ㄴ. 변한　　　　ㄷ. 고구려
└─────────────────────────────

(1) 삼한을 이루었으며 철을 생산하여 낙랑과 왜에 수출하였다.
　　　　　　　　　　　　　　　　　　　　　　(　　)

(2) 부여에서 이주한 주몽 집단과 압록강 유역의 토착 세력이 건국하였다.　　　　　　　　　　　　　　　(　　)

(3) 족외혼의 풍습이 있었으며, 단궁, 과하마, 반어피의 가죽이 유명하였다.　　　　　　　　　　　　　　(　　)

탄탄 시험 문제

이 문제에서 나올 수 있는 선택지는 다~!

01 ㉠이 보급되면서 나타난 사회 변화로 옳은 것은?

> 기원전 5세기경 만주와 한반도 지역에 (㉠)이/가 보급되었으며, 기원전 1세기경에는 널리 사용되었다. (㉠)은/는 이전 시대의 금속보다 구하기 쉽고 단단해서 여러 도구를 만드는 데 사용되었다.

① 계급이 사라졌다.
② 인구가 감소하였다.
③ 농업 생산량이 증가하였다.
④ 사람들이 막집에 거주하였다.
⑤ 우리나라 최초의 국가가 등장하였다.

02 (가)에 들어갈 내용으로 가장 적절한 것은?

> 이 화폐는 철기 시대에 한반도에서 발견된 명도전으로, 이는 당시에 ___(가)___ 하였음을 알려 준다.

① 곡식을 저장
② 농사를 시작
③ 무기를 제작
④ 중국과 교류
⑤ 한자를 사용

중요해

03 ㉠ 나라에 대한 탐구 주제로 가장 적절한 것은?

> (㉠)에는 군왕이 있고, 가축의 이름으로 관명을 정한 마가, 우가, 저가, 구가 등이 있다. 제가들이 사출도를 다스리는데, 큰 곳은 수천 가호이며 작은 곳은 수백 가호이다.

① 법의 역할
② 제가 회의의 특징
③ 책화의 배상 방법
④ 읍군과 삼로의 지위
⑤ 상가, 패자, 고추가의 권한

04 다음 풍습이 있는 나라에 대한 설명으로 옳지 않은 것은?

> 혼인할 때는 말로 미리 약속하고, 여자 집에서 본채 뒤편에 작은 별채인 서옥을 짓는다. …… 이때 신랑은 돈과 비단을 내놓는다. 자식을 낳아 장성하면 아내를 데리고 집으로 돌아간다.
> ─ 『삼국지』

① 동맹이라는 제천 행사를 열었다.
② 5부의 대가가 국가를 운영하였다.
③ 말타기, 활쏘기 등 무예를 중시하였다.
④ 왕이 없고 군장이 각 지역을 지배하였다.
⑤ 제가 회의에서 국가 중대사를 결정하였다.
⑥ 주몽 집단과 압록강 유역의 토착 세력이 건국하였다.

05 ㉠에 들어갈 내용으로 적절한 것은?

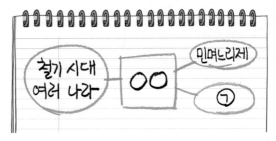

① 동맹
② 소도
③ 순장
④ 제가 회의
⑤ 가족 공동 무덤

06 옥저와 동예의 공통점으로 옳은 것을 <보기>에서 고른 것은?

> ┤보기├
> ㄱ. 연맹 왕국으로 발전하였다.
> ㄴ. 5월과 10월에 제천 행사를 열었다.
> ㄷ. 농경이 발달하고 해산물이 풍부하였다.
> ㄹ. 읍군이나 삼로가 각 지역을 지배하였다.

① ㄱ, ㄴ
② ㄱ, ㄷ
③ ㄴ, ㄷ
④ ㄴ, ㄹ
⑤ ㄷ, ㄹ

07 다음 풍습이 있었던 나라에 대한 탐구 활동으로 가장 적절한 것은? (중요해)

> 장사를 지낼 때 큰 곽을 만들어 사람이 죽은 다음 뼈만 추려 곽 속에 넣는다. 죽으면 온 집 식구들의 뼈를 모두 하나의 곽 속에 넣는다.

① 영고의 진행 순서를 검색한다.
② 왕 아래 가(加)들의 역할을 알아본다.
③ 족외혼의 풍습이 있었던 이유를 조사한다.
④ 민며느리제의 풍습이 생긴 배경을 분석한다.
⑤ 5부의 대가가 국가를 운영한 방식을 정리한다.

[08~09] 지도는 철기 문화를 기반으로 성립된 여러 나라를 나타낸 것이다. 이를 보고 물음에 답하시오.

08 (가) 나라에 대한 설명으로 옳은 것을 〈보기〉에서 고른 것은?

> **보기**
> ㄱ. 무천이 열렸다.
> ㄴ. 서옥제가 시행되었다.
> ㄷ. 책화의 풍습이 있었다.
> ㄹ. 왕 아래 가(加)들이 각자의 영역을 지배하였다.

① ㄱ, ㄴ ② ㄱ, ㄷ ③ ㄴ, ㄷ
④ ㄴ, ㄹ ⑤ ㄷ, ㄹ

09 (나) 나라에 대한 설명으로 옳지 않은 것은?

① 동맹이라는 제천 행사를 열었다.
② 목지국의 지배자가 연맹체를 대표하였다.
③ 마한, 진한, 변한이 연맹체로 발전하였다.
④ 천군이라 불린 제사장이 소도를 지배하였다.
⑤ 신지·읍차로 불린 군장이 소국을 지배하였다.

10 밑줄 친 '이 나라' 사람들의 생활 모습으로 옳은 것은?

> 이 나라에서 사용된 덩이쇠는 철기를 만들기 위한 쇠이며, 화폐처럼 사용하였다.

① 가족 공동 무덤을 만들었다.
② 주로 동굴이나 막집에서 살았다.
③ 빗살무늬 토기를 처음 만들었다.
④ 제가 회의에서 나랏일을 결정하였다.
⑤ 5월과 10월에 하늘에 제사를 지냈다.

학교 시험에 잘 나오는 서술형 문제

1 다음을 읽고 물음에 답하시오.

> (가) 가축의 이름으로 관명을 정한 마가, 우가, 저가, 구가 등이 있다. 제가들이 사출도를 다스리는데, 큰 곳은 수천 가호이며 작은 곳은 수백 가호이다. …… 가뭄이나 장마가 계속되어 오곡이 영글지 않으면, 그 허물을 왕에게 돌려 "왕을 마땅히 바꾸어야 한다."라고 하거나 "죽여야 한다."라고 하였다. ― 「삼국지」
>
> (나) 하늘의 신의 제사를 주관하는 사람을 천군이라고 부른다. 여러 나라에는 각각 별도의 지역이 있는데, 이를 소도라고 한다. …… (소도로) 도망 온 사람은 누구든 돌려보내지 아니하였다. ― 「삼국지」

(1) (가), (나)에 해당하는 나라를 각각 쓰시오.

_____

(2) 자료를 통해 알 수 있는 (가), (나) 나라의 정치적 특징을 서술하시오.

_____

_____

_____

03 삼국의 성립과 발전

●● 삼국과 가야의 성장과 체제 정비

1. 고구려의 성장

(1) 초기: 1세기 초 국내성(중국 지린성 지안)으로 천도하면서 나라의 기틀 마련·영토 확장 → 1세기 후반 태조왕 때 옥저 정복·요동 지방으로 진출 도모, 계루부 고씨의 왕위 세습 시작

(2) 중앙 집권 체제 정비

① 고국천왕(2세기): 수도와 지방을 5부 체제로 정비, 지방에 관리 파견, 진대법 시행(빈민 구제 목적)

② 체제 정비: 기존 군장을 중앙 귀족으로 편입, 부자 간 왕위 계승 확립, 관등제 정비(수상 대대로, 10여 등급으로 정비)

2. 백제의 성립과 성장

(1) 성립: 마한의 소국에서 출발, 부여와 고구려에서 내려온 세력이 한강 유역의 토착 세력과 연합하여 건국(기원전 18) (자료 ①)

(2) 고이왕(3세기 중반): 관등제 정비, 목지국 병합

3. 신라의 성립과 성장

(1) 성립: 진한의 소국인 사로국에서 시작(기원전 57), 한반도 동남쪽에 위치하여 중국 문물 수용이 어려워 정치적 발전 지연

(2) 초기: 박씨·석씨·김씨가 돌아가며 이사금(왕) 자리 차지 → 왕권 미약

(3) 내물왕(4세기 후반): 진한 지역 거의 차지, 김씨의 왕위 세습 확립, *왕호로 '마립간' 사용, 고구려 광개토 대왕의 도움으로 왜의 침입 격퇴 후 고구려의 간섭을 받음(*호우명 청동 그릇에 드러남) (자료 ②)

(4) 눌지왕: 고구려의 정치적 간섭 탈피를 위해 백제와 동맹 체결

4. 가야 연맹의 형성과 성장 (자료 ③)

(1) 가야 연맹: 변한 지역에서 형성 → 금관가야가 전기 연맹 주도

(2) 금관가야의 성장: 풍부한 철광 보유·우수한 철기 제작, 해상 교역 발달(덩이쇠 수출), 토기 제작 기술 발달(→ 왜에 전파)

5. 삼국의 중앙 집권 체제 형성

왕권 강화	왕위 부자 상속, 정복 전쟁으로 영토를 확장하여 국력 신장
통치 체제 정비	• 관등제 정비: 지역 세력을 중앙 귀족으로 흡수·서열화(고구려는 수상인 대대로와 10여 관등, 백제는 수상인 상좌평과 16관등, 신라는 수상인 상대등과 17관등 운영·골품제 시행) • 행정 구역: 고구려는 수도 5부·지방 5부, 백제는 수도 5부·지방 5방, 신라는 중앙 6부·지방 5주로 정비, 지방관 파견 • 귀족 회의: 중앙 귀족들이 제가 회의(고구려), 정사암 회의(백제), 화백 회의(신라)에서 국가의 중요한 일을 결정
율령 반포	왕 중심의 통치 제도와 법령 정비, 일원적 규범으로 지배
불교 수용	사상 통합으로 다양한 집단 통합, 왕실의 권위 증대

자료 ① 백제의 건국 세력

⬆ 장군총(고구려)   ⬆ 석촌동 3호분(백제)

고구려의 계단식 돌무지무덤인 장군총과 백제의 계단식 돌무지무덤인 석촌동 3호분의 모양이 비슷한 점을 통해 백제의 건국 세력이 고구려의 영향을 받았음을 짐작할 수 있다.

자료 ② 고구려와 신라의 관계

보병과 기병 5만을 보내 신라를 도와주게 하였다. 남거성을 통해 신라성에 이르렀는데 그곳에 왜적이 가득하였다. 왕의 군대가 이르자 왜적이 도망하였다. 왜적을 쫓아 임나가라(가야)의 종발성에 이르자 성이 곧 복종하였다. - 「광개토 대왕릉비」

신라가 고구려의 도움으로 왜의 침입을 격퇴한 이후 신라는 고구려의 정치적 간섭을 받았지만 고구려를 통해 중국의 문물을 받아들이면서 성장하였다.

자료 ③ 가야 연맹의 형성

□ 전기 가야 연맹
■ 후기 가야 연맹

금관가야는 낙동강 하류의 해상 교통 요지에 위치하여 낙랑과 왜를 잇는 해상 교역을 활발히 하였어.

가야 연맹을 가장 먼저 이끈 금관가야는 풍부한 철을 보유하고 낙랑과 왜를 잇는 해상 교역을 통해 다양한 문화를 받아들이면서 번영하였다. 금관가야가 쇠퇴한 이후에는 대가야가 연맹을 주도하였다.

★ **신라의 왕호 변천** 신라 왕호는 '거서간(귀인) → 차차웅(제사장) → 이사금(연장자, 계승자) → 마립간(대군장) → 왕'의 순서로 변하였다. 이는 왕권이 점차 강화되었음을 보여 준다.

★ **호우명 청동 그릇**(경주 호우총 출토 청동 '광개토 대왕'명 호우) 경주에서 발견된 그릇으로, '국강상광개토지호태왕' 글자가 새겨져 있어 고구려와 신라의 긴밀한 관계를 짐작하게 한다.

●● 삼국의 경쟁과 발전

1. 백제의 발전(4세기 후반)

근초고왕 (전성기)	마한 지역 대부분 정복, 가야의 여러 나라에 영향력 행사, 중국 동진과 왜를 잇는 해상 교역 전개, 고구려 공격(→ 황해도 일부 차지, 고국원왕 격퇴) 자료④
침류왕	중국 동진에서 불교 수용

2. 고구려의 발전

(1) **미천왕(4세기 초)**: 낙랑군 점령(한반도에서 중국의 군현 세력 축출)

(2) **소수림왕(4세기)**: 중국 전진에서 불교 수용(사상 통합, 왕실의 권위 확대), 태학 설립(인재 양성), 율령 반포 → 중앙 집권 체제 강화

(3) **광개토 대왕(4세기 말~5세기 초)** 자료⑤

① 정복 활동: 백제를 공격하여 한강 이북의 땅 차지, 신라에 침입한 왜군 격퇴(낙동강 하류까지 진출), 거란·후연을 격파하여 만주와 요동 지역 대부분 차지

② 국력 과시: '영락' 연호를 사용하여 중국과 대등한 국가라는 자신감 표현, '*태왕' 자처

(4) **장수왕(5세기)** 자료⑤

① 영토 확장: 평양 천도(427), 남진 정책 추진 → 백제와 신라의 나제 동맹 체결, 백제 수도 한성 함락·한강 유역 전체 차지(475)

② 다원적 국제 질서 형성: 중국 남북조·몽골의 유연 등과 대등한 외교 전개 → 고구려·유연·북위·남조가 서로 견제·공존하는 다원적인 국제 질서 성립

(5) **고구려의 천하관**: 5세기 동북아시아의 강국으로 성장 → 고구려 왕이 '하늘의 자손'이라는 자부심을 바탕으로 고구려가 세계의 중심이라는 독자적 천하관 표방 자료⑥ **서술형 단골** 자료를 제시하고 고구려의 천하관을 유추하는 문제가 자주 출제돼.

3. 백제의 중흥 노력

(1) **천도**: 장수왕의 공격으로 한성 함락(한강 유역 상실)·개로왕 전사 → 웅진(공주) 천도(475), 무역 침체·왕권 약화와 내분으로 국력 약화

(2) **동성왕**: 중국 남조와 외교 관계 회복, 신라와 혼인 동맹 체결, 신진 세력 등용으로 왕권 강화

(3) **무령왕(6세기 초)**: 농업 생산 독려, 지방에 22*담로 설치(왕족 파견 → 지방 통제 강화), 활발한 대외 활동으로 국가의 위상 회복

(4) **성왕(6세기)**

① 대내외 정책

대내 정책	사비(부여) 천도(538), 국호를 '남부여'로 개칭(부여 계승 의식 표방), 중앙에 실무 관청 22부 설치, 수도 5부·지방 5방으로 정비
대외 정책	중국 남조와 교류(→ 문화 발전, 국력 회복 도모), 왜에 불교를 비롯한 선진 문물 전파

② 한강 유역 회복 노력: 신라와 연합하여 한강 하류 수복 → 신라 진흥왕의 기습으로 상실 → 관산성 전투에서 성왕 전사, 백제군 패배

4. 신라의 발전

(1) 5세기 후반: 삼년산성(보은) 구축, 고구려의 정치적 간섭에서 탈피, 중앙과 지방을 잇는 도로와 역 개설

(2) 중앙 집권 체제 정비(6세기)

지증왕	• 대내 정책: 국호를 '신라'로 확정, 왕호를 '왕'으로 개편, 순장 금지, 소를 이용한 경작 장려, 수도에 시장 개설 • 정복 활동: 경상도 북부로 진출, 우산국(울릉도) 정복 → 정복 지역에 지방관 파견
법흥왕	병부 설치(→ 군사 지휘권 체계화), 율령 반포, 관리의 등급을 17 등급으로 확정, 백관 공복의 제도 실시(관복 색 구분), 불교 공인, 상대등 설치, '태왕' 자처, '건원' 연호 사용, 금관가야 병합(532)

(3) 진흥왕(6세기)

① 국내 정책: 불교 장려(황룡사 건립), *화랑도를 국가적 조직으로 재편하여 인재 양성

② 정복 전쟁: 한강 유역 모두 차지, 대가야 정복(562), 함경도 남부(함흥 평야 일대)까지 진출 → 정복한 지역에 4개의 *순수비와 단양 신라 적성비 건립 [자료 7] [자료 8]

③ 대외 정책: 한강 유역 확보 이후 고구려와 백제의 연결 차단, 황해를 통해 중국과 직접 교류

5. 삼국 항쟁의 격화
고구려의 신라 공격(6세기 후반), 백제 무왕이 진주 지역까지 영토 확장, 고구려·백제의 신라 공격

•• 가야 연맹의 재건과 붕괴

1. 가야 연맹의 재건

(1) 전기 가야 연맹의 와해: 고구려 광개토 대왕이 신라에 침입한 왜군 격퇴 → 왜군이 가야로 도주 → 고구려군이 가야로 진격 → 금관가야가 고구려군에 타격을 입고 맹주로서의 지위 상실

(2) 후기 가야 연맹

① 형성: 고령의 대가야가 세력 확장(비옥한 토지, 질 좋은 철 생산을 토대로 발전) → 대가야를 맹주로 후기 가야 연맹 결성 [자료 9]

② 세력 확장: 대가야가 합천 지역 정복, 소백산맥을 넘어 섬진강 일대로 세력 확장

③ 대외 정책: 국제적 고립 탈피 도모 → 섬진강을 통해 바닷길 개척(중국 남조에 사신 파견, 왜와 교류), 신라·백제의 군사 동맹에 참여

2. 가야 연맹의 멸망

배경	• 각 소국이 독자적 권력을 유지(→ 중앙 집권 국가로 성장하지 못하고 연맹 왕국 단계에 머무름) • 백제와 신라 사이에 위치하여 불안한 상황 지속
과정	백제와 신라의 가야 영토 공격 → 금관가야는 법흥왕 때 신라에 병합(532), 대가야가 신라 진흥왕에 복속함(562) → 나머지 소국들은 각자 독자적인 정치권력을 유지하다가 멸망

생생 자료

자료 7 신라의 영토 확장

진흥왕은 점령한 지역에 순수비(황초령 신라 진흥왕 순수비, 마운령 신라 진흥왕 순수비, 서울 북한산 신라 진흥왕 순수비, 창녕 신라 진흥왕 척경비)를 세웠어.

↑ 6세기 한반도의 형세

신라는 진흥왕 때 영토를 크게 확장하였으며, 점령한 지역에 비석을 세워 영토 확장을 기념하였다.

자료 8 단양 신라 적성비

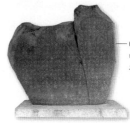

비석에 진흥왕이 단독으로 왕명을 내린 사실이 기록되어 있어 강력한 왕권이 확립되었음을 보여 줘.

신라 진흥왕이 고구려성이 있었던 적성 지역을 점령한 후 세운 것으로, 신라를 도운 지역의 주민을 표창하는 내용이 새겨져 있다.

자료 9 대가야의 철기 문화

↑ 말 갑옷　　　↑ 판갑옷과 투구

대가야의 옛 영토였던 경북 고령에 있는 무덤들에서는 가야의 철 다루는 기술을 엿볼 수 있는 철기와 갑옷, 금동관 등이 출토되었다.

쏙쏙 용어

★ 화랑도 원광의 세속 5계를 지키며 무예를 익히고 몸과 마음을 단련한 청소년 단체이다. 진골 귀족 출신의 화랑과 그를 따르는 낭도로 구성되었다.

★ 순수비 왕이 나라 안을 두루 살피며 돌아다닌 일을 기념하여 세운 비석

대표 자료 확인하기

◆ 삼국의 경쟁과 발전

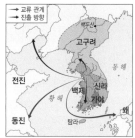

↑ 4세기 후반 한반도의 형세

↑ 5세기 한반도의 형세

↑ 6세기 한반도의 형세

(①   )는 4세기 중반 활발한 대외 활동을 벌였다. (②   )는 5세기경에 한반도의 중부 지역까지 영토를 넓혔다. (③   )는 6세기 진흥왕 때 영토를 크게 확장하였으며, 한강 유역을 차지하였다.

한눈에 정리하기

◆ 삼국과 가야의 성립과 발전

고구려	• 태조왕: 옥저 정복, 요동 진출 도모 • (①): 수도 5부·지방 5부로 정비 • 미천왕: 낙랑군 점령 • 소수림왕: 불교 수용, 태학 설립, 율령 반포 • 광개토 대왕: 한강 이북의 땅 차지, 만주와 요동 지역 대부분 확보, '(②)' 연호 사용 • 장수왕: 평양 천도, 한강 유역 전체 차지
백제	• 고이왕: 관등제 정비, 목지국 병합 • (③): 마한 지역 대부분 정복, 동진과 왜를 잇는 해상 교역 전개, 황해도 일부 차지 • 침류왕: 불교 수용 • 동성왕: 중국 남조와 외교 관계 회복, 신라와 혼인 동맹 체결 • 무령왕: 22(④)에 왕족 파견, 활발한 대외 활동 • 성왕: 사비(부여) 천도, 국호를 '남부여'로 개칭, 중앙에 22부 설치, 수도 5부·지방 5방으로 정비, 한강 유역 일시 회복
신라	• 내물왕: 김씨 왕위 세습 확립, '마립간' 호칭 사용 • 지증왕: 국호 '신라' 확정, '왕' 호칭 사용 • (⑤): 병부 설치, 율령 반포, 관등제 정비, 불교 공인, 연호 사용, 금관가야 병합 • 진흥왕: 청소년 단체인 (⑥)를 국가적 조직으로 재편, 한강 유역 차지, 대가야 정복
가야	여러 가야 연맹 형성(금관가야가 전기 연맹 주도 → 대가야가 후기 연맹 주도)

꼼꼼 개념 문제

1 다음 설명이 맞으면 ○표, 틀리면 ✕표를 하시오.

(1) 내물왕은 왕호를 왕으로 바꾸었다. (   )

(2) 고국천왕은 태학을 세워 인재를 양성하였다. (   )

(3) 무령왕은 지방의 22담로에 왕족을 파견하였다. (   )

(4) 삼국의 왕은 불교를 수용하여 왕실의 권위를 높였다. (   )

2 다음 괄호 안의 내용 중 알맞은 말에 ○표를 하시오.

(1) 백제의 성왕은 (사비, 웅진)(으)로 도읍을 옮겼다.

(2) (대가야, 금관가야)는 법흥왕 때 신라에 병합되었다.

(3) 고구려의 (고국천왕, 소수림왕)은 율령을 반포하였다.

(4) 신라 (내물왕, 법흥왕)은 김씨의 왕위 세습을 확립하였다.

(5) 고구려의 (미천왕, 태조왕)은 옥저를 정복하고 요동으로의 진출을 시도하였다.

3 삼국의 중앙 집권 체제 강화에 기여한 정책만을 〈보기〉에서 있는 대로 골라 기호를 쓰시오.

┌ 보기 ├────────────────────
ㄱ. 왕위 선출   ㄴ. 유교 수용
ㄷ. 율령 반포   ㄹ. 관등제 정비
└──────────────────────────

4 다음 왕과 그의 업적을 옳게 연결하시오.

(1) 고이왕   •   • ㉠ 국호를 신라로 확정

(2) 장수왕   •   • ㉡ 평양 천도, 남진 정책

(3) 지증왕   •   • ㉢ 관등제 정비, 목지국 병합

(4) 광개토 대왕 •   • ㉣ 한강 이북 차지, 영락 사용

5 다음 빈칸에 들어갈 내용을 쓰시오.

(1) 고구려는 고국천왕 때 수도와 지방을 (   )부 체제로 정비하였다.

(2) 백제 성왕은 국호를 (   )로 개칭하여 부여 계승 의식을 나타내었다.

(3) 신라 (   )은 한강 유역을 모두 차지하고 정복 지역에 순수비를 건립하였다.

(4) 고령의 (   )는 비옥한 토지와 질 좋은 철 생산을 토대로 발전하여 후기 가야 연맹을 이끌었다.

탄탄 시험 문제

01 다음 지역을 수도로 한 나라가 주도한 사실로 옳은 것을 〈보기〉에서 고른 것은?

↑ 국내성 일대

┤ 보기 ├
ㄱ. 옥저를 정복하였다.
ㄴ. 소도를 운영하였다.
ㄷ. 낙랑군을 점령하였다.
ㄹ. 영고라는 제천 행사를 지냈다.

① ㄱ, ㄴ   ② ㄱ, ㄷ   ③ ㄴ, ㄷ
④ ㄴ, ㄹ   ⑤ ㄷ, ㄹ

02 밑줄 친 '이 나라'에 대한 학생의 발표 내용으로 가장 적절한 것은?

> 이 나라는 계루부, 소노부, 절노부, 관노부, 순노부의 5부가 연합하여 국가를 형성하였는데, 왕권이 성장하면서 계루부의 고씨가 왕위를 세습하였다.

① 목지국을 병합하였어요.
② 진대법을 실시하였어요.
③ 화랑도를 조직하였어요.
④ 민며느리제라는 혼인 풍습이 있었어요.
⑤ 청동기 문화를 바탕으로 건국되었어요.

03 백제의 성립 과정에 대한 설명으로 옳은 것은?
① 사로국에서 출발하였다.
② 위만이 들어와 왕이 되었다.
③ 변한의 여러 소국이 연합하였다.
④ 한반도 동남쪽에서 건국되어 정치적 발전이 늦었다.
⑤ 부여, 고구려에서 내려온 세력과 한강 유역의 토착 세력이 연합하여 건국하였다.

04 다음 무덤을 만든 나라에서 있었던 사실로 옳은 것은?

↑ 석촌동 3호분

① 가족 공동 무덤을 만들었다.
② 책화라는 풍습을 적용하였다.
③ 무천이라는 제천 행사를 지냈다.
④ 요동 지역으로 영토를 확장하였다.
⑤ 수상인 상좌평과 16관등제의 틀을 갖추었다.

05 〈중요해〉 다음 상황이 전개된 시기에 집권한 신라 왕의 업적으로 옳은 것은?

> 보병과 기병 5만을 보내 신라를 도와주게 하였다. 남거성을 통해 신라성에 이르렀는데 그곳에 왜적이 가득하였다. 왕의 군대가 이르자 왜적이 도망하였다. 왜적을 쫓아 임나가라(가야)의 종발성에 이르자 성이 곧 복종하였다.
> — 「광개토 대왕릉비」

① 진대법을 시행하였다.
② 단양 신라 적성비를 세웠다.
③ 마립간의 호칭을 사용하였다.
④ 불교를 장려하여 황룡사를 지었다.
⑤ 병부를 설치하여 군사 지휘권을 정비하였다.

06 다음 내용을 모두 활용한 탐구 주제로 가장 적절한 것은?

> • 불교 수용   • 율령 반포
> • 관등제 정비   • 지방관 파견

① 계급 사회의 출현
② 청동기 시대의 특징
③ 농경과 목축의 시작
④ 제정일치 사회의 등장
⑤ 중앙 집권 체제의 형성

07 지도와 같이 한반도의 형세가 이루어진 시기에 있었던 사실로 옳은 것은?

① 고구려가 옥저를 멸망시켰다.
② 백제와 신라가 동맹을 맺었다.
③ 고구려가 남진 정책을 추진하였다.
④ 백제가 마한 지역 대부분을 정복하였다.
⑤ 신라가 백관 공복의 제도를 실시하였다.

08 다음 유물을 통해 알 수 있는 사실로 가장 적절한 것은?

① 백제와 일본이 교류하였다.
② 한반도에서 한자가 사용되었다.
③ 고구려가 신라의 정치에 간섭하였다.
④ 만주와 한반도에 청동기가 유입되었다.
⑤ 한반도에서 독자적인 청동기 문화권이 형성되었다.

09 지도는 5세기경 한반도 정세를 나타낸 것이다. (가) 나라에 대한 설명으로 옳은 것은?

① 법흥왕 시기에 불교를 공인하였다.
② 6세기에 웅진에서 사비로 도읍을 옮겼다.
③ 지방에 22담로를 설치하여 왕족을 파견하였다.
④ 광개토 대왕 때 영락이라는 연호를 사용하였다.
⑤ 상대등과 17등급 관리들이 중앙 정치를 담당하였다.

10 다음 자료를 통해 알 수 있는 내용으로 옳은 것은?

> • 영락 대왕의 은택은 하늘까지 미쳤고 위엄은 온 세상에 떨쳤다. 나쁜 무리를 쓸어 없애니 백성이 각기 생업에 힘쓰고 편안히 살게 되었다. 나라는 부강해지고 백성은 풍족해졌으며, 오곡이 풍성하게 익었다.
> – 「광개토 대왕릉비」
> • 하백의 손자이며 해와 달의 아들인 추모성왕(주몽)이 북부여에서 태어나셨으니 천하 사방은 이 나라 이 고을이 가장 성스러움을 알지니 …….
> – 모두루 무덤 묘지문

① 신라가 한강 유역을 차지하였다.
② 백제가 요서 지방에 세력을 미쳤다.
③ 고구려인들이 독자적 천하관을 가졌다.
④ 백제가 남부여라는 국호를 사용하였다.
⑤ 고구려에서 중국의 군현 세력이 축출되었다.

11 교사의 질문에 대한 학생의 답변으로 가장 적절한 것은?

① 위만이 왕위에 올랐습니다.
② 금관가야가 멸망하였습니다.
③ 고구려가 수도를 평양으로 옮겼습니다.
④ 신라가 한강 유역을 모두 차지하였습니다.
⑤ 근초고왕이 고구려를 공격하여 황해도 일부를 차지하였습니다.

[12~13] 지도를 보고 물음에 답하시오.

→ 백제의 수도 이동

12 백제의 수도가 (가)와 같이 변한 계기로 옳은 것은?

① 대가야가 멸망하였다.
② 고구려가 남진 정책을 펼쳤다.
③ 고구려 고국원왕이 전사하였다.
④ 백제가 관산성 전투에서 패하였다.
⑤ 백제 성왕이 중흥 정책을 전개하였다.

이 문제에서 나올 수 있는 선택지는 다~!

13 백제가 (나)를 수도로 삼은 시기의 사실로 옳지 <u>않은</u> 것은?

① 중국 남조와 교류하였다.
② 남부여의 국호를 사용하였다.
③ 중앙의 22부가 실무를 담당하였다.
④ 한강 유역을 일시적으로 회복하였다.
⑤ 수도는 5부, 지방은 5방으로 나뉘었다.
⑥ 중국의 동진으로부터 불교를 받아들였다.
⑦ 왜에 불교를 비롯한 선진 문물을 전파하였다.

★ 중요해
14 백제 무령왕에 대한 탐구 활동으로 가장 적절한 것은?

① 한강 유역을 상실한 과정을 정리한다.
② 이사금이라는 왕호의 의미를 찾아본다.
③ 22담로에 왕족을 파견한 목적을 조사한다.
④ 영락이라는 연호를 사용한 의의를 검색한다.
⑤ 신라와 혼인 동맹을 체결한 배경을 알아본다.

15 밑줄 친 '왕'이 신라를 통치한 시기에 있었던 사실로 옳은 것은?

역사 신문

신하들은 왕에게 '신(新)'이라는 글자는 덕업이 날로 새로워진다는 뜻이고, '라(羅)'라는 글자는 사방을 망라한다는 뜻으로, 이를 나라 이름으로 삼는 것이 좋겠다고 건의하였다. 왕께서는 신하들의 의견을 받아들여 나라 이름을 새로 '신라'로 정하였다.

① 율령이 반포되었다.
② 상대등이 설치되었다.
③ 함경도 남부에 진출하였다.
④ 왕이라는 칭호가 사용되었다.
⑤ 전진으로부터 불교가 들어왔다.

★ 중요해
16 ㉠ 왕의 정책으로 옳은 것은?

신라는 6세기 지증왕, (㉠), 진흥왕을 거치면서 국가 체제를 정비하고 영토를 크게 확장하였다.

① 율령을 반포하였다.
② 태학을 설립하였다.
③ 대가야를 정복하였다.
④ 우산국을 복속시켰다.
⑤ 진대법을 실시하였다.

17 다음 비석을 세운 왕에 대한 설명으로 옳은 것은?

① 평양으로 천도하였다.
② 금관가야를 정복하였다.
③ 관리의 17등급을 확정하였다.
④ 영락이라는 연호를 사용하였다.
⑤ 화랑도를 국가적 조직으로 재편하였다.

18 지도의 형세가 이루어진 시기에 일어난 사실로 옳지 **않은** 것은?

① 대가야가 멸망하였다.
② 백제가 중국 남조와 교류하였다.
③ 백제가 고구려 고국원왕을 격퇴하였다.
④ 신라가 황해를 통해 중국과 교류하였다.
⑤ 신라 진흥왕이 각지에 순수비를 세웠다.

19 밑줄 친 ㉠의 계기로 옳은 것은?

전기 가야 연맹을 이끌던 ㉠ 김해의 금관가야가 맹주로서의 지위를 상실하면서 고령의 대가야가 후기 가야 연맹을 결성하였다.

① 백제가 율령을 반포하였다.
② 고구려가 국내성으로 도읍을 옮겼다.
③ 신라가 왕호를 마립간으로 바꾸었다.
④ 백제가 마한의 남은 지역을 통합하였다.
⑤ 고구려가 신라에 침입한 왜를 격퇴하였다.

20 ㉠ 나라에 대한 설명으로 옳은 것은?

이 사진은 (㉠)의 옛 영토였던 경북 고령의 무덤에서 발굴된 판갑옷과 투구이다. 이를 비롯한 많은 철기 유물을 통해 (㉠)의 철을 다루는 기술이 뛰어났음을 엿볼 수 있다.

① 한의 지배를 받았다.
② 상대등을 설치하였다.
③ 칠지도를 제작하였다.
④ 신라 진흥왕에 복속하였다.
⑤ 중앙 집권 국가로 성장하였다.

학교 시험에 잘 나오는 **서 술 형 문제**

1 다음을 보고 물음에 답하시오.

(가) ↑ 장군총　　(나) ↑ 석촌동 3호분

(1) (가), (나) 유적을 남긴 나라를 각각 쓰시오.

(2) 위 자료를 통해 알 수 있는 (가), (나) 나라 건국 세력의 관계를 근거와 함께 서술하시오.

2 다음 자료에 나타난 고구려의 천하관을 형성 배경과 함께 서술하시오.

옛날 시조 추모왕(주몽)이 나라를 세웠다. 시조인 추모왕은 북부여에서 나셨는데, 하늘신의 아드님이고 어머니는 하백의 따님이었다. …… 영락 대왕의 은택은 하늘까지 미쳤고 위엄은 온 세상에 떨쳤다.
－「광개토 대왕릉비」

3 삼국이 중앙 집권 체제를 확립하면서 나타난 특징을 세 가지 서술하시오.

04 삼국의 문화와 대외 교류

●● 삼국의 다양한 문화

1. 불교 수용과 불교 예술

(1) 삼국의 불교 수용과 발전

① 수용: 중앙 집권 체제 강화를 위한 사상 통합의 필요성 대두 → 왕실에서 불교 적극 수용, 점차 백성에게 확산

② 발전: 불교가 왕의 권위 뒷받침('왕은 곧 부처'라고 생각) → 왕실의 보호 아래 국가적 종교로 발전(신라는 불교식 왕명 사용)

(2) 불교 예술 자료①

사찰(사원)	신라 진흥왕 때 세운 황룡사, 백제 무왕 때 세운 미륵사 등
*탑	• 백제: 익산 미륵사지 석탑, 부여 정림사지 5층 석탑 등 • 신라: 황룡사 9층 목탑, 경주 분황사 모전 석탑 등
불상	금동 연가 7년명 여래 입상(고구려), 서산 용현리 마애 여래 삼존상(백제), 경주 배동 석조 여래 삼존 입상(신라), 미륵보살 반가 사유상 등

2. 도교, 학문, 과학 기술의 발달

(1) 도교: 삼국 시대에 중국에서 전래됨

① 특징: 신선 사상(산천 숭배, 불로장생 추구)과 결합 → 귀족 사회를 중심으로 유행

② 문화유산: 고구려 고분 벽화(신선의 세계와 방위신), 백제의 *산수 무늬 벽돌, 백제 금동 대향로 등 자료②

(2) 유학

고구려	백제	신라 자료③
태학에서 유교 경전과 역사 교육	오경박사의 유학 교육	임신서기석에 유교 경전을 공부한 내용 기록

(3) 역사서: 중앙 집권 체제 강화 목적으로 편찬, 『신집』 5권(고구려 영양왕 때) · 『서기』(백제 근초고왕 때) · 『국사』(신라 진흥왕 때) 편찬

(4) 천문학: 고구려 고분 속 별자리 그림, 신라의 첨성대 제작

(5) 공예: 금속 공예 발달(백제 금동 대향로, 신라의 금관과 장신구 등)

●● 삼국과 가야인의 생활 모습

1. 삼국 시대의 신분제
왕족을 비롯한 귀족, 평민, 천민으로 구분(신라의 *골품제가 대표적)

2. 삼국의 의식주
신분에 따라 차이를 둠

귀족	비단옷을 입고 각종 장신구로 치장, 쌀밥·고기·가축·과일·해산물 등을 섭취, 기와집에 거주, 탁자·침상 사용
평민	거친 베나 동물 가죽으로 만든 옷 착용, 조·기장·보리·콩 등을 섭취, 움집·귀틀집·초가집에 거주

생생 자료

자료① 삼국의 불교 예술

↑ 부여 정림사지   ↑ 황룡사 9층 목탑   ↑ 금동 연가 7년
5층 석탑   (모형)   명 여래 입상

불교가 전해진 뒤 삼국에서는 불교 예술이 발달하여 많은 사찰과 탑을 세우고, 불상을 만들었다.

자료② 삼국의 도교 문화

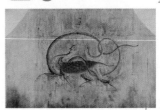

도교 사상이 반영된 봉황, 산선, 동물, 용, 불교 사상이 반영된 연꽃 등이 표현되어 있어.

↑ 고구려 강서대묘의 사신도 중 현무   ↑ 백제 금동
현무는 도교의 방위신 중 하나야.   대향로

삼국 시대에 도교가 발달하면서 고분 벽화나 공예품에 도교 신앙이 반영되었다. 고구려 고분 벽화에는 도교에서 동서남북을 지키는 상상 속의 동물인 사신도가 그려졌다. 백제 금동 대향로에는 도교 사상과 불교 사상이 함께 반영되었다.

자료③ 신라의 유학 발달

> 유교 경전을 공부하여 나라에 충성할 것을 맹세한다. …… 시, 상서, 예기, 춘추전을 차례로 공부하기를 맹세하며 기간은 3년으로 한다.
> └ 유교 경전이야   – 임신서기석의 내용

삼국 시대에는 한자의 보급과 더불어 유학이 전래하여 학문이 발달하였다. 신라에서는 임신서기석에 기록된 내용을 통해 젊은이들이 유교 경전을 공부하였음을 알 수 있다.

쏙쏙 용어

* **탑** 부처의 사리를 모셔 예배의 대상으로 삼았던 건축물

* **산수무늬 벽돌** 산과 나무, 구름 등 자연과 더불어 살려는 이상이 담겨 있다.

* **골품제** 신라에서는 신분을 성골과 진골을 제외하고 6~1두품으로 나누었다. 신분에 따라 옷의 색깔, 집의 크기, 소유할 수 있는 말의 수가 달랐다.

3. 삼국과 가야의 고분 문화

(1) 특징: 현세의 생활이 죽은 뒤에도 이어진다고 여김 → 부장품을 껴묻거나 벽화 제작(→ 당시의 풍속·신앙·생활 모습이 나타남), 순장 존재

(2) 고분 문화 자료 ④ 자료 ⑤

고구려	초기 돌무지무덤 → 굴식 돌방무덤 제작(벽화를 그림)
백제	계단식 돌무지무덤(한성 시기) → 굴식 돌방무덤(웅진·사비 시기), 중국의 영향을 받아 벽돌무덤 제작(무령왕릉, 웅진 시기)
신라	돌무지덧널무덤(벽화가 없음, 도굴이 어려워 많은 껴묻거리가 보존됨) → 6세기 말 이후 굴식 돌방무덤을 주로 제작
가야	돌덧널무덤 제작(구덩이에 돌로 벽을 쌓아 만듦)

●● 삼국과 가야의 대외 교류

1. 삼국의 대외 교류

(1) 중국과의 교역: 불교, 도교, 유학, 한자, 과학 기술 등 수용

고구려	주로 북중국의 나라들과 교류 → 중국 악기를 개조하여 거문고 제작(왕산악), 수·당의 궁중에서 고구려 음악과 무용 사용
백제	해상 교역로를 통해 중국의 동진, 남조와 교류
신라	고구려와 백제를 통해 중국 문화 수용 → 한강 유역을 차지한 후 중국과 직접 교류

(2) *서역과의 교류: 초원길과 비단길(사막길)을 따라 교류

고구려	고분 벽화에 서역 계통의 인물 등장, 서역의 궁전 벽화에서 고구려 사신으로 추정되는 사람 발견
신라	고분에서 서역과의 교류를 알려 주는 유리그릇, 금제 장식 보검(경주 계림로 보검 등), 상감 유리구슬, 뿔 모양의 잔 등 출토

2. 가야의 대외 교류
바다를 통해 중국·북방 초원 지대의 민족·왜와 교류, 김해 대성동 고분 등에서 중국과 유라시아 계통의 유물 출토

3. 삼국과 가야 문화의 일본 전파
삼국의 문화가 일본 아스카 문화의 성립과 발전에 기여함 자료 ⑥

고구려	승려 혜자가 쇼토쿠 태자의 스승이 됨, 담징이 종이와 먹의 제조 방법 전파, 고구려 수산리 고분 벽화가 일본의 다카마쓰 고분 벽화에 영향을 줌(의상과 화풍 등이 유사함)
백제	• 삼국 중 일본과 가장 활발하게 교류 • 일본에 불교 전파, 백제의 오경박사·화가·공예 기술자 등이 일본에 건너가 활약함, 아직기와 왕인은 한문·논어·천자문을 전해 줌
신라	배 만드는 기술과 둑 쌓는 기술 전파
가야	질 좋은 철 수출, 철로 만든 갑옷을 전함, 가야 토기가 일본 토기인 스에키의 바탕이 됨

생생 자료

자료 ④ 삼국의 고분 양식

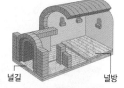

↑ 굴식 돌방무덤의 구조   ↑ 벽돌무덤의 구조

↑ 돌무지덧널무덤의 구조   ↑ 천마총 출토 천마도

굴식 돌방무덤	돌로 널방을 만들어 통로를 연결한 후 그 위에 흙을 덮어 봉분을 만들었다.
벽돌무덤	널방을 벽돌로 쌓은 무덤으로, 중국 남조의 양식으로 축조되었다.
돌무지덧널무덤	나무 덧널 위에 돌을 쌓은 뒤 흙으로 봉분을 쌓았다. 천마도 등이 발굴되었다.

자료 ⑤ 고분 벽화

시종이 주인과 손님을 접대하는 모습으로, 신분에 따라 인물의 크기를 다르게 표현하였어.

↑ 귀족 저택 모습(안악 3호분)   ↑ 손님 접대 모습(무용총)

삼국 시대 굴식 돌방무덤의 벽면과 천장에는 벽화가 남아 있다. 이를 통해 당시의 생활 모습을 파악할 수 있다.

서술형 단골 문화유산을 비교하여 삼국과 일본의 문화 교류를 묻는 문제가 자주 출제돼.

자료 ⑥ 삼국 문화의 일본 전파

두 불상의 자세와 형태가 유사한데 먼저 만들어진 것은 삼국의 금동 미륵보살 반가 사유상이야.

← 삼국의 금동 미륵보살 반가 사유상(왼쪽)과 일본의 고류사 목조 미륵보살 반가 사유상(오른쪽)

일본의 고류사 목조 미륵보살 반가 사유상은 삼국 문화의 영향을 받은 대표적인 문화유산이다.

쏙쏙 용어

★ 서역 중국 서쪽에 있던 나라들을 통틀어 이르는 말로, 지금의 서아시아, 중앙아시아, 인도, 유럽을 포함한다.

대표 자료 확인하기

◆ 삼국의 불교 예술

• (①   ) • (②   ) • (③   )

◆ 삼국의 고분 양식

(④)의 구조	(⑤)의 구조
이음길 / 앞돌방 / 널방	나무덧널 / 널 / 돌무지 / 껴묻거리 상자

삼국은 모두 (④　　　)을 만들었는데, 다양한 고분 벽화가 그려져 있어 당시 사람들의 신앙과 생활 모습 등을 보여 준다. 신라는 초기에 (⑤　　　)을 만들었는데, 벽화가 없으며 도굴이 어려워 많은 껴묻거리가 보존되었다.

한눈에 정리하기

◆ 삼국의 다양한 문화와 문화 교류

불교	• 수용과 발전: 왕실에서 적극 불교 수용 → 왕실의 보호 아래 국가적 종교로 발전 • 불교 예술: 사찰(황룡사, 미륵사 등), 탑(익산 미륵사지 석탑 등), (①　　　)(금동 연가 7년명 여래 입상 등) 제작
도교	• 전래: 삼국 시대에 중국에서 전래됨 • 특징: (②　　　)과 결합 → 귀족 사회를 중심으로 유행 • 문화유산: 고구려 고분 벽화(사신도), 백제의 산수무늬 벽돌, 백제 금동 대향로 등
유학	고구려의 태학 설립, 백제는 오경박사가 교육, 신라 (③　　　)에 유교 경전을 공부한 사실 기록

고분	고구려	(④　　　) → 굴식 돌방무덤	껴묻거리와 벽화로 당시 생활 모습을 유추함
	백제	계단식 돌무지무덤 → 굴식 돌방무덤, 벽돌무덤	
	신라	돌무지덧널무덤 → 굴식 돌방무덤	

문화 교류	삼국이 중국과 문화 교류, 일본에 문화 전파(→ 아스카 문화 형성에 기여)

꼼꼼 개념 문제

1 다음 설명이 맞으면 ○표, 틀리면 ×표를 하시오.

(1) 삼국의 불교는 불로장생을 추구하였다. (　　)

(2) 백제는 골품제를 통해 사람들의 일상생활을 제한하였다. (　　)

(3) 삼국의 귀족들은 비단옷을 입고 각종 장신구로 치장하였다. (　　)

(4) 임신서기석의 내용을 통해 신라의 젊은이들이 유교 경전을 공부하였음을 알 수 있다. (　　)

2 다음 나라와 각 나라의 문화유산을 옳게 연결하시오.

(1) 백제 •　　　　　　　• ㉠ 황룡사 9층 목탑

(2) 신라 •　　　　　　　• ㉡ 익산 미륵사지 석탑

(3) 고구려 •　　　　　　• ㉢ 금동 연가 7년명 여래 입상

3 다음 괄호 안의 내용 중 알맞은 말에 ○표를 하시오.

(1) 백제에서는 (상좌평, 오경박사)이/가 유학을 교육하였다.

(2) 고구려에서는 영양왕 때 (서기, 신집 5권)을/를 편찬하였다.

(3) 백제의 산수무늬 벽돌에는 (도교, 유교)와 불교 사상이 담겨 있다.

(4) (가야, 신라)의 토기가 일본에 영향을 주어 일본 스에키의 바탕이 되었다.

4 다음 빈칸에 들어갈 내용을 쓰시오.

(1) 백제에서는 근초고왕 때 역사서 (　　　)가 편찬되었다.

(2) 백제 무령왕릉은 중국 남조의 영향을 받아 (　　　)으로 만들어졌다.

(3) 삼국에서 전해진 문화를 바탕으로 일본에서 (　　　) 문화가 발전하였다.

(4) 고구려 고분 벽화에는 도교에서 동서남북을 지키는 상상 속의 동물인 (　　　)가 많이 그려졌다.

5 다음과 같이 일본에 문화를 전파한 나라를 〈보기〉에서 골라 기호를 쓰시오.

보기
ㄱ. 백제　　　　ㄴ. 신라　　　　ㄷ. 고구려

(1) 담징이 종이와 먹의 제조 방법을 전하였다. (　　)

(2) 배 만드는 기술과 둑 쌓는 기술을 전파하였다. (　　)

(3) 아직기와 왕인이 한문, 논어, 천자문을 전하였다. (　　)

탄탄 시험 문제

01 (가)에 들어갈 내용으로 가장 적절한 것은?

삼국 시대 ○○의 발달

1. 문화유산

↑ 부여 정림사지 5층 석탑   ↑ 익산 미륵사지 석탑

2. 특징: _____ (가)

① 불로장생을 추구하였다.
② 태학을 통해 교육하였다.
③ 왕실에서 적극 수용하였다.
④ 신석기 시대에 한반도에 전래되었다.
⑤ 동서남북을 지키는 방위신이 있다고 믿었다.

02 ㉠ 종교가 반영된 문화유산으로 옳지 않은 것은?

삼국은 중앙 집권 체제를 확립하면서 (㉠)을/를 수용하였다. (㉠)의 '왕은 곧 부처'라는 사상은 왕권을 뒷받침해 주었고, 신라는 (㉠)식으로 왕명을 지어 왕권을 강화하였다.

①
②
③

↑ 금동 연가 7년 명 여래 입상   ↑ 부여 정림사지 5층 석탑   ↑ 금동 미륵보살 반가 사유상

④
⑤

↑ 산수무늬 벽돌   ↑ 서산 용현리 마애 여래 삼존상

03 삼국 시대 불교에 대한 설명으로 옳지 않은 것은?

① 사상 통합에 기여하였다.
② 국가적인 종교로 발전하였다.
③ 왕의 권위를 뒷받침해 주었다.
④ 천군을 통해 종교 행사를 치렀다.
⑤ 왕실에서 수용하여 점차 백성에게 확산되었다.
⑥ 불교 예술이 발달하여 사찰, 탑, 불상이 제작되었다.

04 다음 자료를 활용한 탐구 주제로 가장 적절한 것은?

↑ 고구려 강서대묘의 사신도 중 현무   ↑ 산수무늬 벽돌

① 도교의 확산
② 소도의 기능
③ 신분 제도의 정착
④ 제정일치 사회의 형성
⑤ 중앙 집권 체제의 등장

05 다음 자료를 통해 알 수 있는 신라 사회의 모습으로 옳은 것은?

임신년 6월 16일 두 사람이 맹세하여 쓴다. …… 시, 상서, 예기, 춘추전을 차례로 공부하기를 맹세하며 기간은 3년으로 한다.   – 임신서기석의 내용

① 불교가 공인되었다.
② 유학이 발달하였다.
③ 관등제가 마련되었다.
④ 화랑도가 국가적인 조직으로 재편되었다.
⑤ 제가 회의에서 국가의 중대사가 결정되었다.

06 다음 탑과 불상을 만든 나라에 대한 탐구 활동으로 적절하지 <u>않은</u> 것은?

↑ 경주 분황사 모전 석탑

↑ 경주 배동 석조 여래 삼존 입상

① 오경박사의 역할을 찾아본다.
② 골품제의 운영 방식을 조사한다.
③ 불교식 왕명을 사용한 왕을 정리한다.
④ 역사서 국사를 편찬한 목적을 알아본다.
⑤ 돌무지덧널무덤의 껴묻거리를 검색한다.

07 삼국 시대 귀족의 생활 모습으로 옳은 것을 〈보기〉에서 고른 것은?

┤ 보기 ├
ㄱ. 기와집에 거주하였다.
ㄴ. 여러 장신구로 치장을 하였다.
ㄷ. 주로 조, 기장, 보리 등의 잡곡을 먹었다.
ㄹ. 거친 베나 동물 가죽으로 만든 옷을 입었다.

① ㄱ, ㄴ   ② ㄱ, ㄷ   ③ ㄴ, ㄷ
④ ㄴ, ㄹ   ⑤ ㄷ, ㄹ

08 중요해
다음 구조를 가진 고분에 대한 설명으로 옳은 것은?

이음길 / 앞돌방 / 널방

① 중국 남조의 영향을 받아 제작되었다.
② 고구려와 백제 지배층의 관계를 보여 준다.
③ 도굴이 어려워 껴묻거리가 많이 남아 있다.
④ 청동기 시대에 계급이 분화되었음을 보여 준다.
⑤ 고분에 그려진 벽화를 통해 당시 생활상을 알 수 있다.

09 밑줄 친 '이 무덤'에 대한 설명으로 옳은 것은?

↑ 이 무덤의 지석

이 사진은 백제 무령왕을 이 무덤에 안장하였다는 내용이 담긴 지석이다. 지석은 땅의 신에게 묘소로 쓸 땅을 사들인다는 문서를 작성한 것이다.

① 고구려의 영향을 받았다.
② 널방을 벽돌로 만들었다.
③ 백제와 왜의 관계를 알 수 있다.
④ 만주와 한반도 전역에서 발견된다.
⑤ 백제 초기 지배층의 형성 과정을 보여 준다.

10 다음 구조를 가진 고분에 대한 발표 내용으로 가장 적절한 것은?

나무덧널 / 널 / 돌무지 / 껴묻거리 상자

① 벽화를 남겼어요.
② 일본의 영향을 받았어요.
③ 많은 껴묻거리가 남아 있어요.
④ 고구려 장군총이 대표적이에요.
⑤ 백제에서 한성 시기에 만들어졌어요.

11 ㈎에 들어갈 내용으로 적절한 것은?

1. 주제: _____ ㈎
2. 자료 수집

↑ 경주 계림로 보검
로마, 서아시아 등에서 유행한 보검 양식과 유사하다.

① 나제 동맹의 계기
② 신라와 서역의 교류
③ 중국 문화의 삼국 전파
④ 스에키의 바탕이 된 문화
⑤ 일본 아스카 문화의 발달

12 다음 유물들을 통해 알 수 있는 내용으로 옳은 것은?

왼쪽은 김해 대성동 고분에서 발견된 유라시아 계통의 청동 솥. 오른쪽은 일본의 스에키입니다.

① 일본에서 아스카 문화가 형성되었다.
② 백제가 산둥과 일본으로 진출하였다.
③ 고구려 소수림왕이 중국과 교류하였다.
④ 가야가 주변 지역과 활발하게 교류하였다.
⑤ 고구려 광개토 대왕이 주변으로 세력을 넓혔다.

중요해
13 지도는 삼국 시대의 문화 전파를 나타낸 것이다. (가)에 해당하는 내용으로 옳은 것은?

① 칠지도 제작
② 토기 제작 기술
③ 배 만드는 기술
④ 오경박사의 활약
⑤ 종이와 먹의 제조 방법

14 삼국이 일본에 문화를 전파한 모습을 탐구하기 위해 조사할 내용으로 적절하지 <u>않은</u> 것은?

① 벽돌무덤의 구조
② 승려 혜자의 활동
③ 공예 기술자의 활약
④ 왕인과 아직기의 활동
⑤ 다카마쓰 고분 벽화의 화풍

학교 시험에 잘 나오는 **서 술 형** 문제

1 다음 그림을 통해 알 수 있는 삼국 사회의 모습을 서술하시오.

↑ 고구려 무용총 벽화

_____

_____

2 다음 자료에 공통으로 담긴 사상이 삼국 시대에 발전한 모습을 서술하시오.

↑ 고구려 강서대묘의 사신도 중 현무   ↑ 백제 금동 대향로

_____

_____

3 다음을 통해 알 수 있는 교류 내용을 서술하시오.

← 삼국의 금동 미륵보살 반가 사유상(왼쪽)과 일본의 고류사 목조 미륵보살 반가 사유상(오른쪽)

_____

_____

우리나라		주요 사건
선사시대		약 70만 년 전 구석기 시대 시작
		약 1만 년 전 신석기 시대 시작
청동기시대		기원전 2333 고조선 건국(『동국통감』 기록)
		기원전 5세기경 철기 전래
철기시대		기원전 194 위만, 고조선의 왕이 됨
		기원전 108 고조선 멸망
		기원전 57 신라 건국(『삼국사기』 기록)
		기원전 37 고구려 건국(『삼국사기』 기록)

01 선사 문화와 고조선

만주와 한반도의 선사 문화와 청동기 문화

구분	구석기 시대	신석기 시대	청동기 시대
시작, 보급	약 70만 년 전 시작	약 1만 년 전 시작	기원전 2000년경~기원전 1500년경 보급
도구	뗀석기	간석기, 토기 제작	청동기(무기), 생활 도구는 돌·나무로 제작
생활 모습	사냥·채집·고기잡이, 무리·이동 생활	(①)과 목축 시작, 정착 생활	벼농사 보급, 빈부 차이와 계급 발생, 족장(군장) 등장, 고인돌 제작

고조선의 건국과 발전

건국	기원전 2333년 청동기 문화를 바탕으로 단군왕검이 건국
사회 모습	단군의 건국 이야기에 농업 사회·홍익인간의 건국 이념·제정일치 사회가 드러남, 8조의 법 규정(계급·농경 사회, 개인의 생명과 재산 중시, 사유 재산 인정)
발전	기원전 5세기경 철기 문화 수용 → 농업 발전·'왕' 칭호 사용·연과 경쟁 → (②)이 집권 → 본격적으로 철기 문화 수용·중계 무역으로 경제적 번영
멸망	한의 왕검성 함락으로 멸망

02 여러 나라의 성장

철기의 사용과 사회 변화

농업	철제 농기구 사용 → 농업 생산력 향상, 인구 증가
무기	철제 무기 사용 → 부족 간 전쟁 증가 → 여러 나라 등장

철기 문화를 바탕으로 세워진 여러 나라

부여	• 정치: 연맹 왕국 → 왕 아래 가(加)들이 각자의 영역 지배 • 특징: 엄격한 법 제정, 순장 풍습, 소의 발굽 모양으로 길흉을 점침, 제천 행사인 (③) 거행
고구려	• 정치: 연맹 왕국 → 5부의 대가가 국가 운영, (④)에서 국가의 중대사 결정 • 특징: 서옥제의 혼인 풍습, 동맹 거행, 무예 중시
옥저, 동예	• 정치: 왕이 없고 읍군·삼로라고 불린 군장이 각 지역 지배 • 특징: 옥저(가족 공동 무덤, (⑤)의 혼인 풍습), 동예(족외혼, 책화, 무천 거행)
삼한	• 정치: 제정 분리 → 신지·읍차라고 불린 군장이 소국 지배, 천군이라는 제사장이 (⑥) 지배 • 특징: 5월과 10월에 제천 행사 거행

03 삼국의 성립과 발전

고구려	• (⑦　　　　　): 옥저 정복, 요동 지방으로 진출 도모 • 고국천왕: 수도 5부·지방 5부로 정비, 진대법 시행 • 소수림왕: 불교 수용, 태학 설립, 율령 반포 • 광개토 대왕: 한강 이북의 땅 차지, 만주와 요동 지역 대부분 차지, '영락' 연호 사용 • 장수왕: 평양 천도, 남진 정책 → 한강 유역 전체 차지
백제	• 고이왕: 관등제 정비, 목지국 병합 • 근초고왕: 마한 지역 대부분 정복, 동진과 왜를 잇는 해상 교역 전개, 고구려 공격(→ 황해도 일부 차지) • 침류왕: 동진에서 불교 수용 • 무령왕: 지방의 22담로에 왕족 파견, 남조의 양과 교류 • (⑧　　　　　): 사비(부여) 천도, 국호를 '남부여'로 개칭, 중앙에 22부 설치, 한강 유역 일시 회복
신라	• 내물왕: 김씨의 왕위 세습 확립, '마립간' 호칭 사용 • 지증왕: 국호 '신라' 확정, '왕' 호칭 사용, 우산국 정복 • 법흥왕: 병부 설치, 율령 반포, 관등제 정비, 불교 공인, 상대 등 설치, '건원' 연호 사용, 금관가야 병합 • (⑨　　　　　): 화랑도를 국가적 조직으로 재편, 한강 유역 모두 차지, 대가야 정복
가야	• 전기 가야 연맹: 김해의 (⑩　　　　) 중심(철 풍부, 낙랑·왜와 교류) • 후기 가야 연맹: 고령의 대가야 중심(남조·왜와 교류)

04 삼국의 문화와 대외 교류

문화	불교	중앙 집권 체제 강화를 위해 왕실에서 적극 수용·보호, 탑과 불상 제작 및 사찰(사원) 건축
	도교	• 특징: 신선 사상과 결합하여 귀족 사회 중심으로 유행 • 문화유산: 고구려의 고분 벽화(사신도), 백제의 산수무늬 벽돌, 백제 금동 대향로 등
	학문	• 유학: 고구려의 (⑪　　　　) 설립, 백제 오경박사가 교육, 신라 임신서기석에 유교 경전 공부 사실 기록 • 역사서: 고구려의 『신집』 5권, 백제의 『서기』, 신라의 『국사』 편찬
	고분 문화	• 양식: 돌무지무덤, 돌무지덧널무덤 등 → 삼국 후기에 (⑫　　　　) 조성 • 특징: 벽화와 껴묻거리 등으로 당시 생활 모습 확인
대외 교류	중국	불교, 도교, 유학, 과학 기술 등 전래
	서역	초원길, 비단길(사막길)을 따라 교류
	일본	삼국과 가야의 문화 전파(불교, 학문, 기술 등) → 일본 (⑬　　　　) 문화 발전에 기여

우리나라	주요 사건
삼 국 시 대	**기원전 18** 백제 건국(『삼국사기』 기록)
	42 금관가야 건국
	372 고구려, 불교 수용·태학 설립
	384 백제, 불교 수용
	427 고구려, 평양 천도
	475 • 고구려, 백제 한성 함락 • 백제, 웅진 천도
	503 신라, '왕' 칭호 사용
	527 신라, 불교 공인
	532 금관가야 멸망
	538 백제, 사비 천도
	562 대가야 멸망

| 답 | ⑦ 태조왕 ⑧ 성왕 ⑨ 진흥왕 ⑩ 금관가야 ⑪ 태학 ⑫ 굴식 돌방무덤 ⑬ 아스카

01 선사 문화와 고조선

01 다음 도구를 사용한 시대에 대한 탐구 주제로 가장 적절한 것은?

↑ 주먹도끼   ↑ 슴베찌르개

① 군장의 역할
② 반달 돌칼의 효과
③ 농경 생활의 시작
④ 고인돌의 제작 방법
⑤ 사냥과 채집의 기능

02 밑줄 친 '이 시대'의 생활 모습에 대한 설명으로 옳은 것은?

> 이 시대에는 농경이 시작되었으며, 수확한 곡식은 토기를 만들어 저장하였다.

① 고인돌을 만들었다.
② 가락바퀴로 실을 뽑았다.
③ 청동으로 무기를 만들었다.
④ 주먹도끼를 처음 사용하였다.
⑤ 반달 돌칼로 곡식을 수확하였다.

03 (가)에 들어갈 내용으로 가장 적절한 것은?

> **수행 평가 보고서**
> • 탐구 주제: ○○○ 시대의 사회 모습
> • 자료 수집: 비파형 동검, 고인돌
> • 자료 분석 결과: _____(가)_____

① 계급이 형성되었다.
② 농경이 시작되었다.
③ 무리 생활을 하였다.
④ 애니미즘이 발생하였다.
⑤ 중앙 집권 국가가 등장하였다.

04 다음 건국 이야기를 가진 나라에 대한 설명으로 옳은 것은?

> 환인이 환웅의 뜻을 알고 태백산 지역을 내려다 보니 인간 세상을 널리 이롭게 할 만하였다. …… (환웅은) 바람, 비, 구름을 다스리는 신을 거느리고 …… 인간 세상을 다스렸다. …… 환웅이 웅녀와 혼인하여 아들을 낳으니, 그 이름을 단군왕검이라 하였다.

① 가족 공동 무덤을 만들었다.
② 영고라는 제천 행사를 지냈다.
③ 신지, 읍차라는 군장이 다스렸다.
④ 귀족 회의에서 중대사를 결정하였다.
⑤ 청동기 문화를 바탕으로 건국되었다.

05 밑줄 친 '여러 변화'에 해당하는 모습을 〈보기〉에서 고른 것은?

> 기원전 2세기 무렵 중국에서 위만이 자신의 무리를 이끌고 고조선에 망명해 왔다. 그는 준왕의 신임을 얻어 국경을 지키다가 세력을 키워 고조선의 왕위를 차지하였다. 이후 고조선에는 여러 변화가 나타났다.

┤보기├
ㄱ. 화랑도를 개편하였다.
ㄴ. 철기 문화가 확산되었다.
ㄷ. 농경과 목축을 시작하였다.
ㄹ. 중계 무역으로 성장하였다.

① ㄱ, ㄴ   ② ㄱ, ㄷ   ③ ㄴ, ㄷ
④ ㄴ, ㄹ   ⑤ ㄷ, ㄹ

02 여러 나라의 성장

06 만주와 한반도에 철기가 보급되면서 나타난 변화로 옳지 않은 것은?

① 여러 나라가 세워졌다.
② 족장(군장)이 등장하였다.
③ 농업 생산량이 증가하였다.
④ 부족 간 전쟁이 활발해졌다.
⑤ 널무덤과 독무덤을 만들었다.

07 지도는 철기 시대의 여러 나라를 나타낸 것이다. (가) 나라에 대한 설명으로 옳은 것은?

① 옥저를 정복하였다.
② 한에게 멸망하였다.
③ 8조법을 적용하였다.
④ 위만을 왕으로 삼았다.
⑤ 가(加)들이 각자의 영역을 다스렸다.

08 다음 제도를 운영한 나라에 대한 탐구 주제로 가장 적절한 것은?

① 단군왕검의 의미
② 천군과 소도의 역할
③ 비파형 동검의 제작
④ 움집의 형태와 효과
⑤ 제천 행사 동맹의 기능

09 ㉠ 나라에 대한 설명으로 옳은 것은?

(㉠)은/는 …… 해마다 10월이면 하늘에 제사를 지내는데, 이를 무천이라고 한다.

① 대가야를 정복하였다.
② 족외혼의 풍습이 있었다.
③ 마립간 칭호를 사용하였다.
④ 영락이라는 연호를 사용하였다.
⑤ 정치적으로 독립된 지역인 소도가 있었다.

10 밑줄 친 '이 나라'에서 볼 수 있는 모습으로 가장 적절한 것은?

이 나라에서는 어린 여자 아이를 남자의 집에서 키우다가 성인이 되면 예물을 주고 아내로 맞이하는 민며느리제가 시행되었다.

① 준왕 이후 왕위를 잇는 위만
② 소도에서 제사를 드리는 천군
③ 제가 회의에 참가하는 지배층
④ 가족 공동 무덤을 만드는 백성
⑤ 빗살무늬 토기를 제작하는 사람

11 다음 내용에 해당하는 국가로 옳은 것은?

• 목지국의 지배자가 대표를 맡았다.
• 제정이 분리된 사회로, 제사장인 천군은 소도라는 신성 지역을 다스렸다.

① 동예　② 부여　③ 삼한
④ 옥저　⑤ 고구려

03 삼국의 성립과 발전

12 ㉠ 나라에 대한 학생의 발표 내용으로 가장 적절한 것은?

(㉠)의 체제 정비 과정
• 정치: 수도와 지방을 5부 체제로 정비, 지방에 관리 파견
• 사회: 진대법 운영을 통해 빈민 구제 시도

① 병부를 설치하였어요.
② 옥저를 정복하였어요.
③ 책화라는 풍습이 있었어요.
④ 국호를 남부여로 바꾸었어요.
⑤ 화백 회의에서 중대사를 의논하였어요.

13 다음과 같이 통치 체제를 정비한 나라에 대한 설명으로 옳은 것은?

> 이 나라는 관리의 등급과 서열을 정비하여 수상인 상좌평과 16관등제의 틀을 갖추었다.

① 낙랑군을 멸망시켰다.
② 제가 회의를 운영하였다.
③ 한강 유역에서 건국되었다.
④ 국내성을 도읍으로 삼았다.
⑤ 마립간이라는 칭호를 사용하였다.

14 삼국이 중앙 집권 체제를 확립하는 과정에서 나타난 모습으로 옳지 <u>않은</u> 것은?

① 불교를 수용하였다.
② 왕위를 세습하였다.
③ 율령을 반포하였다.
④ 관등제를 정비하였다.
⑤ 제정 분리 사회를 형성하였다.

15 지도와 같은 형세가 이루어진 상황에서 있었던 사실로 옳은 것은?

① 나제 동맹이 결성되었다.
② 백제가 불교를 수용하였다.
③ 고구려에 태학이 설립되었다.
④ 백제가 목지국을 병합하였다.
⑤ 단양 신라 적성비가 건립되었다.

16 밑줄 친 '왕'의 업적으로 옳지 <u>않은</u> 것은?

> <u>왕</u>은 보병과 기병 5만을 보내 신라를 도와주게 하였다. 남거성을 통해 신라성에 이르렀는데 그곳에 왜적이 가득하였다. 왕의 군대가 이르자 왜적이 도망하였다. 왜적을 쫓아 임나가라(가야)의 종발성에 이르자 성이 곧 복종하였다.

① 스스로 태왕이라고 칭하였다.
② 독자적인 연호를 사용하였다.
③ 한강 이북의 땅을 차지하였다.
④ 백제의 수도 한성을 함락하였다.
⑤ 만주와 요동 지역을 대부분 확보하였다.

17 신라에서 왕의 호칭을 처음 사용한 왕의 정책으로 옳은 것은?

① 책화를 적용하였다.
② 진대법을 실시하였다.
③ 22담로를 설치하였다.
④ 수도를 사비로 옮겼다.
⑤ 국호를 신라로 변경하였다.

18 지도의 나라에 대한 설명으로 옳은 것을 〈보기〉에서 고른 것은?

┌ 보기 ┐
ㄱ. 이사금 호칭을 사용하였다.
ㄴ. 연맹 왕국 단계에 머물렀다.
ㄷ. 영락이라는 연호를 사용하였다.
ㄹ. 김해에서 고령으로 중심지가 이동하였다.

① ㄱ, ㄴ   ② ㄱ, ㄷ   ③ ㄴ, ㄷ
④ ㄴ, ㄹ   ⑤ ㄷ, ㄹ

19 다음 문화유산을 만드는 데 기반이 된 종교에 대한 설명으로 옳은 것은?

↑ 익산 미륵사지 석탑

↑ 경주 분황사 모전 석탑

① 태학에서 교육하였다.
② 불로장생을 추구하였다.
③ 일본으로부터 들어왔다.
④ 소도에서 제사를 지냈다.
⑤ 왕실 주도로 수용하였다.

창의 융합

20 ⊙ 종교를 확인하기 위한 문화유산으로 가장 적절한 것은?

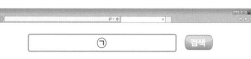

불로장생과 산천 숭배를 추구하는 신선 사상과 결합되어 삼국에 전래되었다. 이 종교는 귀족 사회에서 유행하였고, 고분 벽화나 여러 공예품에 관련된 사상이 반영되기도 하였다.

①
↑ 금동 연가 7년 명 여래 입상

②
↑ 부여 정림사지 5층 석탑

③
↑ 스에키

④
↑ 산수무늬 벽돌

⑤
↑ 경주 배동 석조 여래 삼존 입상

21 밑줄 친 '이 학문'에 대한 탐구 활동으로 가장 적절한 것은?

신라의 임신서기석에는 시, 상서, 예기, 춘추전을 공부하자는 내용이 기록되어 있어 당시 신라 청년들이 이 학문을 공부하였음을 짐작하게 한다.

① 오경박사의 역할을 알아본다.
② 신선 사상의 특징을 살펴본다.
③ 소도 설치의 계기를 찾아본다.
④ 불상 제작의 종교적 이유를 검토한다.
⑤ 고구려 사신도의 사상적 배경을 분석한다.

22 다음 고분을 통해 알 수 있는 백제 사회의 모습으로 옳은 것은?

↑ 무령왕릉

① 위만이 집권하였다.
② 한 군현이 설치되었다.
③ 한강 유역을 차지하였다.
④ 중국 남조와 교류하였다.
⑤ 아스카 문화의 발달에 기여하였다.

23 다음 내용을 뒷받침할 수 있는 사례로 가장 적절한 것은?

백제는 삼국 중 일본과 가장 활발하게 교류하였으며, 일본에 선진 문물을 전파하였다.

① 일본 스에키의 형성에 영향을 주었다.
② 승려 혜자가 쇼토쿠 태자의 스승이 되었다.
③ 배 만드는 기술과 둑 쌓는 기술을 전하였다.
④ 담징이 종이와 먹의 제조 방법을 전파하였다.
⑤ 아직기와 왕인이 한문, 천자문 등을 전해 주었다.

II

남북국 시대의 전개

01 신라의 삼국 통일과 발해의 건국

고구려와 수·당의 전쟁

1. 6세기 동아시아 정세 자료①

(1) 6세기 중반: 신라의 한강 유역 장악 → 고구려와 백제가 신라 협공

(2) 6세기 후반: 수의 중국 통일(589) → 고구려가 돌궐과 결탁·백제 및 왜와 연결, 신라는 수에 도움 요청

2. 고구려와 수의 전쟁

(1) 수의 침입과 격퇴

수 문제	수가 고구려에 복속을 요구 → 고구려가 수의 요구를 거절하고 요서 지방 선제공격 → 수 문제가 30만 군대를 동원해 고구려 침략 → 수군이 홍수·전염병·굶주림에 시달리다가 돌아감
수 양제	• 113만 명이 넘는 군사로 고구려 침입 → 요동성 공격·실패 • 살수 대첩(612): 수의 우중문이 30만 명의 별동대로 평양 공격 → 을지문덕의 고구려군이 살수에서 수의 군대 격퇴 자료②

(2) 결과: 수는 무리한 전쟁으로 인한 국력 소모와 반란으로 멸망(618)

3. 연개소문의 집권과 당의 침입

(1) 당과 고구려의 관계: 당 건국 초기 고구려와 친선 관계 유지 → 당 태종 즉위 후 영토를 확장하며 고구려 압박 → 고구려가 연개소문을 파견하여 *천리장성 축조·군사력 강화로 대비

(2) 당의 침입과 격퇴 자료③

배경	고구려 연개소문의 정변(보장왕을 세우고 스스로 *대막리지가 되어 권력 장악) → 당과 신라에 대해 강경한 대외 정책 전개
전개	당 태종이 연개소문의 정변을 구실로 고구려 침입 → 요동성·백암성 함락, 안시성 공격 → 안시성의 성주와 백성들이 당군 격퇴(안시성 싸움, 645) → 이후 당의 침입을 모두 격퇴

(3) 고구려가 수·당의 침입을 막아낸 원동력: 산성을 이용한 방어 체계, 요동 지방의 철광 지대 확보·뛰어난 제련 기술(→ 강력한 철제 무기와 갑옷 제작) 등 `서술형 단골` 고구려가 수·당을 물리친 원동력을 묻는 문제가 자주 출제돼.

신라의 삼국 통일과 발해의 건국

1. 신라와 당의 동맹

(1) 나당 동맹 이전 삼국의 정세: 백제 의자왕이 고구려와 연합하여 신라의 당항성 공격 → 백제가 신라의 40여 성 함락·대야성까지 진출 → 신라 김춘추가 고구려에 군사적 도움 요청·실패

(2) 나당 동맹 체결

과정	김춘추가 당에 건너가 동맹 제의 → 나당 동맹 체결(648)
내용	당은 신라에 군사적 지원 약속(고구려 공략 목적), 신라는 당의 고구려 공격 협조·대동강 이북 지역을 당에게 양보하기로 약속

생생 자료

자료① 6세기 후반~7세기 초 동아시아 정세

6세기 후반에서 7세기 초 동아시아에서는 고구려, 백제, 왜, 돌궐을 연결하는 남북 세력과 신라, 수·당을 연결하는 동서 세력이 대립하였다.

자료② 고구려의 수 격퇴

> 을지문덕이 수군의 철수를 요구한 시야. 이후 후퇴하는 수군을 거의 전멸시켰지.

> 신묘한 계책은 천문을 꿰뚫어 볼 만하고, 오묘한 전술은 땅의 이치를 모조리 알았도다. 전쟁에 이겨서 공이 이미 높아졌으니 만족을 알거든 그만두기를 바라노라.
> – 을지문덕이 수의 장군에게 보낸 시, 『삼국사기』

수가 30만의 별동대를 편성하여 평양으로 진격하자, 고건무(후일의 영류왕)는 바다를 건너 상륙한 수의 군대를 평양 근교에서 물리쳤고, 을지문덕은 별동대를 유인하여 살수(청천강)에서 크게 격퇴하였다.

자료③ 고구려의 당 격퇴

당 태종은 고구려를 침공하고 요동성과 백암성을 함락하며 기세를 올렸지만 안시성 전투에서 패배하여 퇴각하였다. 그 뒤 고구려는 몇 차례 더 당의 침입을 받았으나 이를 모두 막아냈다.

쏙쏙 용어

* **천리장성** 당의 공격에 대비하기 위해 랴오허강을 따라 북쪽의 부여성에서 남쪽의 비사성까지 이어 놓은 장성

* **대막리지** 행정권과 군사권을 장악한 최고 관직이다. 연개소문은 스스로 최초의 대막리지가 되어 권력을 누렸다.

2. 백제와 고구려의 멸망

(1) 백제의 멸망

배경	백제가 지배 세력의 분열로 정치 혼란 → 국력 쇠퇴
과정	백제가 기벌포에서 소정방이 이끈 당군에게 패배, 계백의 결사대가 황산벌 전투에서 김유신이 이끈 신라군에게 패배 → 나당 연합군이 사비성 함락, 의자왕 항복(백제 멸망, 660)

(2) 고구려의 멸망

배경	수·당과의 전쟁으로 국력 약화, 연개소문 사후 아들 간 권력 다툼으로 정치 혼란
과정	나당 연합군이 고구려의 여러 성 함락 → 수도 평양성 함락(고구려 멸망, 668)

3. 백제와 고구려의 부흥 운동 〔자료 4〕

백제	• 과정: 복신과 도침이 왕자 (부여)풍을 왕으로 맞아 주류성에서 부흥 시도, 흑치상지가 임존성에서 군사를 일으킴 • 결과: 부흥 운동 지도층의 분열, *백강 전투에서 나당 연합군에 패배, 나당 연합군이 주류성 함락(663) → 부흥 운동 실패, 많은 백제 유민이 일본으로 망명
고구려	• 과정: 고연무가 요동 지방에서 당군에 맞서 싸움, 검모잠이 한성에서 보장왕의 아들 안승을 왕으로 추대하여 부흥 운동 전개 • 결과: 안승이 검모잠 살해·신라에 망명 → 부흥 운동 실패

4. 나당 전쟁과 삼국 통일 〔자료 4〕

(1) **당의 한반도 지배 야심**: 한반도에 웅진*도독부(백제 옛 땅), 안동*도호부(고구려 옛 땅), 계림도독부(신라 금성) 설치

(2) **신라의 대응**: 백제·고구려 유민에게 관직을 주어 민족 통합 도모, 안승을 보덕국의 왕으로 임명(고구려 유민 포섭), 웅진과 사비 지역에서 당군 축출

(3) **나당 전쟁**: 신라·고구려 부흥군이 당군 공격 → 당이 말갈·거란 기병을 동원하여 신라 침략 → 신라가 매소성(675)·기벌포(676) 전투에서 당군 격파 → 대동강 이남에서 당 세력 축출, 삼국 통일 완성(676)

(4) **삼국 통일의 한계와 의의**

한계	통일 과정에서 외세(당)를 끌어들임, 대동강 이남 지역만 차지
의의	자주적 통일(고구려·백제 유민과 함께 한반도 전체를 지배하려는 당군 격퇴), 우리 민족 최초의 통일(→ 삼국의 문화가 융합되어 새로운 민족 문화 발전의 기반 마련)

5. 발해의 건국과 고구려 계승 의식

(1) **발해 건국**: 고구려 장수 출신 대조영이 지린성 동모산 근처에 도읍하고 건국(698) → 남북국의 형세를 이룸 〔자료 5〕

(2) **발해의 주민**: 고구려 유민과 말갈인으로 구성

(3) **발해의 고구려 계승 의식**: 고구려 유민이 지배층의 핵심, 발해의 왕이 일본에 보낸 외교 문서에 고려(고구려)와 고려 국왕 자처 〔자료 6〕

〔자료 4〕 **백제·고구려의 부흥 운동과 나당 전쟁**

신라는 한반도 전체를 지배하려는 당에 맞서 고구려의 부흥 운동을 지원하는 한편, 사비성에서 당군을 몰아냈다. 이어 매소성과 기벌포 전투에서 당에 결정적인 승리를 하여 삼국 통일을 완성하였다.

〔자료 5〕 **발해 건국의 의의** ┌ 발해를 건국한 대조영을 가리켜

> 김씨가 남쪽을 차지하고, 대씨가 북쪽을 차지하여 발해라고 하였다. 이것이 남북국이다. – 「발해고」

조선 후기 학자 유득공은 '남북국'이라는 말을 처음 사용하여 신라와 발해가 모두 우리 민족의 역사라는 점을 강조하였다.

〔자료 6〕 **발해의 고구려 계승 의식**

> • (발해는) 고려(고구려) 옛 땅을 수복하고, 부여의 풍속을 지니고 있다. – 발해가 일본에 보낸 국서
> • 지난날의 고구려가 오늘의 발해이다. – 최치원, 「여예부배상서찬장」
> • (일본) 왕은 삼가 고려(고구려) 국왕에게 문안한다. – 「속일본기」
> • 대조영은 본래 고려(고구려)의 별종이다. …… (고구려, 말갈) 무리를 이끌고 …… 동모산에 성을 쌓고 살았다. – 「구당서」
> └ 대조영은 고구려 장수 출신이었어.

발해는 고구려 유민이 중심이 되어 세운 나라인 만큼 고구려 계승 의식이 강하였다. 발해의 왕은 일본에 보낸 외교 문서에 스스로 '고려(고구려)' 또는 '고려 국왕'이라고 표현하였고, 일본도 발해를 '고려(고구려)'라고 부르기도 하였다.

★ **백강 전투** 백제 부흥군과 왜의 연합군이 663년 백강(금강 하구)에서 나당 연합군과 네 차례 벌인 전투

★ **도독부와 도호부** 당이 정복지를 통치하기 위하여 세운 군사·행정 기구

대표 자료 확인하기

◆ 백제·고구려의 부흥 운동과 나당 전쟁

백제, 고구려가 멸망한 뒤 검모잠과 고연무는 (①   ) 부흥 운동을 벌였고, 복신과 도침, 흑치상지는 (②   ) 부흥 운동을 벌였으나 모두 실패하였다. 이후 신라는 (③   )과 기벌포 전투에서 당군에 승리하여 삼국 통일을 완성하였다.

한눈에 정리하기

◆ 고구려와 수·당의 전쟁

수	수 문제의 고구려 침입 실패 → 수 (①)의 요동성 공격 실패 → 우중문이 별동대로 평양 공격 → (②)의 고구려군이 살수 대첩에서 승리
당	당 태종이 연개소문의 정변을 구실로 고구려 침입 → 요동성·백암성 함락 → (③)의 성주와 백성들이 당군 격퇴(645)

↑

고구려는 산성을 이용한 방어 체계, 철광 지대 확보 및 뛰어난 제련 기술을 토대로 수·당을 물리침

◆ 신라의 삼국 통일과 발해의 건국

백제와 고구려의 멸망
• 나당 동맹 체결: 신라 (④   )의 제의로 성사 • 백제: 기벌포에서 당군에게 패배, (⑤   )의 결사대가 황산벌 전투에서 패배 → 나당 연합군이 사비성 함락, 의자왕 항복(660) → 백제 부흥 운동 전개(복신과 도침, 흑치상지 등) • 고구려: 나당 연합군이 고구려의 수도인 (⑥   ) 함락(668) → 고구려 부흥 운동 전개(고연무, 검모잠 등)

↓

삼국 통일과 발해의 건국
• 삼국 통일: 당이 한반도에 도독부와 도호부 설치 → 신라가 매소성과 기벌포 전투에서 승리 → 삼국 통일 완성(676) • 발해의 건국: (⑦   )이 발해 건국(698), 고구려 계승 의식 표방 → 남북국의 형세를 이룸

꼼꼼 개념 문제

1 6세기 후반 수가 중국을 통일하자 고구려는 (   ), 백제, 왜와 연결을 강화하였다.

2 다음 빈칸에 들어갈 내용을 쓰시오.
(1) 고구려는 랴오허강의 국경 일대에 (   )을 쌓아 당의 침입에 대비하였다.
(2) 수의 우중문은 30만 별동대로 평양을 공격하였으나 을지문덕이 이끈 (   )에서 패배하여 물러났다.
(3) 고구려의 (   )이 보장왕을 세우고 스스로 대막리지가 되자, 이를 구실로 삼아 당 태종이 고구려를 침입하였다.

3 다음 설명이 맞으면 ○표, 틀리면 ✕표를 하시오.
(1) 당군은 매소성과 기벌포 전투에서 신라에 대승을 거두었다.   (   )
(2) 당 태종은 고구려를 침입하여 요동성과 백암성을 함락하였다.   (   )
(3) 발해의 왕은 일본에 보낸 외교 문서에 신라 국왕을 자처하였다.   (   )
(4) 신라의 삼국 통일은 랴오허강 이남 지역만 차지하였다는 한계가 있다.   (   )

4 백제 부흥 운동을 주도한 인물만을 〈보기〉에서 있는 대로 골라 기호를 쓰시오.

보기
ㄱ. 도침   ㄴ. 복신   ㄷ. 안승   ㄹ. 검모잠

5 다음 인물과 그의 활동을 옳게 연결하시오.
(1) 김유신 •   • ㉠ 발해 건국
(2) 김춘추 •   • ㉡ 나당 동맹 성사
(3) 대조영 •   • ㉢ 살수 대첩 승리
(4) 을지문덕 •   • ㉣ 황산벌 전투 승리

6 다음 괄호 안의 내용 중 알맞은 말에 ○표를 하시오.
(1) 발해의 주민은 고구려 유민과 (왜, 말갈)인으로 구성되었다.
(2) 백제 부흥군과 왜의 연합군은 (백강, 기벌포)에서 나당 연합군에 패배하였다.
(3) 당은 고구려의 옛 땅에 (안동도호부, 웅진도독부)를 설치하여 다스리고자 하였다.

01 지도와 같은 국제 정세가 형성된 배경으로 옳은 것은?

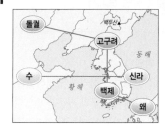

① 수가 중국 대륙을 통일하였다.
② 백제가 고국원왕을 전사시켰다.
③ 고구려가 한강 유역을 차지하였다.
④ 신라가 매소성 전투에서 당군에 승리하였다.
⑤ 신라가 고구려의 도움으로 왜군을 격퇴하였다.

중요해

02 밑줄 친 '전쟁'에 대한 설명으로 옳은 것은?

> 신묘한 계책은 천문을 꿰뚫어 볼 만하고, 오묘한 전술은 땅의 이치를 모조리 알았도다. 전쟁에 이겨서 공이 이미 높아졌으니 만족을 알거든 그만두기를 바라노라.
> ― 「삼국사기」

① 황산벌에서 백제의 군대가 패하였다.
② 연개소문의 정변을 구실로 일어났다.
③ 고구려가 멸망하는 결과를 초래하였다.
④ 매소성에서 신라가 당군에 승리하였다.
⑤ 을지문덕이 수의 별동대를 격파하였다.

03 다음에서 설명하는 인물로 옳은 것은?

> • 보장왕을 세우고 스스로 대막리지가 되어 권력을 장악하였다.
> • 당과 신라에 대해 강경한 대외 정책을 전개하였다.

① 고연무   ② 김유신
③ 김춘추   ④ 연개소문
⑤ 을지문덕

04 지도와 같이 전개된 전쟁에 대한 설명으로 옳은 것은?

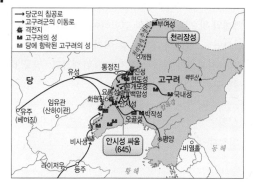

① 을지문덕이 활약하였다.
② 우중문의 별동대를 고구려군이 물리쳤다.
③ 지배층의 내분으로 고구려가 패배하였다.
④ 고구려가 요서 지방을 선제공격하면서 일어났다.
⑤ 연개소문의 정변을 구실로 당 태종이 침입하였다.

05 고구려가 수·당을 물리친 원동력으로 옳은 것을 〈보기〉에서 고른 것은?

> ┤보기├
> ㄱ. 신라와 동맹을 맺어 군사를 제공받았다.
> ㄴ. 험준한 지형에 산성을 쌓아 방어력을 높였다.
> ㄷ. 한강 유역을 차지하여 경제적으로 번영하였다.
> ㄹ. 요동 지방의 철광 지대를 확보하여 철이 풍부하였다.

① ㄱ, ㄴ   ② ㄱ, ㄷ   ③ ㄴ, ㄷ
④ ㄴ, ㄹ   ⑤ ㄷ, ㄹ

06 (가)~(라)를 일어난 순서대로 나열한 것은?

(가) 살수 대첩	(나) 안시성 싸움
(다) 연개소문의 집권	(라) 수 문제의 고구려 침입

① (가) ― (나) ― (다) ― (라)
② (가) ― (다) ― (나) ― (라)
③ (나) ― (라) ― (가) ― (다)
④ (라) ― (가) ― (다) ― (나)
⑤ (라) ― (다) ― (가) ― (나)

07 밑줄 친 '왕'으로 옳은 것은?

> 백제의 왕으로 고구려와 연합하여 신라의 당항성을 공격하였고, 신라의 대야성 등 여러 성을 함락하였다. 그러나 지배층의 분열로 정치가 혼란해졌고, 결국 나당 연합군에 항복하였다.

① 성왕 ② 고이왕 ③ 의자왕
④ 침류왕 ⑤ 근초고왕

중요해

08 (가), (나) 사이 시기의 국제 정세에 대한 설명으로 옳은 것은?

> (가) 백제에 여러 성을 빼앗기며 위기를 느낀 신라는 김춘추를 고구려에 보내 군사적 도움을 요청하였으나 거절당하였다.
> (나) 김유신이 지휘하는 신라군이 황산벌에서 계백의 결사대를 물리치고 당군과 연합하여 백제의 사비성을 함락하였다.

① 신라와 당이 동맹을 맺었다.
② 신라가 기벌포에서 당군을 격퇴하였다.
③ 을지문덕이 살수에서 수군을 물리쳤다.
④ 고구려가 한강 유역을 모두 차지하였다.
⑤ 당이 한반도에 웅진도독부와 안동도호부를 설치하였다.

09 백제의 부흥 운동에 대한 설명으로 옳은 것을 〈보기〉에서 고른 것은?

> ┤ 보기 ├
> ㄱ. 당을 견제한 신라의 도움을 받았다.
> ㄴ. 검모잠이 안승을 왕으로 추대하였다.
> ㄷ. 백강 전투에서 패하면서 실패하였다.
> ㄹ. 흑치상지가 임존성에서 군사를 일으켰다.

① ㄱ, ㄴ ② ㄱ, ㄷ ③ ㄴ, ㄷ
④ ㄴ, ㄹ ⑤ ㄷ, ㄹ

10 (가)에 들어갈 내용으로 가장 적절한 것은?

> **탐구 활동 보고서**
> 1. 탐구 주제: _____ (가) _____
> 2. 수집 자료
> – 신라의 지원을 받았다.
> – 안승이 검모잠을 살해하고 신라에 망명하였다.
> – 고연무가 요동 지방에서 당군과 싸움을 벌였다.
> – 검모잠이 한성에서 보장왕의 아들을 왕으로 추대하였다.

① 나당 전쟁의 과정
② 삼국 통일의 의의
③ 당의 한반도 지배 야심
④ 고구려 부흥 운동의 전개
⑤ 발해의 고구려 계승 의식

이 문제에서 나올 수 있는 선택지는 다~!

11 지도와 같이 전개된 전쟁에 대한 설명으로 옳지 <u>않은</u> 것은?

① 삼국이 통일되는 결과를 가져왔다.
② 대동강 이남에서 당 세력이 물러나게 되었다.
③ 당군이 요동성과 백암성을 차례로 함락하였다.
④ 신라가 매소성과 기벌포 전투에서 승리하였다.
⑤ 신라와 고구려 부흥군이 당군을 선제공격하였다.
⑥ 고구려·백제 유민과 신라인이 힘을 합쳐 싸웠다.
⑦ 당이 말갈과 거란의 기병을 동원하여 신라를 침략하였다.

12 ⊙, ⓒ에 들어갈 기구를 옳게 연결한 것은?

> 당은 고구려와 백제를 멸망시킨 후 고구려와 백제의 옛 땅에 각각 (⊙)와 (ⓒ)를 설치하여 다스리고자 하였다.

	⊙	ⓒ
①	계림도독부	안동도호부
②	계림도독부	웅진도독부
③	안동도호부	계림도독부
④	안동도호부	웅진도독부
⑤	웅진도독부	안동도호부

중요해

13 (가)에 들어갈 내용으로 적절한 것을 〈보기〉에서 고른 것은?

> **삼국 통일의 의의와 한계**
> • 의의: _____(가)_____
> • 한계: 통일 과정에서 외세를 끌어들였다.

┌ 보기 ┐
ㄱ. 발해와 힘을 합쳐 외세를 물리쳤다.
ㄴ. 고구려의 옛 영토를 모두 회복하였다.
ㄷ. 한반도 전체를 지배하려는 당을 몰아냈다.
ㄹ. 새로운 민족 문화가 발전하는 기반을 마련하였다.

① ㄱ, ㄴ   ② ㄱ, ㄷ   ③ ㄴ, ㄷ
④ ㄴ, ㄹ   ⑤ ㄷ, ㄹ

14 ⊙ 나라에 대한 설명으로 옳은 것은?

> • (⊙)은/는 고려(고구려) 옛 땅을 수복하고, 부여의 풍속을 지니고 있다.   – 일본에 보낸 국서
> • 지난날의 고구려가 오늘의 (⊙)(이)다.
>   – 최치원, 「여예부배상서찬장」

① 김춘추가 건국하였다.
② 당과 안시성 싸움을 벌였다.
③ 말갈인이 지배층의 핵심을 이루었다.
④ 살수 대첩에서 수의 군대를 격퇴하였다.
⑤ 고구려 유민과 말갈인으로 주민이 구성되었다.

학교 시험에 잘 나오는 **서술형** 문제

1 다음을 읽고 물음에 답하시오.

> • 수 양제는 우중문에게 30만 명의 별동대를 이끌고 평양성을 공격하도록 하였으나 (⊙)이/가 이끄는 고구려 군대에게 살수 대첩에서 크게 패하였다.
> • 당 태종은 연개소문의 정변을 구실로 고구려에 침입하여 여러 성을 함락한 뒤 안시성을 포위하였으나 결국 패하였다.

(1) ⊙에 들어갈 고구려의 장군을 쓰시오.

_____

(2) 위와 같이 고구려가 수·당과의 전쟁에서 승리할 수 있었던 원동력을 세 가지 서술하시오.

_____
_____
_____

2 다음을 읽고 물음에 답하시오.

> 조선 시대의 학자 유득공은 『발해고』에서 "부여 씨가 망하고 고씨가 망하자 김씨는 남쪽을 차지하였고, 대씨는 그 북쪽을 차지하고 이름을 (⊙)(이)라고 하였는데, 이것이 남북국이다. 그러니 마땅히 남북국사가 있어야 하는데도 고려가 이를 쓰지 않았으니 잘못이다."라고 하였다.

(1) ⊙에 들어갈 나라를 쓰시오.

_____

(2) (1) 나라가 고구려를 계승하였다고 보는 근거를 세 가지 서술하시오.

_____
_____
_____

02 남북국의 발전과 변화

●● 통일 신라의 발전

1. 왕권의 강화

(1) 지배층의 변화: 7세기 중반 김춘추(무열왕)가 *진골 출신으로 처음 왕위에 오름 → 이후 무열왕계 직계 자손들이 왕위 계승

(2) 왕권 강화: 6두품이 왕의 정치적 조언자로 성장

무열왕 (김춘추)	유교 정치 이념을 수용하여 통치 체제의 기초 마련 → *집사부 독립, 시중(중시)의 역할 강화, 귀족 회의의 기능 축소(→ 상대 등의 권한 약화)
문무왕	• 삼국 통일 완성: 고구려를 멸망시킴, 나당 전쟁 승리 → 인구 증가, 농업 생산력 증가 • 통치: 삼국의 백성 통합(옛 백제인·고구려인에게 관직 하사 등), 친당적인 진골 귀족 축출, 궁궐 확장 및 월지 건설(→ 왕의 위엄 과시)
신문왕	진골 귀족 세력 숙청(*김흠돌의 난 진압), 국학 설치(유학 보급, 인재 양성), 통치 제도 정비 → 전제 왕권 확립

2. 통치 제도 정비 신문왕 주도

(1) 중앙 정치 제도

① 중앙 기구: 집사부 중심 운영, 집사부의 장관인 시중(중시)의 권한 강화, 10여 개의 관청 설치(행정 업무 담당)

② 귀족 세력 약화: 화백 회의의 기능과 상대등의 권한 축소

(2) 지방 행정 조직 자료① 자료②

9주	• 전국을 9주로 나누고 그 아래 군·현 설치, 지방관 파견 • 촌(말단 행정 구역): 토착 세력인 촌주가 관리, 촌락 문서 작성
5소경	• 설치: 수도인 금성(경주)이 국토의 동남쪽에 치우친 약점 보완, 지방 세력 견제 목적 → 지방의 중요 거점에 설치 • 운영: 옛 가야·고구려·백제 출신 귀족을 옮겨 살게 함, 지방 정치와 문화의 중심지로 삼음

(3) 군사 제도

① 9서당(중앙군): 왕실과 수도 경비, 고구려·백제 유민과 말갈인 포함 (→ 민족 통합 도모)

② 10정(지방군): 9주에 1정씩 설치, 국경 지역인 한주에는 2정 배치

3. 토지 제도 정비

(1) 신문왕과 성덕왕의 제도 정비

① 목적: 국가 재정 강화, 귀족의 경제 기반 약화

② 내용

신문왕	*관료전 지급, *녹읍 폐지·녹봉 지급
성덕왕	백성에게 정전 지급 → 세금 수취

(2) 녹읍 부활: 경덕왕 때 귀족들의 반발로 부활(8세기 중반)

생생 자료

자료 ① 신라의 지방 행정 조직

서술형 단골 5소경의 설치 목적을 묻는 문제가 자주 출제돼.

통일 신라는 전국을 9주로 나누고 옛 고구려, 백제와 신라 땅에 각각 3주씩 배치하여 민족 통합을 추구하였다. 그 아래 군과 현을 두어 지방관을 파견하고, 말단의 촌은 지방의 유력자인 촌주의 도움을 받아 통치하였다. 또 수도 금성(경주)이 국토의 동남쪽에 치우쳐 있는 점을 보완하기 위해 지방의 중요 거점에 5소경을 두었다.

자료 ② 촌락 문서의 작성
현존하는 가장 오래된 호구 조사 자료야

↑ 신라 촌락 문서(일본 쇼소인)

신라의 촌주는 촌락 문서를 작성하였다. 일본 쇼소인에 소장된 「신라 촌락 문서」에는 인구, 말과 소의 수, 토지의 넓이, 유실 수가 몇 그루인지까지 기록되어 있다. 이를 통해 촌락 문서가 세금 수취를 위해 작성되었음을 알 수 있다. 신라 정부는 촌락 문서를 통해 지방 농민을 효과적으로 지배하고자 하였다.

쏙쏙 용어

★ **진골의 왕위 계승** 신라에서는 성골이 왕위를 계승하였으나 성골은 진덕 여왕을 끝으로 소멸하여 무열왕부터는 진골 신분이 왕위를 계승하였다.

★ **집사부** 진덕 여왕 때 개편된 신라 최고 부서로 장관인 중시(경덕왕 때 그 명칭을 시중으로 바꿈)를 중심으로 운영되었다.

★ **김흠돌의 난** 681년 신문왕의 장인이자 진골 귀족의 대표인 김흠돌이 반란을 꾀하다 발각되어 처형된 사건

★ **관료전과 녹읍** 관료전은 신문왕 때 관리에게 준 토지로 해당 토지를 경작하는 농민에게 조세만 거둘 수 있었다. 반면 녹읍은 해당 지역 농민에게 조세를 걷고 노동력도 징발할 수 있었다.

●● 발해의 발전

1. 발해의 발전과 멸망

(1) **발해의 발전** (자료 ③)

무왕 (8세기 전반)	북만주 일대 장악 → 당이 신라·흑수 말갈을 이용하여 발해 견제 → 발해가 돌궐·일본과 친선 관계 형성(→ 당·신라 견제), 장문휴를 보내 당의 산둥 지방(등주) 공격(732)
문왕 (8세기 후반)	• 대내 정책: 상경(상경 용천부)으로 천도, 중앙과 지방의 통치 제도 정비 • 대외 정책: 당과 친선 관계 형성(→ 당의 문물제도 수용), 신라도를 개설하여 신라와 교류, 일본에 사신 파견
선왕 (9세기 전반)	대부분의 말갈족을 복속시킴, 연해주와 요동 지방까지 영토를 넓혀 최대 영토 확보, 전성기 이룩

(2) **국가 위상 상승**: 무왕(인안) 이후 독자적 연호 사용, 황제국 표방, 선왕 이후 중국으로부터 '*해동성국'이라 불림

(3) **발해의 멸망**: 9세기 말 지배층의 권력 다툼으로 국력 약화 → 거란의 침략으로 멸망(926) → 부흥 운동 전개·실패, 왕자 대광현을 비롯한 발해 유민 일부가 고려로 망명

2. 발해의 통치 제도

(1) **중앙 정치 조직**: 당의 제도를 본떠 3성 6부 조직 (자료 ④)

3성	정당성(정책 집행), 선조성, 중대성으로 구성 → 정당성 중심 운영
6부	행정 실무 담당, 유교 덕목을 명칭으로 사용

(2) **지방 행정 조직**: 5경 15부 62주

① 5경: 정치적·군사적 요충지에 설치, 여러 교통망으로 연결

② 15부 62주: 지방 행정 중심지에 설치, 주 아래 현 설치(주·현에 지방관 파견)

③ 촌락: 대부분 말갈인으로 구성, 말갈 족장(토착 세력)이 지배

(3) **군사 제도**: 10위(중앙군)는 왕궁과 수도 경비, 전략적 요충지나 국경 지역에 지방군 설치(지방관이 지휘)

●● 신라의 분열과 후삼국의 성립

1. 정치적 동요 (자료 ⑤)

(1) **배경**: 8세기 후반부터 소수의 진골 귀족이 권력 독점 → 왕권 약화, 진골 귀족 간 분열 심화

(2) **왕위 쟁탈전**: 혜공왕이 어린 나이에 즉위 → 귀족 간 권력 다툼으로 혜공왕 피살(무열왕계 왕위 세습 단절) → 왕위 쟁탈전 심화(150여 년 동안 20명의 왕이 교체됨)

(3) **지방 귀족의 반란**

김헌창	웅주 도독 *김헌창의 난 발생 → 실패
장보고	청해진을 기반으로 군사력 확대, 왕위 계승 분쟁에 개입(→ 실패)

자료 ③ 발해의 영토 확장

└ 발해는 선왕 때 옛 고구려 영토 대부분을 차지하였어.

발해는 선왕 때 요동으로 진출하고 남쪽으로 대동강과 원산만을 경계로 하여 최대 영토를 차지하였다.

자료 ④ 발해의 중앙 정치 조직

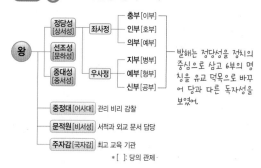

└ 발해는 정당성을 정치의 중심으로 삼고 6부의 명칭을 유교 덕목으로 바꾸어 당과 다른 독자성을 보였어.

*[ ]: 당의 관제

발해는 3성 6부로 중앙 정치 조직을 정비하였다. 3성은 정당성을 중심으로 운영하였고, 정당성의 대내상이 국정을 총괄하였다. 정당성 아래에는 6부를 두어 행정 실무를 담당하게 하였다.

자료 ⑤ 신라 말의 사회 혼란

└ 호족들은 자신의 지역과 농민을 보호한다는 명분하에 성을 쌓고 스스로 성주나 장군이라 칭하였어.

신라 말에는 진골 귀족들의 권력 다툼과 지방 세력의 왕위 쟁탈전 개입으로 사회가 혼란하였으며, 농민들도 전국 각지에서 봉기하였다.

★ **해동성국** '바다 동쪽의 융성한 나라'라는 의미

★ **김헌창의 난** 웅주 도독 김헌창이 무열왕의 직계 자손인 아버지 김주원이 왕이 되지 못한 것에 불만을 품고 일으킨 난

02 남북국의 발전과 변화

2. 농민 봉기의 발생
(1) **신라 말의 상황**: 정치 혼란, 귀족의 대토지 소유 확대 및 농민 수탈, 왕실과 귀족의 사치로 재정 부족, 흉년·자연재해·전염병 발생 → 농민 생활 악화, 농민 몰락(노비나 도적이 되기도 함)
(2) **농민 봉기**: 9세기 말 진성 여왕 때 극심 자료 6

배경	중앙 정부가 지방에 세금 독촉 → 지방 농민의 불만 폭발
내용	원종과 애노의 난(사벌주, 889)을 시작으로 농민 봉기 확대(적고적의 금성 약탈 등) → 지방에 대한 중앙 정부의 통제력 약화

3. 호족의 성장과 6두품의 사회 비판
(1) **호족의 성장**

배경	사회 불안, 중앙의 통제력 약화 → 지방에서 독자적 세력 형성
출신	대부분 촌주 출신, 중앙에서 내려온 귀족, 군진 세력, 해상 세력, 초적 세력 등
세력 확대	독자적 군사 보유, 세금 수취, 촌락 주위에 성을 쌓고 성주나 장군이라 자처 → 독자적인 통치 기구를 두어 지방을 실질적으로 지배·세력 확대

(2) **6두품의 사회 비판**
① 배경: 골품제의 모순(진골 귀족들의 권력 독점) → 6두품 역할 축소
② 6두품의 대응: 당에 유학, 학문·종교 활동에 몰두, 사회 개혁안 제시 (→ 수용되지 않음) → 정치를 멀리하거나 호족과 함께 새로운 사회 건설 추구
③ 대표 인물: *최치원, 최승우, 최언위 등

4. 새로운 사상의 유행
선종, *풍수지리설이 호족이 새로운 사회를 건설하는 사상적 기반이 됨

선종	인간의 마음에 내재된 깨달음을 얻는다는 실천적인 경향이 강함, 전통적인 권위 부정 → 호족과 백성들의 환영, 전국에 선종 사찰 건립 자료 7
풍수지리설	신라 말 선종 승려인 도선이 널리 보급 → 경주(금성) 중심의 지리 개념 탈피·지방의 중요성 강조 → 호족의 환영

5. 후삼국의 성립 자료 8

후백제	• 건국: 견훤이 서남 해안 호족 세력의 지지를 받아 건국(900), 완산주에 도읍, 백제 부흥 표방 • 성장: 6두품 세력을 등용하여 통치 체제 정비, 군사력 확장 → 영토 확장(오늘날 전라도와 충청도·경상도의 일부 지배)
후고구려	궁예가 경기도·황해도 일대의 호족들을 규합하여 건국(901), 송악(개성)에 도읍, 고구려 부흥 표방, 철원 천도, 국호를 마진·태봉 등으로 변경, 통치 제도 정비(광평성 설치 등)
신라	세력이 약화되어 경주 부근의 경상도 일대만 지배

생생 자료

자료 6 원종과 애노의 난

> 진성 여왕 3년(889) 주와 군에서 공물과 부세를 바치지 않아 나라의 창고가 텅 비고 …… 왕이 사자를 보내 독촉하니, …… 도적들이 벌 떼처럼 일어났다. └세금 독촉이 봉기의 직접적인 원인이 되었어. – 『삼국사기』

신라에서는 9세기 말 진성 여왕 때 사벌주(상주)에서 일어난 원종과 애노의 난을 시작으로 전국 각지에서 농민이 봉기하였다. 이들은 세금 납부를 거부하고 관아를 습격하였다.

자료 7 선종의 유행

└선종 승려들은 스승을 깨달음을 얻는 부처와 같이 보아 승려의 사리를 모시는 승탑을 만들었어.

⬆화순 쌍봉사 철감 선사 탑

신라 말에는 새로운 불교 종파인 선종이 유행하였다. 경전 연구와 교리를 중시한 교종과 달리 선종은 경전에 의지하지 않고 누구나 일상생활 속에서 내면의 진리를 발견할 수 있다고 가르쳤다.

자료 8 후삼국의 성립

└후백제를 세운 견훤은 서남 해안을 지키는 군진의 장교였고, 후고구려를 세운 궁예는 북원(원주) 지역 호족인 양길의 부하로 있다가 자립하였어.

신라 말 혼란을 이용하여 지방 호족이었던 견훤과 궁예가 각각 후백제와 후고구려를 세우면서 후삼국이 형성되었다.

쏙쏙 용어

* **최치원** 당에서 유학한 후 귀국하여 진성 여왕에게 개혁안을 올렸으나 수용되지 않았다. 그러자 관직을 버리고 전국을 다니며 많은 글을 남겼다.
* **풍수지리설** 산과 땅의 모양이나 물의 흐름 등이 인간의 길흉화복에 영향을 미친다고 믿는 사상

대표 자료 확인하기

◆ 발해와 통일 신라의 지방 행정 조직

발해는 전국을 (①   ) 15부 62주로 나누었으며, 신라는 전국을 (②   )로 나누고 5소경을 두었다.

한눈에 정리하기

◆ 통일 신라와 발해의 발전

통일 신라	• 무열왕: 최초의 진골 출신 왕 • (①): 삼국 통일 완성 → 왕권 강화 • 신문왕: 진골 귀족 숙청, 통치 제도 정비
발해	• 무왕: 북만주 일대 장악, 당의 산둥 지방 공격 • (②): 상경 천도, 당·신라·왜와 교류 • 선왕: 최대 영토 확보, 전성기 이룩 → 선왕 이후 발해는 중국으로부터 '해동성국'이라 불림

◆ 통일 신라와 발해의 통치 제도

구분	통일 신라	발해
중앙	(③) 중심 운영, 시중의 권한 강화	3성(정당성 중심), 6부 (행정 실무 담당)
지방	9주 5소경	5경 15부 62주
군사	9서당 10정	(④), 지방군

◆ 신라의 분열과 후삼국의 성립

신라 말의 상황
• 정치적 동요: 왕위 쟁탈전 심화, 지방 귀족의 반란 • 농민 봉기: 9세기 말 (⑤   )을 시작으로 확대 • 새로운 세력의 성장: 호족이 등장하여 6두품과 함께 선종· 풍수지리설을 기반으로 새로운 사회 건설 추구

↓

후삼국의 성립
견훤이 (⑥   ) 건국, 궁예가 후고구려 건국, 신라 는 경상도 일대만 지배

꼼꼼 개념 문제

1 다음 괄호 안의 내용 중 알맞은 말에 ○표를 하시오.

(1) (무열왕, 문무왕)은 진골 출신으로 처음 왕위에 올랐다.

(2) 신문왕은 (김헌창, 김흠돌)의 난을 진압하며 전제 왕권을 강화하였다.

(3) 신라 말 (호족, 6두품)은 촌락 주위에 성을 쌓고 성주나 장군을 자처하며 지방을 실질적으로 지배하였다.

(4) 신라 말에는 인간의 마음에 내재된 깨달음을 얻는다는 실천적 경향이 강한 (교종, 선종)이 발전하였다.

2 다음 빈칸에 들어갈 내용을 쓰시오.

(1) 통일 신라의 신문왕은 집사부의 장관인 (   )의 권한을 강화하였다.

(2) 신문왕은 관리에게 (   )을 지급하고 녹읍을 폐지하여 국가 재정을 강화하였다.

(3) 통일 신라는 수도가 동남쪽에 치우친 약점을 보완하고 지방 세력 견제를 위해 주요 지방에 (   )을 설치하였다.

3 다음 설명이 맞으면 ○표, 틀리면 ×표를 하시오.

(1) 통일 신라의 신문왕은 국학을 설치하였다. (   )

(2) 발해는 중대성을 중심으로 3성을 운영하였다. (   )

(3) 통일 신라의 9서당에는 고구려와 백제 유민, 말갈인이 포함되었다. (   )

4 다음 발해 왕과 그의 활동을 옳게 연결하시오.

(1) 무왕 •   • ㉠ 상경 천도

(2) 문왕 •   • ㉡ 최대 영토 확보

(3) 선왕 •   • ㉢ 당의 산둥 지방 공격

5 다음 업무를 담당한 발해의 정치 기구를 〈보기〉에서 골라 기호를 쓰시오.

보기
ㄱ. 정당성   ㄴ. 주자감   ㄷ. 중정대

(1) 정책을 집행하였다. (   )

(2) 최고 교육 기관이었다. (   )

(3) 관리의 비리를 감찰하였다. (   )

6 신라 말 지방 세력 중 (㉠   )은 후백제를 세우고 완산주에 도읍하였고, (㉡   )는 송악(개성)에서 후고구려를 세웠다.

탄탄 시험 문제

01 밑줄 친 '변화'에 해당하는 내용으로 옳은 것을 〈보기〉에서 고른 것은?

> 삼국 통일로 영토가 넓어지고, 정치적 안정을 이룬 신라에는 다양한 **변화**가 나타났다.

┤ 보기 ├
ㄱ. 인구가 감소하였다.
ㄴ. 전제 왕권이 확립되었다.
ㄷ. 성골이 왕위를 독점하였다.
ㄹ. 화백 회의의 기능이 축소되었다.

① ㄱ, ㄴ ② ㄱ, ㄷ ③ ㄴ, ㄷ
④ ㄴ, ㄹ ⑤ ㄷ, ㄹ

02 ㉠, ㉡에 들어갈 왕을 옳게 연결한 것은?

> 7세기 중반 신라에서는 (㉠)이 진골 출신으로는 처음 왕위에 올랐다. 뒤를 이은 (㉡)은 고구려를 멸망시키고, 나당 전쟁에서 승리하여 삼국 통일을 완성하였다.

	㉠	㉡
①	경덕왕	신문왕
②	무열왕	문무왕
③	무열왕	성덕왕
④	문무왕	신문왕
⑤	성덕왕	신문왕

03 신문왕 시기에 해당하는 역사 신문의 제목으로 가장 적절한 것은?

① 녹읍이 부활하다
② 관료들에게 관료전을 지급하다
③ 웅주 도독 김헌창이 반란을 일으키다
④ 매소성과 기벌포에서 당군을 격퇴하다
⑤ 5경 15부 62주로 지방 행정이 정비되다

04 삼국 통일 직후 신라의 중앙 정치 조직에 대한 설명으로 옳은 것은?

① 3성 6부로 조직되었다.
② 상대등의 권한이 강화되었다.
③ 집사부를 중심으로 운영되었다.
④ 화백 회의의 기능이 확대되었다.
⑤ 시중(중시)의 권한이 약화되었다.

05 중요해 ㉠에 대한 설명으로 옳은 것은?

> 삼국 통일 후 신라는 전국을 (㉠)(으)로 나누고, 그 아래에 군과 현을 두어 지방관을 보내 다스렸다.

① 9서당을 두어 경비하게 하였다.
② 촌락은 말갈 족장이 지배하였다.
③ 옛 고구려와 백제 땅에는 설치되지 않았다.
④ 말단의 촌은 촌주의 도움을 받아 통치하였다.
⑤ 수도가 동남쪽에 치우친 약점을 보완하기 위해 설치하였다.

06 다음 문서에 대한 설명으로 옳은 것을 〈보기〉에서 고른 것은?

↑ 신라 촌락 문서(일본 쇼소인)

┤ 보기 ├
ㄱ. 5년마다 작성되었다.
ㄴ. 지방 농민의 세금 수취에 활용하였다.
ㄷ. 지방관이 작성하여 정부에 보고하였다.
ㄹ. 촌락의 인구, 토지의 넓이 등을 자세히 기록하였다.

① ㄱ, ㄴ ② ㄱ, ㄷ ③ ㄴ, ㄷ
④ ㄴ, ㄹ ⑤ ㄷ, ㄹ

07 지도는 통일 신라의 지방 행정 조직을 나타낸 것이다. (가) 지역에 대한 설명으로 옳지 <u>않은</u> 것은?

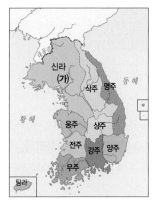

① 수도가 위치하였다.
② 5소경이 설치되었다.
③ 지방관이 파견되었다.
④ 군과 현이 설치되었다.
⑤ 지방군인 10정 중 2정이 배치되었다.

08 다음에서 설명하는 조직으로 옳은 것은?

> • 통일 신라의 왕실과 수도를 경비하였다.
> • 고구려, 백제의 유민과 말갈인을 포함하였다.

① 5경   ② 9주   ③ 10위
④ 10정   ⑤ 9서당

09 밑줄 친 '이 토지'에 대한 설명으로 옳은 것은?

> 신라는 통일 이후 관리들에게 <u>이 토지</u>를 지급하고 녹읍을 폐지하였다. 그 결과 국가 재정이 강화되었다.

① 성덕왕 때 처음 지급되었다.
② 토지에서 조세를 거둘 수 있었다.
③ 귀족들의 경제적 기반이 강화되었다.
④ 토지에서 노동력을 징발할 수 있었다.
⑤ 신문왕 때 폐지되었다가 경덕왕 때 부활하였다.

10 ㉠ 왕에 대한 탐구 활동으로 가장 적절한 것은?

> 8세기 전반 발해를 통치한 (㉠)은/는 영토 확장에 힘써 북만주 일대를 장악하였다. 그는 돌궐, 일본 등과 친선 관계를 맺어 당과 신라를 견제하였으며, 당의 산둥 지방을 공격하였다

① 5소경 설치의 효과를 찾아본다.
② 녹읍을 폐지한 목적을 검색한다.
③ 최대 영토를 확보한 과정을 정리한다.
④ 상경으로 도읍을 옮긴 배경을 조사한다.
⑤ 인안이라는 연호를 사용한 의미를 알아본다.

11 발해 문왕의 업적으로 옳지 <u>않은</u> 것은?

① 상경 천도를 단행하였다.
② 당과 친선 관계를 맺었다.
③ 일본에 사신을 파견하였다.
④ 교통로를 개설하여 신라와 교류하였다.
⑤ 장문휴를 보내 산둥 지방을 공격하였다.

⭐중요해

12 발해가 지도와 같은 영역을 지배할 당시의 사실로 옳은 것은?

① 신라도를 개설하였다.
② 중국으로부터 해동성국으로 불렸다.
③ 10정을 설치하여 국경 지역을 지켰다.
④ 왕자 대광현 등이 고려로 망명하였다.
⑤ 김흠돌의 난을 진압하여 왕권을 강화하였다.

13 다음은 발해에서 있었던 일들이다. (가)~(다)를 일어난 순서대로 나열한 것은?

> (가) 연해주에서 요동 지방까지 최대 영토를 차지하였다.
> (나) 일본에 자주 사신을 보내고, 신라와는 교통로를 개설하였다.
> (다) 당을 경제하기 위해 장문휴를 앞세워 산둥 지방을 공격하였다.

① (가) – (나) – (다)   ② (가) – (다) – (나)
③ (나) – (가) – (다)   ④ (다) – (가) – (나)
⑤ (다) – (나) – (가)

14 다음은 발해의 중앙 정치 조직을 나타낸 것이다. (가) 기구에 대한 설명으로 옳은 것은?

① 정책을 집행하였다.
② 행정 실무를 담당하였다.
③ 관리의 비리를 감찰하였다.
④ 서적과 외교 문서를 담당하였다.
⑤ 최고 교육 기관으로 주로 유학을 교육하였다.

15 중요해
발해의 통치 제도에 대한 설명으로 옳은 것을 <보기>에서 고른 것은?

> ┤ 보기 ├
> ㄱ. 10위는 왕궁과 수도를 경비하였다.
> ㄴ. 전국을 9주로 나누고 지방관을 파견하였다.
> ㄷ. 정치적·군사적 요충지에 5경을 설치하였다.
> ㄹ. 당의 3성 6부 제도를 본떠 그대로 운영하였다.

① ㄱ, ㄴ   ② ㄱ, ㄷ   ③ ㄴ, ㄷ
④ ㄴ, ㄹ   ⑤ ㄷ, ㄹ

16 밑줄 친 '반란'이 일어난 시기의 통일 신라에 대한 설명으로 옳은 것은?

> 김주원의 아들 김헌창은 아버지가 왕이 되지 못한 것에 불만을 품고 반란을 일으켰다.

① 녹읍이 폐지되었다.
② 중국으로부터 해동성국이라 불렸다.
③ 소수의 진골 귀족이 권력을 독점하였다.
④ 무열왕계 직계 자손들이 왕위를 계승하였다.
⑤ 지방에 대한 중앙 정부의 통제력이 강화되었다.

이 문제에서 나올 수 있는 선택지는 다~!

17 신라 말 지방민의 봉기가 발생한 배경으로 옳지 <u>않은</u> 것은?

① 귀족의 농민 수탈이 심화되었다.
② 귀족의 대토지 소유가 확대되었다.
③ 중앙 정부가 지방의 세금을 줄여 주었다.
④ 국왕과 귀족의 사치로 국가 재정이 어려워졌다.
⑤ 지방에 대한 중앙 정부의 통제력이 약화되었다.
⑥ 자연재해와 전염병으로 농민 생활이 악화되었다.

18 밑줄 친 '반란'에 대한 설명으로 옳은 것은?

> 주와 군에서 공물과 부세를 바치지 않아 나라의 창고가 텅 비고 …… 왕이 사자를 보내 독촉하니, 이로 인하여 곳곳에서 도적들이 벌떼처럼 일어났다. 이때 원종, 애노 등이 상주(사벌주)에서 반란을 일으켰다.

① 진성 여왕 때 일어났다.
② 중앙 귀족의 왕위 쟁탈전에 관여하였다.
③ 전국적으로 봉기가 위축되는 계기가 되었다.
④ 청해진을 기반으로 한 해상 세력이 주도하였다.
⑤ 중앙 정부의 통제력이 강화되는 배경이 되었다.

19 밑줄 친 '이 세력'에 대한 설명으로 옳지 <u>않은</u> 것은?

> 이 세력은 신라 말 지방 세력의 통치력이 약해지자 지방에서 성장하였다. 이들은 자신의 근거지에 성을 쌓고 스스로를 성주 또는 장군이라 불렀다.

① 독자적으로 군사를 보유하였다.
② 최치원, 최승우, 최언위 등이 대표적이다.
③ 군사력을 이용해 지방을 실질적으로 통치하였다.
④ 촌주, 군진 세력, 해상 세력 등 출신이 다양하였다.
⑤ 6두품 세력과 함께 새로운 사회 건설을 주도하였다.

20 다음 문화유산과 관련된 불교 종파에 대한 설명으로 옳은 것은?

↑ 화순 쌍봉사 철감 선사 탑

① 호족들의 환영을 받았다.
② 주로 국학에서 교육하였다.
③ 전통적인 권위를 강조하였다.
④ 경전의 연구와 교리를 중시하였다.
⑤ 신라 말에 도선이 널리 보급하였다.

21 지도는 10세기 초 한반도 정세를 나타낸 것이다. (가), (나) 나라에 대한 설명으로 옳은 것은?

① (가) – 견훤이 건국하였다.
② (가) – 국호를 마진에서 태봉으로 고쳤다.
③ (나) – 광평성을 설치하였다.
④ (나) – 고구려 부흥을 내세웠다.
⑤ (가), (나) – 6두품 세력이 세웠다.

학교 시험에 잘 나오는 서술형 문제

1 지도를 보고 물음에 답하시오.

(1) ㈎에 해당하는 지방 행정 구역을 쓰시오.

_____

(2) 신라가 (1)을 설치한 이유를 <u>두 가지</u> 서술하시오.

_____
_____

2 밑줄 친 ㉠의 사례를 <u>두 가지</u> 서술하시오.

> 발해는 당의 3성 6부제를 받아들여 중앙 정치 기구를 조직하였다. 그러나 ㉠ 운영과 명칭에서 독자성을 유지하였다.

_____
_____

3 신라 말에 풍수지리설이 호족의 환영을 받은 이유를 <u>두 가지</u> 서술하시오.

_____
_____

03 남북국의 문화와 대외 관계

통일 신라의 문화

1. 유학 교육의 확대와 학문의 발달
(1) 배경: 왕권 강화와 체제 안정을 위해 유학을 정치 이념으로 채택
(2) 내용: 국학 설치(유학 교육), 원성왕 때 *독서삼품과 시행
(3) 유학자(대부분 6두품): 강수(외교 문서를 작성해 삼국 통일에 기여), 설총(이두 정리 → 유교 경전을 우리말로 풀이), 최치원(빈공과 합격, 뛰어난 문장가), 김대문(진골 출신, 『화랑세기』·『고승전』 저술)

2. 불교 사상의 발달과 대중화
(1) 특징: 고구려·백제·신라의 불교 문화 통합, 당에서 유학한 승려 증가, 교리에 대한 이해 심화, 일반 민중에게 확산
(2) 승려의 활동(교종 중심)

> **서술형 단골** 원효와 의상의 사상과 활동을 묻는 문제가 자주 출제돼.

원효	• 화쟁 사상: *일심 사상 바탕, 종파 간 사상적 대립의 조화 추구 • 불교의 대중화: 아미타 신앙 전파('나무아미타불'만 외우면 극락정토에 갈 수 있다고 가르침) [자료 ①]
의상	*화엄 사상 주장(→ 통일 신라의 사회 통합에 기여), 신라 화엄종 개창, 부석사 등 사원 건립

(3) 선종의 확산: 신라 말 당에서 유입되어 지방 사회 중심으로 확산

3. 불교 예술의 발달

사원	• 불국사: 건물·탑을 균형 있게 배치 → 불교의 이상 세계 표현 • 석굴암: 인공 석굴 사원, 중앙의 본존상과 주변의 여러 조각이 조화를 이룸
탑 [자료 ②]	이중 기단 위에 3층으로 쌓는 석탑 유행(경주 불국사 3층 석탑, 경주 감은사지 동서 3층 석탑 등), 경주 불국사 다보탑 제작
승탑, 탑비	신라 말 선종의 유행으로 발달
범종	상원사 동종(현존하는 가장 오래된 범종), 성덕 대왕 신종 등

4. 기술의 발달
과학 기술 인력 양성, 제지술과 목판 인쇄술 발달(『무구정광대다라니경』 제작), 금속 공예 발달

발해의 문화

1. 유학과 불교의 발달

유학	유학을 통치 이념에 반영, 주자감에서 유학 교육, 발해의 유학자들이 당의 빈공과에 다수 합격·일본에 사절단으로 파견, 정혜 공주·정효 공주 묘지석에 유교 경전 인용
불교	• 발전: 왕실과 귀족의 후원을 받으며 융성(문왕은 불교적 성왕 자처, 불교를 적극 후원) • 문화유산: 이불병좌상, 석등, 영광탑 등 [자료 ③]

생생 자료

자료 ① 불교의 대중화

> 일찍이 이 무애를 가지고 수많은 마을에서 노래하고 춤추며 백성을 교화하고 읊조리며 다녀, 가난한 사람들과 산골에 사는 무지몽매한 자들까지도 모두 다 부처의 이름을 알게 되었고 모두 '나무아미타불'을 부르게 되었으니 원효의 교화는 위대하다 할 것이다. └극락에 있는 부처야
> ─ 일연, 『삼국유사』

원효는 백성에게 어려운 불교 교리 대신 '나무아미타불'만 외우면 극락정토에 갈 수 있다고 가르쳐 불교의 대중화에 힘썼다.

자료 ② 통일 신라의 탑

┌ 석탑을 해체하여 복원하는 과정에서 『무구정광대다라니경』이 발견되었어.

┌ 다른 탑에 비해 복잡하고 화려하면서도 균형 잡힌 것이 특징이야.

⬆ 경주 불국사 3층 석탑 　 ⬆ 경주 불국사 다보탑

통일 신라의 탑은 주로 이중 기단 위에 3층으로 쌓은 석탑이 유행하였으며, 경주 불국사 다보탑과 같이 독특한 탑도 만들어졌다.

자료 ③ 발해의 불교문화

발해의 수도였던 상경성과 중경성 일대에는 절터 유적이 많이 남아 있다. 상경성에 남아 있는 거대한 석등은 융성하였던 불교의 모습을 짐작하게 하며, 몸체에 새겨진 연꽃 무늬는 고구려 문화의 영향을 받은 것으로 여겨진다.

← 발해 석등

쏙쏙 용어

★ **독서삼품과** 국학 학생의 유교 경전 이해 수준을 시험하여 상·중·하로 등급을 매기고, 이 성적을 관리 등용에 참고하였다.

★ **일심 사상** 모든 것이 오직 한마음에서 비롯된다는 사상

★ **화엄 사상** "하나가 전체요, 전체가 하나다."라는 사상으로, 의상은 모든 존재는 상호 의존적 관계에 있으면서 서로 조화를 이루고 있다고 하였다.

2. 융합적인 발해 문화 `자료 ④`

(1) **특징**: 고구려 문화를 기반으로 당 문화 수용, 말갈의 토착 문화 흡수

(2) **문화유산** `서술형 단골` 고구려 문화를 기반으로 한 발해 문화를 묻는 문제가 자주 출제돼!

① **상경성**: 가장 오랜 기간 발해의 수도, 당의 장안성을 모방하여 건설된 계획도시(외성과 내성, 주작대로 건설), 고구려 문화의 영향을 받은 온돌 시설·불상·기와 등 발견

② **고분**

정혜 공주 묘	고구려 고분 양식 계승(굴식 돌방무덤, 모줄임천장 구조)
정효 공주 묘	당의 영향을 받아 벽돌무덤으로 제작, 내부 천장은 고구려의 양식 계승

③ **공예**: 당의 당삼채를 받아들여 독자적인 발해 자기로 발전시킴

④ **말갈족의 문화유산**: 말갈족의 문화가 일반 백성들에게 영향을 줌 → 흙무덤, 말갈식 토기 등 제작

●● 통일 신라와 발해의 대외 교류

1. 통일 신라의 대외 교류 `자료 ⑤`

(1) **국제 교류**

당	사신·유학생·승려 왕래, 문물 교류 활발(금·은 세공품 수출, 귀족의 사치품 수입) → 산둥반도 일대에 신라인 거주지(신라방), 감독 관청(신라소), 사원(신라원), 숙박 시설(신라관) 설치
일본	• 중계 무역: 신라가 일본과 당 사이에서 중계 무역 전개 • 문화 교류: 신라의 유교·불교문화가 일본에 영향을 줌 • 무역: 금속 제품과 모직물 수출, 견직물의 원료 수입
서역	혜초가 순례 후 『*왕오천축국전』 저술 `자료 ⑥`

(2) **국제 무역항**: 당항성·울산항 등 번성(울산항에 아라비아 상인이 왕래하여 신라가 이슬람 세계에 알려짐)

(3) **장보고의 활약**: *법화원 건립(산둥반도), *청해진 설치(해적 소탕, 당과 신라·일본을 연결하는 해상 무역 장악)

2. 발해의 대외 교류

(1) **특징**: 교통로를 정비하여 주변 나라와 교류

(2) **주변국과의 교류** `자료 ⑤`

당	• 특징: 문왕 때 친선 관계 형성 후 선진 문물 적극 수용 → 산둥반도에 발해관(숙소) 설치, 승려·유학생 파견(빈공과 합격) • 교역품: 말·모피·철·인삼 등 수출, 비단·서적 등 수입
일본	• 특징: 건국 초기 당과 신라 견제 목적으로 교류(목간, 외교 문서 등을 통해 확인) • 교역품: 모피·인삼 등 수출, 비단·귀금속 등 수입
신라	건국 초기 대립 → 신라도(발해 동경 용원부~신라 국경)를 통해 교류·사신 교환
기타	초원길을 따라 거란 등 유목 민족과 교역

대표 자료 확인하기

◆ 통일 신라와 발해의 대외 교류

신라는 삼국 통일 후 당과 활발하게 교류하였다. 이에 산동반도 일대에 신라인 숙박 시설인 (①   ) 등이 생겨났다. 이 시기 서해안의 당항성과 금성 인근의 (②   )이 무역항으로 번성하였다. 발해는 동경 용원부에서 신라 국경에 이르는 (③   )를 설치하여 신라와 교역하였다.

한눈에 정리하기

◆ 통일 신라와 발해의 문화

통일 신라	• 유학: 국학 설치, 독서삼품과 실시, 유학자 배출 • 불교: 원효의 화쟁 사상 주장·불교 대중화에 기여, (①)의 화엄 사상 주장, 신라 말 선종 유행, 불교 예술 발달(불국사, 석굴암, 경주 불국사 3층 석탑 등 건립) • 기술: 제지술과 목판 인쇄술 발달
발해	• 유학: (②)에서 유학 교육 • 불교: 왕실과 귀족의 후원을 받으며 발전, 상경성·중경성 절터 유적 발견, 이불병좌상·석등 등 제작 • 융합적 문화: 고구려 문화 기반(온돌 시설 등), 당 문화 수용(벽돌무덤 등), 말갈의 토착 문화 흡수

◆ 통일 신라와 발해의 대외 교류

구분	통일 신라	발해
당	활발히 교류 → 산동반도 일대에 신라방, 신라소 등 설치	(③) 이후 친선 관계 형성 → 산동 반도에 발해관 설치
일본	일본과 당 사이에서 중계 무역 전개, 불교와 유교 사상 전파	건국 초 당과 신라 견제 목적으로 교류 → 점차 교류 확대
기타	(④)과 울산 항이 국제 무역항으로 번성, 서역과 교류, 장보고의 청해진 설치	신라와 (⑤)를 통해 교류, 거란 등 유목 민족과 교역

꼼꼼 개념 문제

1 다음에서 설명하는 인물을 〈보기〉에서 골라 기호를 쓰시오.

> ┤보기├
> ㄱ. 강수   ㄴ. 설총   ㄷ. 김대문

(1) 진골 출신으로 고승전을 저술하였다.   (   )
(2) 외교 문서 작성에 능하여 삼국 통일에 기여하였다. (   )
(3) 이두를 정리하여 유교 경전을 우리말로 풀이하였다. (   )

2 다음 빈칸에 들어갈 내용을 쓰시오.

(1) 통일 신라의 인공 석굴 사원인 (   ) 내부에는 본존상을 두었다.
(2) (   )는 화쟁 사상을 통해 종파 간 대립의 조화를 추구하였다.
(3) 정혜 공주 묘의 (   )천장 구조는 고구려의 영향을 받아 만들어졌다.
(4) (   )은 신라 화엄종을 개창하고 부석사를 건립하여 불교를 중흥하였다.

3 다음 괄호 안의 내용 중 알맞은 말에 ○표를 하시오.

(1) (상원사 동종, 성덕 대왕 신종)은 현존하는 가장 오래된 범종이다.
(2) 신문왕은 (국학, 주자감)을 설치하여 유교를 교육하고 인재를 양성하였다.
(3) 경주 불국사 (다보탑, 3층 석탑)은 통일 신라에서 유행한 석탑 양식으로 건립되었다.
(4) 통일 신라의 (미륵사, 불국사)는 건물과 탑을 균형 있게 배치하여 불교의 이상 세계를 표현하였다.

4 정효 공주 묘는 (㉠   )의 영향을 받아 벽돌무덤으로 제작하였으며, 내부 천장은 (㉡   )의 양식을 계승하였다.

5 다음 설명이 맞으면 ○표, 틀리면 ×표를 하시오.

(1) 발해는 무왕 때 당과 친선 관계를 맺었다.   (   )
(2) 신라는 일본과 당 사이에서 중계 무역을 전개하였다.
                                         (   )
(3) 발해는 건국 초기 신라와 대립하다가 교통로를 개설하여 교류하기 시작하였다.   (   )
(4) 최치원은 청해진을 본거지로 하여 당과 신라, 일본을 연결하는 해상 무역을 장악하였다.   (   )

01 밑줄 친 '정책'으로 옳은 것은?

> 삼국 통일 이후 신라는 유학을 정치 이념으로 삼았고, 이와 관련한 여러 가지 정책을 실시하였다.

① 3성 6부를 조직하였다.
② 독서삼품과를 시행하였다.
③ 주자감에서 유학을 가르쳤다.
④ 6부의 명칭에 유교 이념을 반영하였다.
⑤ 고분에 동서남북을 지키는 방위신을 그려 넣었다.

02 (가), (나)에서 설명하는 유학자를 옳게 연결한 것은?

> (가) 이두를 정리하여 유교 경전을 우리말로 풀이하였다.
> (나) 진골 출신으로 화랑의 전기를 모은 『화랑세기』를 저술하였다.

	(가)	(나)
①	강수	설총
②	강수	김대문
③	설총	김대문
④	설총	최치원
⑤	김대문	설총

03 다음과 같이 주장한 인물의 활동으로 옳은 것은?

> 하나가 전체요, 전체가 하나다. 이는 모든 존재가 상호 의존적인 관계에 있으면서 서로 조화를 이루고 있다는 말이다.

① 고승전 저술
② 부석사 건립
③ 청해진 설치
④ 아미타 신앙 전파
⑤ 왕오천축국전 저술

04 다음 탑이 만들어진 시기의 사상과 문화에 대한 설명으로 옳은 것은?

① 임신서기석을 세웠다.
② 돌무지무덤을 제작하였다.
③ 북한산에 순수비를 건설하였다.
④ 인공 석굴 사원인 석굴암을 만들었다.
⑤ 금동 연가 7년명 여래 입상을 제작하였다.

⬆ 경주 불국사 다보탑

05 다음 탑에 대한 설명으로 옳은 것을 〈보기〉에서 고른 것은?

┌ 보기 ┐
ㄱ. 통일 신라에서 제작되었다.
ㄴ. 상경성의 절터 유적에서 발견되었다.
ㄷ. 이중 기단 위에 3층으로 쌓은 탑이다.
ㄹ. 남아 있는 탑 중에 가장 오래된 탑이다.

① ㄱ, ㄴ   ② ㄱ, ㄷ   ③ ㄴ, ㄷ
④ ㄴ, ㄹ   ⑤ ㄷ, ㄹ

> 이 문제에서 나올 수 있는 선택지는 다~!

06 통일 신라의 불교 사상과 예술에 대한 설명으로 옳지 않은 것은?

① 의상은 부석사를 건립하였다.
② 원효는 일심 사상을 주장하였다.
③ 문왕의 후원을 받으며 융성하였다.
④ 고구려, 백제, 신라 불교를 통합하였다.
⑤ 불교가 점차 일반 민중에게 확산되었다.
⑥ 당에서 불교 이론을 배운 승려가 증가하였다.

07 다음 문화유산을 남긴 나라에 대한 설명으로 옳은 것은?

↑영광탑　　↑석등

① 주자감에서 유학을 교육하였다.
② 무구정광대다라니경을 만들었다.
③ 일본의 왕에게 칠지도를 하사하였다.
④ 독서삼품과의 결과를 관리 선발에 활용하였다.
⑤ 불국사를 통해 불교의 이상 세계를 표현하였다.

08 발해의 유학 발달에 대한 설명으로 옳은 것을 〈보기〉에서 고른 것은?

┌ 보기 ├
ㄱ. 국학에서 교육하였다.
ㄴ. 유학자들을 일본으로 파견하였다.
ㄷ. 주로 6두품 유학자들이 연구하였다.
ㄹ. 정혜 공주 묘지석을 통해 유학이 발전하였음을 알수 있다.

① ㄱ, ㄴ　　② ㄱ, ㄷ　　③ ㄴ, ㄷ
④ ㄴ, ㄹ　　⑤ ㄷ, ㄹ

09 발해 문화에 대한 탐구 활동으로 가장 적절한 것은?

① 유학자 최치원의 활동을 알아본다.
② 의상이 부석사를 세운 배경을 찾아본다.
③ 불국사에 표현된 불교의 이상 세계를 분석한다.
④ 고구려, 당의 영향을 받은 문화유산을 조사한다.
⑤ 원효의 활동이 불교의 대중화에 끼친 영향을 살펴본다.

10 다음 유적에 대한 학생의 발표 내용으로 옳은 것은?

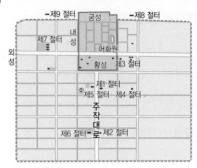

↑발해의 상경성

① 발해관이 설치되었어요.
② 산둥반도에 건설되었어요.
③ 신라의 금성을 모방하여 만들었어요.
④ 장보고가 해상 무역의 본거지로 삼았어요.
⑤ 고구려의 영향을 받은 온돌 시설이 발견되었어요.

★중요해
11 다음은 발해에서 발견된 유물들이다. 이를 통해 알 수 있는 발해 문화의 특징으로 옳은 것은?

↑발해 삼채　　↑말갈식 토기

① 고구려 문화를 계승하였다.
② 불교 예술이 크게 발달하였다.
③ 유학에 대한 이해를 심화시켰다.
④ 국제적인 성격의 문화가 발달하였다.
⑤ 지방 사회를 중심으로 선종이 유행하였다.

12 ㉠에 들어갈 나라로 옳은 것은?

신라는 (㉠)에 금속 제품과 모직물 등을 수출하고 견직물의 원료를 수입하였으며, 당과 (㉠) 사이에서 중계 무역을 하여 이득을 보았다.

① 거란　　② 동진　　③ 발해
④ 여진　　⑤ 일본

13 다음 유물을 활용한 탐구 주제로 가장 적절한 것은?

↑ 왕오천축국전

① 신라도를 통한 교역
② 원효의 아미타 신앙 전파
③ 의상의 신라 화엄종 개창
④ 통일 신라와 서역의 교류
⑤ 통일 신라 문화의 일본 전파

14 통일 신라의 대외 교류에 대한 설명으로 옳은 것을 〈보기〉에서 고른 것은?

┌ 보기 ┐
ㄱ. 당항성이 무역항으로 번성하였다.
ㄴ. 사신, 유학생, 승려 등이 당을 왕래하였다.
ㄷ. 중국 문화를 수용하여 거문고를 만들었다.
ㄹ. 발해와는 정치적으로 대립하여 교류하지 않았다.
└─────────────────────────────────┘

① ㄱ, ㄴ   ② ㄱ, ㄷ   ③ ㄴ, ㄷ
④ ㄴ, ㄹ   ⑤ ㄷ, ㄹ

15 (가)~(마)에 대한 설명으로 옳지 <u>않은</u> 것은?

① (가) – 발해 건국 초기에 개설되었다.
② (나) – 발해인의 숙소로 이용되었다.
③ (다) – 신라인을 위한 숙박 시설이었다.
④ (라) – 장보고가 세력의 근거지로 삼았다.
⑤ (마) – 아라비아 상인이 오고갔다.

학교 시험에 잘 나오는 **서 술 형** 문제

1 다음을 읽고 물음에 답하시오.

> 그는 일찍이 이 무애를 가지고 수많은 마을에서 노래하고 춤추며 백성을 교화하고 읊조리며 다녀, 가난한 사람들과 산골에 사는 무지몽매한 자들까지도 모두 다 부처의 이름을 알게 되었고 모두 '나무아미타불'을 부르게 되었으니 그의 교화는 위대하다 할 것이다.
> – 일연, 「삼국유사」

(1) 밑줄 친 '그'가 가리키는 승려를 쓰시오.

_____

(2) 윗글을 통해 통해 알 수 있는 (1) 승려의 활동을 서술하시오.

_____
_____

2 다음 문화재를 통해 알 수 있는 발해 문화의 특징을 서술하시오.

↑ 발해 기와   ↑ 고구려 기와

_____
_____

3 밑줄 친 '이 사상'을 쓰고, 이 사상이 통일 직후 신라에 기여한 점을 서술하시오.

> 승려 의상은 "하나가 전체요, 전체가 하나다."라는 이 사상을 주장하여 모든 존재는 상호 의존적 관계에 있으면서 서로 조화를 이루고 있다고 하였다.

_____
_____

우리나라		주요 사건
삼국시대	589	수의 중국 통일
	612	살수 대첩
	618	수 멸망, 당 건국
	645	안시성 싸움
	648	나당 동맹 체결
	660	나당 연합군의 사비성 함락, 백제 멸망
	668	나당 연합군의 평양성 함락, 고구려 멸망
	675	매소성 전투
	676	기벌포 전투 신라, 삼국 통일 완성
남북국시대	698	발해 건국
	722	신라 성덕왕, 정전 지급
	732	발해, 당의 산둥 지방 공격

01 신라의 삼국 통일과 발해의 건국

고구려와 수·당의 전쟁

수	수 문제의 침입·실패 → 수 양제의 요동성 공격·실패 → 우중문의 30만 별동대가 평양 공격 → (①)이 살수 대첩에서 승리 → 국력 소모와 내란으로 수 멸망
당	고구려가 천리장성을 쌓아 당의 침입에 대비 → 연개소문의 정변 → 당이 침입하여 요동성·백암성 함락 → 안시성에서 당의 공격을 막아냄(안시성 싸움)

신라의 삼국 통일과 발해의 건국

나당 동맹의 체결과 백제·고구려의 멸망

• 나당 동맹 체결: 백제의 잦은 신라 공격 → 신라 (②   )가 고구려에 도움 요청 → 고구려의 거절 → 나당 동맹 체결
• 백제 멸망: 지배층의 분열로 정치 혼란 → 나당 연합군의 사비성 함락
• 백제 부흥 운동: 복신과 도침이 주류성에서 부흥 시도, (③   )가 임존성에서 거병 → 백강 전투 패배, 나당 연합군의 주류성 함락
• 고구려 멸망: 수·당과의 전쟁으로 국력 약화 → 연개소문 사후 권력 다툼 → 나당 연합군의 평양성 함락
• 고구려 부흥 운동: 고연무가 요동 지방에서 당군과 싸움, 검모잠이 한성에서 안승을 왕으로 추대 → 지배층의 분열·실패

나당 전쟁과 삼국 통일

• 당의 한반도 지배 야심: 안동도호부, 웅진도독부, 계림도독부 설치
• 신라의 대응: 고구려 부흥 운동 지원, 사비성에 주둔한 당군 축출
• 나당 전쟁: 신라가 (④   )·기벌포 전투에서 당군에게 승리 → 삼국 통일
• 남북국 시대의 전개: 대조영의 발해 건국으로 남북국 시대 전개

02 남북국의 발전과 변화

통일 전후 신라의 왕권 강화

무열왕	최초의 진골 출신 왕
문무왕	삼국 통일 완성, 친당적인 진골 귀족 축출
(⑤)	진골 귀족 숙청(김흠돌의 난 진압), 국학 설치, 관료전 지급, 녹읍 폐지 → 전제 왕권 확립

발해의 발전

무왕	북만주 일대 장악, 당의 산둥 지방 공격
문왕	(⑥)(으)로 천도, 당과 친선 관계 수립, 신라와 교류
선왕	발해의 전성기 → 이후 중국으로부터 '해동성국'이라 불림

■ 통일 신라와 발해의 통치 제도

구분	통일 신라	발해
중앙	(⑦　　　　　　　) 중심 운영, 시중(중시)의 권한 강화	3성(정당성 중심), 6부(행정 실무 담당)
지방	(⑧　　　　　　) 5소경	5경 15부 62주
군사	9서당 10정	10위, 지방군

■ 신라의 분열과 후삼국의 성립

신라 말 새로운 세력의 성장과 사상의 유행
• 신라 말 사회 혼란: 혜공왕 피살 이후 왕위 쟁탈전 심화, 원종과 애노의 난 등 농민 봉기 확산 • 새로운 세력의 성장: (⑨　　　　　)의 등장(지방에서 성주·장군 자처), 6두품의 사회 비판 → 새로운 사회 건설 추진 • 새로운 사상의 유행: 선종, 풍수지리설 등 유행 → 호족의 환영을 받음

후삼국의 성립
• 후백제: (⑩　　　　　　)이 건국, 완산주에 도읍 • 후고구려: 궁예가 건국, 철원 천도, 마진·태봉 등으로 국호 변경

03 남북국의 문화와 대외 관계

■ 남북국의 문화

구분	통일 신라	발해
유학	국학 설치(유교 교육), 독서삼품과 실시, 유학자 배출	(⑪　　　　　) 설치(유교 교육), 당의 빈공과에 다수 합격
불교	• (⑫　　　　　): 화쟁 사상 주장, 불교 대중화에 기여 • 의상: 화엄 사상 주장	지배층 중심으로 발전
문화 유산	불교 예술 발달(불국사, 석굴암, 경주 불국사 3층 석탑 등)	융합적 문화 발달 → 상경성 건설, 온돌 시설 구축 등

■ 남북국의 대외 관계

구분	통일 신라	발해
당	활발하게 교류 → 당에 신라방, 신라소 등 설치	문왕 이후 친선 관계 형성 → 당에 발해관 설치
일본	일본과 당 사이에서 중계 무역, 불교와 유교 사상 전파	건국 초기 당·신라 견제 목적으로 교류 → 점차 교류 확대
기타	당항성과 (⑬　　　　　)이 국제 무역항으로 번성, 서역과 교류	신라와 신라도를 통해 교류, 유목 민족과 교역

⑬ 울산항　⑫ 원효　⑪ 주자감　⑩ 견훤　⑨ 호족　⑧ 9주　⑦ 집사부 | 답정

우리나라		주요 사건
남 북 국 시 대	751	신라, 불국사·석굴암 건립 시작
	756	발해, 상경 용천부로 천도
	765	신라, 혜공왕 즉위
	780	신라, 혜공왕 피살
	788	신라, 독서삼품과 실시
	822	신라, 김헌창의 난
	828	신라, 장보고의 청해진 설치
	889	신라, 원종과애노의 난
	894	신라, 최치원의 개혁안 건의
	900	견훤, 후백제 건국
	901	궁예, 후고구려 건국
	926	발해 멸망

01 신라의 삼국 통일과 발해의 건국

01 6세기 후반의 동아시아 정세에 대한 설명으로 옳은 것은?

① 고구려가 돌궐과 연합하였다.
② 신라가 백제, 왜와 연합하였다.
③ 고구려가 한강 유역을 장악하였다.
④ 백제는 신라와 고구려의 협공을 받았다.
⑤ 신라는 고구려와 연합하여 수를 공격하였다.

02 다음에서 설명하는 전쟁으로 옳은 것은?

> 수의 우중문이 30만 명의 별동대를 이끌고 고구려를 공격하였다. 이 전쟁에서 을지문덕은 수의 군대가 오랜 이동과 굶주림으로 지친 것을 알고, 도망치는 척하면서 수의 군대를 평양성 쪽으로 유인하여 적의 힘을 뺐다. 이후 고구려군은 후퇴하는 수의 군대를 총공격하여 수군을 거의 전멸시켰다.

① 살수 대첩   ② 기벌포 전투
③ 매소성 전투   ④ 안시성 싸움
⑤ 황산벌 전투

03 (가)~(라)에 대한 설명으로 옳지 않은 것은?

> (가) 살수 대첩
> (나) 안시성 싸움
> (다) 천리장성 축조
> (라) 수 문제의 고구려 침략

① (가) - 고구려가 승리를 거두었다.
② (나) - 안시성의 성주와 백성들이 당군을 몰아냈다.
③ (다) - 당의 공격에 대비하기 위해 축조하였다.
④ (라) - 30만 군대를 동원해 침략하였다.
⑤ (라) - (나) - (가) - (다)의 순서로 일어났다.

04 다음은 신라의 삼국 통일 과정을 정리한 것이다. (가)에 들어갈 내용으로 옳은 것은?

| 나당 연합군의 평양성 함락 | → | (가) | → | 매소성 전투 발발 |

① 연개소문의 정변
② 기벌포 전투 발발
③ 나당 연합군의 사비성 함락
④ 신라와 고구려 부흥군의 당군 공격
⑤ 백제와 고구려 연합군의 신라 당항성 공격

05 고구려 부흥 운동에 대한 탐구 활동으로 가장 적절한 것은?

① 백강 전투의 과정을 정리한다.
② 검모잠이 한성에서 벌인 활동을 조사한다.
③ 연개소문이 대막리지가 된 의미를 분석한다.
④ 계백의 결사대가 황산벌 전투에서 패배한 이유를 찾아본다.
⑤ 복신과 도침이 왕자 (부여)풍을 왕으로 맞은 과정을 알아본다.

06 지도에 나타난 전쟁에 대한 설명으로 옳은 것은?

① 나당 연합이 결성되었다.
② 수가 멸망하는 계기가 되었다.
③ 고구려 중심의 국제 질서가 형성되었다.
④ 백제 부흥 운동 세력이 크게 위축되었다.
⑤ 신라가 대동강 이남에서 당을 축출하였다.

07 신라의 삼국 통일에 대한 설명으로 옳지 <u>않은</u> 것은?

① 우리 민족 최초의 통일이다.
② 민족 문화 발전의 토대가 되었다.
③ 랴오허강 이남 지역만 차지하였다.
④ 통일 과정에서 당 세력을 끌어들였다.
⑤ 신라는 고구려 부흥 운동을 지원하였다.

08 밑줄 친 '그'의 활동으로 옳은 것은?

> <u>그</u>는 본래 고려(고구려)의 별종이다. …… (고구려, 말갈) 무리를 이끌고 …… 동모산에 성을 쌓고 살았다.
> – 구당서

① 발해를 건국하였다.
② 나당 동맹을 체결하였다.
③ 검모잠을 죽이고 신라에 망명하였다.
④ 남북국이라는 말을 처음 사용하였다.
⑤ 매소성과 기벌포 전투에서 당군을 물리쳤다.

02 남북국의 발전과 변화

09 ㉠ 왕에 대한 설명으로 옳은 것은?

> (㉠)은/는 고구려를 멸망시키고 나당 전쟁을 승리로 이끌어 삼국 통일을 완성하였다.

① 집사부를 독립시켰다.
② 김흠돌의 난을 진압하였다.
③ 전국을 9주 5소경으로 정비하였다.
④ 친당적인 진골 귀족을 축출하였다.
⑤ 주자감을 설치하여 인재를 양성하였다.

10 다음 사건이 일어난 시기 왕의 정책으로 옳은 것은?

> 681년 왕의 장인이자 진골 귀족의 대표였던 김흠돌은 반란을 꾀하였다가 발각되었다.

① 국학을 설치하였다.
② 녹읍을 부활하였다.
③ 불교를 공인하였다.
④ 독서삼품과를 시행하였다.
⑤ 5경 15부 62주를 설치하였다.

11 통일 신라의 중앙 정치 조직에 대한 설명으로 옳은 것을 〈보기〉에서 고른 것은?

> ┤ 보기 ├
> ㄱ. 집사부를 중심으로 운영되었다.
> ㄴ. 당의 제도를 본떠 3성 6부로 조직되었다.
> ㄷ. 10여 개의 관청이 행정 업무를 담당하였다.
> ㄹ. 중정대에서 관리의 비리를 감찰하게 하였다.

① ㄱ, ㄴ ② ㄱ, ㄷ ③ ㄴ, ㄷ
④ ㄴ, ㄹ ⑤ ㄷ, ㄹ

12 지도에 나타난 행정 조직에 대한 설명으로 옳지 <u>않은</u> 것은?

① 군과 현에 지방관을 파견하였다.
② 전국을 9주로 나누어 통치하였다.
③ 촌락은 토착 세력인 촌주가 통치하였다.
④ 정치적·군사적 요충지에 5경을 설치하였다.
⑤ 5소경에는 고구려, 백제 출신 귀족을 옮겨 살도록 하였다.

13 ⊙에 들어갈 토지 제도에 대한 설명으로 옳은 것은?

자네 신문왕이 (⊙)을/를 폐지한다는 소식 들었나?

들었네. 이제 우리 귀족들의 경제력이 약해지겠군.

① 혜공왕 때 부활하였다.
② 성덕왕 때 처음 지급하였다.
③ 모든 백성들에게 지급하였다.
④ 호족의 경제적 기반이 되었다.
⑤ 조세와 노동력을 거둘 수 있었다.

14 다음은 발해의 발전 과정에 있었던 일들이다. 이를 일어난 순서대로 나열한 것은?

> (개) 상경으로 천도하였다.
> (내) 중국에서 해동성국으로 불렸다.
> (대) 장문휴를 보내 당의 산둥 지방을 공격하였다.

① (개) - (내) - (대)   ② (개) - (대) - (내)
③ (내) - (개) - (대)   ④ (대) - (개) - (내)
⑤ (대) - (내) - (개)

15 발해의 중앙 정치 조직에 대한 설명으로 옳지 <u>않은</u> 것은?

① 주자감에서 유학을 교육하였다.
② 정당성에서 중요한 정책을 논의하였다.
③ 중정대에서 관리의 비리를 감찰하였다.
④ 문적원에서 서적과 외교 문서를 담당하였다.
⑤ 6부의 명칭을 불교 덕목으로 바꾸어 사용하였다.

16 지도와 같은 상황이 나타난 시기 신라 사회의 모습으로 옳은 것은?

① 왕권이 강화되었다.
② 관료전을 지급하고 녹읍을 폐지하였다.
③ 소수의 진골 귀족이 권력을 독점하였다.
④ 6두품이 왕의 정치적 조언자 역할을 하였다.
⑤ 지방에 대한 중앙 정부의 통제력이 강화되었다.

17 ⊙에 들어갈 세력으로 옳은 것은?

> (⊙)은/는 신라 말 중앙 정부의 통치력이 약해지자 지방에서 성장하였으며, 자신의 근거지에 성을 쌓고 스스로 성주나 장군이라 부르며 지방을 지배하였다.

① 시중   ② 호족   ③ 6두품
④ 선종 승려   ⑤ 진골 귀족

창의 융합

18 밑줄 친 '이 시기'에 대한 설명으로 옳은 것은?

손수 제작물(UCC) 제작 계획서

장면	시각 자료	자막
#1		이 시기에 제작된 화순 쌍봉사 철감 선사 탑

① 녹읍이 폐지되었다.
② 지배자를 마립간이라고 불렀다.
③ 신라가 한강 유역을 처음 차지하였다.
④ 금동 연가 7년명 여래 입상이 만들어졌다.
⑤ 경주(금성) 중심의 지리 개념을 비판하는 사상이 확산되었다.

19 (가), (나)에서 설명하는 인물을 옳게 연결한 것은?

> (가) 서남 해안을 지키는 군진의 장교였지만, 세력을 키워 후백제를 건국하였다.
> (나) 북원 지역의 호족인 양길의 부하로 있다가 자립하여 후고구려를 세웠다.

	(가)	(나)		(가)	(나)
①	견훤	궁예	②	견훤	대조영
③	궁예	견훤	④	궁예	대조영
⑤	대조영	견훤			

03 남북국의 문화와 대외 관계

20 신라의 유학 발전에 대한 설명으로 옳지 <u>않은</u> 것은?

① 최치원은 당의 빈공과에 합격하였다.
② 유학 교육 기관으로 태학을 설치하였다.
③ 왕권 강화를 위해 유학을 정치 이념으로 삼았다.
④ 설총은 이두를 정리하여 우리말로 유교 경전을 풀이하였다.
⑤ 독서삼품과를 실시하여 유교 경전의 이해 수준을 평가하였다.

21 밑줄 친 '그'에 대한 설명으로 옳은 것은?

> 일찍이 이 무애를 가지고 수많은 마을에서 노래하고 춤추며 백성을 교화하고 읊조리며 다녀, 가난한 사람들과 산골에 사는 무지몽매한 자들까지도 모두 다 부처의 이름을 알게 되었고 모두 '나무아미타불'을 부르게 되었으니 그의 교화는 위대하다 할 것이다.
> – 일연, 「삼국유사」

① 법화원을 설립하였다.
② 부석사를 건립하였다.
③ 화엄 사상을 주장하였다.
④ 고승전과 화랑세기를 저술하였다.
⑤ 일심 사상을 바탕으로 화쟁 사상을 주장하였다.

22 (가), (나) 탑을 만든 나라의 문화에 대한 설명으로 옳지 <u>않은</u> 것은?

↑ 경주 불국사 3층 석탑　↑ 영광탑

① (가) – 석굴암을 건립하였다.
② (가) – 후기에 선종이 유행하였다.
③ (나) – 고구려 문화를 기반으로 발전하였다.
④ (나) – 다양한 문화를 받아들여 국제성을 띠었다.
⑤ (가), (나) – 불교를 통치 이념으로 삼았다.

23 다음 무덤을 통해 알 수 있는 발해 문화의 특징으로 옳은 것은?

↑ 정효 공주 묘의 내부

① 화엄 사상이 유행하였다.
② 불교가 높은 수준으로 발전하였다.
③ 고구려와 당 문화의 영향을 받았다.
④ 도교의 사신을 무덤 벽에 그려 넣었다.
⑤ 일본의 아스카 문화 형성에 기여하였다.

24 ㉠에 들어갈 나라로 옳은 것은?

> • 발해는 건국 초기에 (㉠)와/과 대립하였다.
> • (㉠)의 산둥반도에 발해관이 설치되었다.

① 당　　② 신라　　③ 인도
④ 일본　　⑤ 아라비아

고려의 성립과 변천

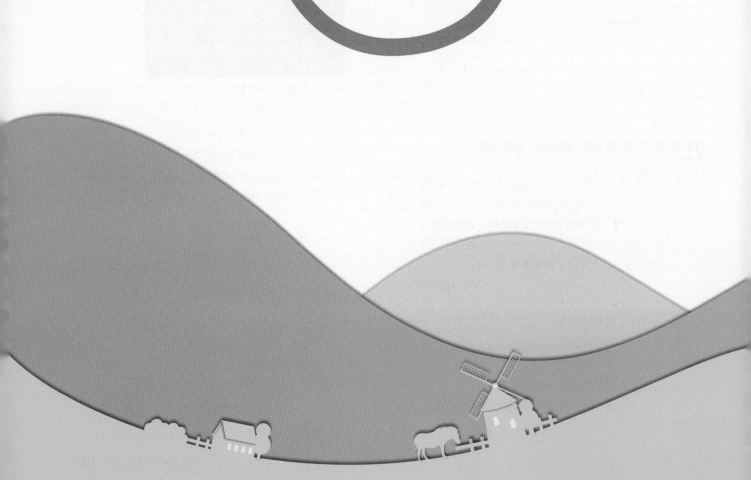

01 고려의 건국과 정치 변화(1)

●● 고려의 후삼국 통일

1. 고려의 건국과 후삼국 통일

(1) **왕건의 성장**: 왕건이 태봉을 세운 궁예의 신하가 되어 최고 관직인 시중의 자리에 오름

(2) **고려의 건국**: 호족들이 왕건을 국왕으로 추대 → 고구려 계승을 내세워 국호를 '고려'로 정함(918) → 송악으로 천도(919)

(3) **후삼국 통일**: 고려가 고창(안동) 전투에서 후백제군 격파(930) → 후백제의 내분으로 견훤이 고려에 투항(935) → 신라 경순왕이 스스로 고려에 항복(935) → 고려의 후백제 공격, 후삼국 통일(936)

(4) **후삼국 통일의 의의**

① 민족 재통합: 신라, 후백제, 발해 유민까지 포용

② 새로운 민족 문화 발달의 토대 마련: 옛 삼국의 다양한 문화 흡수

③ 정치 참여 세력의 확대: 호족, 6두품 등 지방 세력이 새로운 지배층으로 성장

2. 태조의 정책

민생 안정	백성의 세금 감면, 가난한 백성 구제
호족 포섭·견제	유력 호족과 혼인 관계를 맺음, 왕씨 성·토지·관직 등 하사, *사심관 제도와 *기인 제도 운영
북진 정책	옛 고구려의 땅을 되찾기 위해 북진 정책 실시 → 서경(평양) 중시(북진 정책의 전진 기지로 삼음), 거란 배척 → 영토 확장(청천강에서 영흥만에 이르는 지역까지 확장)
민족 통합	발해 유민 포용, 옛 신라와 후백제 세력을 지배 세력으로 수용
민족 문화 발달	다양한 사상 인정, 중국 문화의 주체적 수용 강조
훈요 10조 제시	후손이 지켜야 할 교훈을 담은 훈요 10조를 남김 자료①

3. 왕권의 안정과 체제 정비

(1) **광종의 정책** 자료②

① 배경: 외척 간의 왕위 계승 다툼으로 왕권 불안정

② 왕권 강화 정책: 노비안검법 실시(→ 호족의 경제적·군사적 기반 약화, 국가 재정 확충), 과거제 실시(→ 유교적 지식과 능력을 지닌 인재 선발), 관리의 공복 제정, 개혁에 반대하는 공신과 호족 숙청, 황제 칭호와 독자적 연호('광덕', '준풍' 등) 사용 등

(2) **성종의 정책** 자료③ 서술형단골 성종의 통치 체제 정비 내용을 묻는 문제가 자주 출제돼.

① 최승로의 시무 28조 수용: 유교를 국가 통치의 근본이념으로 삼음

② 통치 체제 정비: 당·송의 제도를 참고하여 중앙 관제 정비(2성 6부), 불교와 토착 신앙 행사 억제, 12목 설치(지방관 파견) → 중앙 집권 체제 강화

③ 유학 교육 장려: 국자감(개경)과 향교(지방) 설립

생생 자료

자료① 훈요 10조

> 제1조 불교의 힘으로 나라를 세웠으므로, 사찰을 세우고 주지를 파견하여 불도를 닦도록 할 것 ─ 불교 숭상
>
> 제4조 중국의 풍습을 억지로 따르지 말고, 거란의 언어와 풍습은 다르므로 의관 제도를 본받지 말 것 ─ 주체적 문화 수용
>
> 제5조 서경을 중요시할 것 ─ 북진 정책 추진

훈요 10조는 태조가 후대의 왕들에게 남긴 유훈으로, 후대 왕들이 지켜야 할 정책의 기본 방향을 제시한 것이다. 태조가 중시한 사상과 정책이 담겨 있다.

자료② 광종의 왕권 강화 정책

> 광종 7년(956)에 노비를 조사하여 옳고 그름을 분명히 밝히도록 명하였다. 이 때문에 주인을 배반하는 노비들을 억누를 수 없었고, 주인을 업신여기는 풍속이 크게 유행하였다. 사람들이 모두 이를 수치스럽게 여기고 원망하였다. ─ 『고려사절요』

광종은 호족들이 불법적으로 노비로 삼은 사람들을 양인으로 해방하는 노비안검법을 시행하였다. 이를 통해 호족 세력을 약화하고 왕권을 안정시켰다.

자료③ 최승로의 시무 28조

> 제7조 임금께서 백성의 집집마다 가서 날마다 돌볼 수는 없습니다. 수령을 파견하여 백성을 돌보게 하십시오. ─ 지방관 파견
>
> 제13조 연등회와 팔관회를 줄여 백성이 힘을 펴게 하십시오. ─ 불교 행사 억제
>
> 제20조 불교를 믿는 것은 자신을 수양하는 근본이며, 유교를 행하는 것은 나라를 다스리는 근원입니다. 자신을 수양하는 것은 내세에 복을 구하는 일이며, 나라를 다스리는 것은 오늘의 급한 일입니다. ─ 유교 정치사상 제시 ─ 『고려사』

성종은 최승로가 건의한 시무 28조를 받아들여 유교를 통치의 근본이념으로 삼았다.

쏙쏙 용어

★ **사심관 제도** 호족이나 공신을 사심관으로 삼아 그들의 출신 지역을 다스리게 한 제도

★ **기인 제도** 호족의 자제를 수도에 머물게 하여 출신 지역의 일에 자문을 구하면서 동시에 이들을 볼모로 삼아 호족 세력을 견제한 제도

●● 통치 체제의 정비

1. 중앙 정치 제도 자료 ④

(1) 특징: 당과 송의 제도 수용 → 2성 6부로 운영

(2) 정치 기구

중서문하성	최고 관청, 국가의 정책 논의, 장관인 문하시중이 국정 총괄
상서성	6부를 통해 주요 정책 집행
중추원	국왕의 비서 기관(군사 기밀, 왕명의 전달 담당)
어사대	관리의 비리 감찰, 정치의 잘잘못을 논함, 중서문하성의 낭사와 함께 대간으로 불림
삼사	국가 재정의 출납과 회계 업무 담당
도병마사·식목도감	중서문하성·중추원의 고위 관료들이 모여 국가 중대사 논의

2. 지방 행정 제도와 군사 제도

(1) 지방 행정 제도 자료 ⑤

① 정비 과정: 고려 초 호족이 각 지역 통치 → 성종 때 주요 지역에 12목 설치·지방관 파견 → 이후 전국이 5도·양계·경기로 정비됨

② 행정 조직과 운영

조직	• 5도: 일반 행정 구역, 안찰사 파견, 아래에 주·군·현 설치 • 양계: 군사 행정 구역(북계·동계), 병마사 파견, 아래에 주·군·현 설치 • 경기: 수도 개경과 그 주변을 묶은 지역 • 3경: 개경, 서경, 동경(후에 남경) • 특수 행정 구역: 향·부곡(농업에 종사), *소(수공업에 종사)
운영	군현에 지방관 파견, 주현(지방관 파견)보다 속현(지방관이 파견되지 않음)이 더 많음 → 주현이 주변의 속현 관할, 향리가 지방의 행정 실무 담당

(2) 군사 제도

① 중앙군: 2군(궁궐과 왕실 호위), 6위(개경과 국경 지방 방어)

② 지방군: 주현군(5도의 군사 방어와 치안 담당), 주진군(양계에 주둔하며 국경 경비) → 16세 이상 양인이 복무

3. 교육 제도와 관리 등용 제도 자료 ⑥

(1) 교육 제도: 개경에 국자감(최고 국립 교육 기관), 지방에 향교 설치

(2) 관리 등용 제도

① 과거제: 제술과·명경과(문관), 잡과(기술관), 승과(승계 부여) 시행

② 음서: 왕족과 공신의 후손, 5품 이상의 고위 관료의 자손은 시험 없이 관직을 줌(아들, 사위, 친손 등 모두 혜택을 누림)

4. 토지 제도

(1) 전시과 제도: 관리를 18등급으로 나누어 전지(농토)와 시지(임야) 지급, *수조권만 지급, 관리가 사망하면 국가에 반납

(2) 공음전: 5품 이상 고위 관료에게 지급한 토지, 자손에게 세습 가능

자료 ④ 고려의 중앙 정치 제도

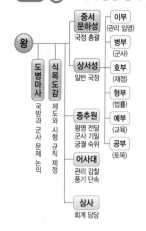

고려는 당의 3성 6부와 송의 제도를 받아들여 고려의 실정에 맞게 2성 6부로 운영하였다. 도병마사와 식목도감은 고려만의 독자적인 회의 기구 역할을 담당하였다. 도병마사에서는 주로 국방과 군사 문제를 논의하였고, 식목도감에서는 제도와 시행 규칙을 제정하였다.

자료 ⑤ 고려의 지방 행정 제도

고려는 전국을 5도, 양계, 경기로 나누었다. 5도는 일반 행정 구역으로 안찰사를 파견하였고, 양계는 국경 지역으로 병마사를 파견하였다. 그 외에도 향·부곡·소 등의 특수 행정 구역을 운영하였다. 이 지역의 주민들은 일반 군, 현 지역의 주민에 비해 차별 대우를 받았다.

자료 ⑥ 고려의 관리 등용 제도

고려 시대에는 과거제와 음서로 관리를 선발하였다. 시험으로 인재를 선발하는 과거제에는 문관을 뽑는 제술과와 명경과, 기술관을 뽑는 잡과, 승려를 대상으로 하는 승과가 있었다. 과거는 원칙적으로 양인 이상이면 응시할 수 있었다. 한편, 무과는 시행하지 않고 무예나 신체 조건이 뛰어난 사람을 따로 뽑아 무관으로 임명하였다.

쏙쏙 용어

* **소(所)** 광산물·수산물 및 수공업 제품 등 국가가 필요한 물품을 생산하는 특수 행정 구역

* **수조권** (收 거두다·租 조세·權 권리) 농민이 국가에 낼 세금을 관리가 대신 거두어 가지는 권리

대표 자료 확인하기

◆ 광종의 왕권 강화 정책

> 광종 7년(956)에 노비를 조사하여 옳고 그름을 분명히
> 밝히도록 명하였다. 이 때문에 주인을 배반하는 노비들
> 을 억누를 수 없었고, 주인을 업신여기는 풍속이 크게
> 유행하였다. 사람들이 모두 이를 수치스럽게 여기고 원
> 망하였다.   – 『고려사절요』

광종은 호족들이 불법적으로 노비로 삼은 사람들을 양인으로
해방하는 (①   )을 시행하여 호족 세력을 약화하고
왕권을 안정시켰다.

◆ 고려의 중앙 정치 제도

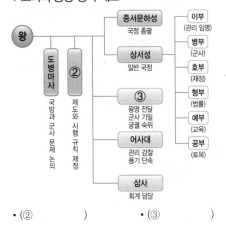

• (②   )   • (③   )

한눈에 정리하기

◆ 고려의 건국과 통치 체제 정비

고려의 건국	왕건의 고려 건국(918) → 견훤이 고려에 투항 (935) → 신라 경순왕의 항복(935) → 고려의 후백 제 공격, 후삼국 통일(936)
태조	• 민생 안정: 백성의 세금 감면, 가난한 백성 구제 • 호족 포섭·견제: 유력 호족과 혼인 관계를 맺음, 왕씨 성·토지·관직 등 하사, 사심관 제도와 기인 제도 운영 • (①): 옛 고구려 땅을 되찾기 위해 실시, 서경(평양) 중시 • 민족 통합: 발해 유민 포용, 옛 신라와 후백제 세력을 지배 세력으로 수용 • 민족 문화 발달: 다양한 사상 인정, 중국 문화의 주체적 수용 강조
광종	• 노비안검법 실시: 호족의 세력 약화, 왕권 강화 • (②) 실시: 유교적 지식을 지닌 인재 선발 • 관리의 공복 제정, '광덕', '준풍' 등의 연호 사용
성종	• 최승로의 (③) 수용: 유교를 국가 통치의 근본이념으로 삼음 • 통치 체제 정비: 중앙 관제 정비(2성 6부), 지방 에 12목 설치

꼼꼼 개념 문제

1 태조의 정책에 해당하는 내용만을 〈보기〉에서 있는 대로 골라
기호를 쓰시오.

보기
ㄱ. 과거제 시행   ㄴ. 북진 정책 추진 ㄷ. 사심관 제도 마련   ㄹ. 지방에 12목 설치

2 다음 빈칸에 들어갈 내용을 쓰시오.
  (1) 태조가 국호를 고려로 정한 것은 (   )를 계승한다는
    의미를 담고 있다.
  (2) 태조는 (   )를 남겨 자신의 후손들이 지켜야 할 교훈
    으로 삼도록 하였다.

3 다음 설명이 맞으면 ○표, 틀리면 ×표를 하시오.
  (1) 태조는 서경을 중시하여 북진 정책의 전진 기지로 삼았다.
                                                      (   )
  (2) 성종은 최승로의 건의를 받아들여 불교를 통치의 근본이
    념으로 삼았다.   (   )
  (3) 중서문하성과 상서성의 고위 관료들은 도병마사와 식목
    도감에서 국가의 중요한 일을 논의하였다.   (   )

4 다음 고려의 정치 기구와 그 기능을 옳게 연결하시오.
  (1) 삼사   •   • ㉠ 관리의 비리 감찰
  (2) 상서성   •   • ㉡ 국가 재정, 회계 업무 담당
  (3) 어사대   •   • ㉢ 왕명 전달, 군사 기밀 담당
  (4) 중추원   •   • ㉣ 최고 정치 기구, 국정 총괄
  (5) 중서문하성   •   • ㉤ 6부를 통해 주요 정책 집행

5 고려 시대에는 군·현이 지방관이 파견된 주현과 지방관이 파견되
지 않은 (㉠   )으로 구분되었으며, 향·부곡·(㉡   )
라는 특수 행정 구역이 있었다.

6 다음 괄호 안의 내용 중 알맞은 말에 ○표를 하시오.
  (1) (과전, 공음전)은 5품 이상의 관리에게 지급한 토지로 세습
    이 가능하였다.
  (2) 고려 시대에 왕족과 공신의 후손 등 고위 관리의 자손은
    (과거, 음서)를 이용하여 지위를 세습하기도 하였다.

01 (가) 시기에 있었던 일로 옳은 것은?

918		936
▲ 왕건의 고려 건국	(가)	▲ 고려의 후백제 통합

① 견훤이 후백제를 세웠다.
② 대조영이 발해를 건국하였다.
③ 궁예가 후고구려를 건국하였다.
④ 원종과 애노가 반란을 일으켰다.
⑤ 신라의 경순왕이 고려에 항복하였다.

02 고려의 후삼국 통일이 가지는 역사적 의의로 옳은 것을 〈보기〉에서 고른 것은?

┌ 보기 ┐
ㄱ. 우리 민족 최초의 통일을 이룩하였다.
ㄴ. 후백제, 신라, 발해 유민까지 포함하였다.
ㄷ. 외세의 침략을 물리치고 통일을 이루었다.
ㄹ. 호족, 6두품 등 정치에 참여하는 세력이 확대되었다.

① ㄱ, ㄴ   ② ㄱ, ㄷ   ③ ㄴ, ㄷ
④ ㄴ, ㄹ   ⑤ ㄷ, ㄹ

이 문제에서 나올 수 있는 선택지는 다~!

03 다음 가르침을 남긴 왕에 대한 설명으로 옳지 <u>않은</u> 것은?

제1조 불교의 힘으로 나라를 세웠으므로, 사찰을 세우고 주지를 파견하여 불도를 닦도록 할 것
제5조 서경을 중요시할 것
제9조 관리들의 녹봉을 함부로 가감하지 말고, 농민들의 부담을 가볍게 할 것

① 거란을 배척하였다.
② 발해 유민을 포용하였다.
③ 사심관 제도를 실시하였다.
④ 혼인 정책을 통해 유력 호족을 포섭하였다.
⑤ 광덕, 준풍 등의 독자적인 연호를 사용하였다.
⑥ 옛 신라와 후백제 세력을 지배 세력으로 수용하였다.

04 다음과 관련된 태조의 정책으로 옳은 것은?

• 평양을 서경이라 부르며 중시하였다.
• 청천강에서 영흥만에 이르는 영토를 확보하였다.
• 고구려를 계승한다는 의미에서 나라 이름을 고려라고 정하였다.

① 북진 정책   ② 숭불 정책
③ 민생 안정 정책   ④ 삼국 통일 정책
⑤ 호족 포섭 정책

05 광종이 다음 정책을 실시한 목적으로 가장 적절한 것은?

광종은 노비안검법을 실시하여 호족들이 불법적으로 차지한 노비를 양인으로 해방시켰다.

① 왕권을 강화하기 위해서
② 국가의 위상을 강화하기 위해서
③ 다양한 사상을 인정하기 위해서
④ 지방 호족 세력을 포섭하기 위해서
⑤ 새로운 민족 문화를 발전시키기 위해서

중요해

06 다음 개혁안에 대한 설명으로 옳은 것은?

제7조   임금께서 백성의 집집마다 가서 날마다 돌볼 수는 없습니다. 수령을 파견하여 백성을 돌보게 하십시오.
제20조 불교를 믿는 것은 자신을 수양하는 근본이며, 유교를 행하는 것은 나라를 다스리는 근원입니다. 자신을 수양하는 것은 내세에 복을 구하는 일이며, 나라를 다스리는 것은 오늘의 급한 일입니다.

① 호족 세력을 포섭하고자 하였다.
② 통치의 근본이념으로 유교를 제시하였다.
③ 광종이 과거제를 실시하는 배경이 되었다.
④ 후대의 왕들이 지켜야 할 정책이 담겨 있다.
⑤ 관리의 공복 색깔을 정하는 계기가 되었다.

중요해

07 다음은 고려의 중앙 정치 기구를 정리한 도표이다. (가)~(마)에 대한 설명으로 옳은 것은?

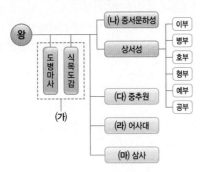

① (가) - 관리의 비리를 감찰하였다.
② (나) - 정치의 잘잘못을 논하였다.
③ (다) - 고려의 독자적인 회의 기구였다.
④ (라) - 장관인 문하시중이 국정을 총괄하였다.
⑤ (마) - 국가 재정의 출납과 회계 업무를 담당하였다.

08 다음에서 설명하는 정치 기구로 옳은 것은?

> 고려 국왕의 비서 기관으로 군사 기밀을 다루고 왕의 명령을 전달하였으며, 궁궐을 지키는 궁궐 숙위를 담당하였다.

① 어사대   ② 중추원   ③ 도병마사
④ 식목도감   ⑤ 중서문하성

중요해

09 고려의 지방 행정 제도에 대한 설명으로 옳은 것을 〈보기〉에서 고른 것은?

> **보기**
> ㄱ. 주요 지방에 5소경을 설치하였다.
> ㄴ. 전국을 5도와 양계, 경기로 나누었다.
> ㄷ. 모든 군과 현에 지방관을 파견하였다.
> ㄹ. 향리가 지방 행정의 실무를 담당하였다.

① ㄱ, ㄴ   ② ㄱ, ㄷ   ③ ㄴ, ㄷ
④ ㄴ, ㄹ   ⑤ ㄷ, ㄹ

10 (가)에 들어갈 내용으로 가장 적절한 것은?

> • 선생님: 고려 시대 특수 행정 구역의 특징에 대해 발표해 볼까요?
> • 학생: _____(가)_____

① 안찰사가 파견되었어요.
② 주현과 속현으로 구분되었어요.
③ 토착 세력인 촌주가 관리하였어요.
④ 서경, 동경과 함께 3경으로 정비되었어요.
⑤ 이 지역의 주민들은 일반 군현의 주민에 비해 차별을 받았어요.

11 지도는 고려의 지방 행정 조직을 나타낸 것이다. 빗금 친 지역에 대한 설명으로 옳은 것은?

① 일반 행정 구역이었다.
② 2군에 의해 방어되었다.
③ 주민들이 주로 수공업에 종사하였다.
④ 서경, 동경과 함께 3경으로 정비되었다.
⑤ 군사 행정 구역으로 병마사가 파견되었다.

12 ㉠, ㉡에 들어갈 내용을 옳게 연결한 것은?

> 고려의 중앙군인 (㉠)은 궁궐과 왕실 호위를 담당하였고, (㉡)은/는 개경과 국경 지역을 방어하는 임무를 맡았다.

	㉠	㉡
①	2군	6위
②	2군	주진군
③	9서당	10정
④	주현군	주진군
⑤	주진군	주현군

이 문제에서 나올 수 있는 선택지는 다~!

13 고려의 관리 등용 제도에 대한 설명으로 옳지 <u>않은</u> 것은?

① 과거와 음서가 대표적이었다.
② 승려를 대상으로 하는 시험이 있었다.
③ 제술과와 명경과를 통해 문관을 선발하였다.
④ 과거는 법적으로 양인 이상이면 응시가 가능하였다.
⑤ 무과를 시행하여 무예에 뛰어난 사람을 선발하였다.
⑥ 5품 이상 고위 관리의 자손은 음서로 관리가 될 수 있었다.

14 ㉠에 들어갈 교육 기관으로 옳은 것은?

> 고려는 교육을 중시하여 태조 때부터 개경과 서경에 학교를 세웠다. 성종 때에는 개경에 최고 교육 기관인 (㉠)을/를 설치하였다.

① 국학
② 태학
③ 향교
④ 국자감
⑤ 주자감

15 ㈎, ㈏에 대한 설명으로 옳은 것은?

> ㈎ 공음전　　　　　㈏ 전시과

① ㈎ - 세습이 불가능하였다.
② ㈎ - 관리를 18등급으로 나누어 지급한 것이다.
③ ㈎ - 수조권과 함께 노동력을 징발할 수 있는 권한을 주었다.
④ ㈏ - 토지의 수조권을 지급하였다.
⑤ ㈏ - 5품 이상의 고위 관리에게 지급하였다.

학교 시험에 잘 나오는 **서술형** 문제

1 다음을 읽고 물음에 답하시오.

> ㈎ 호족의 자제를 수도에 머물게 하여 출신 지역의 일에 자문을 구한 제도
> ㈏ 호족이나 공신을 사심관으로 삼아 그들의 출신 지역을 다스리게 한 제도

(1) ㈎, ㈏에 해당하는 제도를 각각 쓰시오.
_____

(2) 태조가 ㈎, ㈏ 제도를 실시한 목적을 서술하시오.
_____
_____
_____

2 다음을 읽고 물음에 답하시오.

> 제7조　임금께서 백성의 집집마다 가서 날마다 돌볼 수는 없습니다. 수령을 파견하여 백성을 돌보게 하십시오.
> 제13조　연등회와 팔관회를 줄여 백성이 힘을 펴게 하십시오.
> 제20조　불교를 믿는 것은 자신을 수양하는 근본이며, 유교를 행하는 것은 나라를 다스리는 근원입니다. 자신을 수양하는 것은 내세에 복을 구하는 일이며, 나라를 다스리는 것은 오늘의 급한 일입니다.

(1) 윗글을 성종에게 건의한 인물을 쓰시오.
_____

(2) 위 개혁안을 수용한 이후 성종이 실시한 제도 정비의 내용을 <u>세 가지</u> 서술하시오.
_____
_____
_____

02 고려의 건국과 정치 변화(2)

•• 정치 질서의 동요

1. 문벌의 형성과 성장

(1) 문벌의 형성: 지방 호족과 신라 6두품 출신의 유학자가 다수의 고위 관리 배출, 중앙 정계 진출 → 문벌 형성

(2) 문벌의 성장(12세기 이후)

정치적 기반	과거와 음서로 주요 관직 독점, 왕실 및 유력 가문과 혼인하며 정치권력 장악
경제적 기반	권력을 이용하여 넓은 토지 차지

2. 이자겸의 난

(1) 배경 〈자료①〉

① 경원 이씨 가문의 성장: 왕실과 혼인하며 대표적인 문벌로 성장

② 이자겸의 권력 독점: 딸들을 예종, 인종과 혼인시키며 막강한 권세를 누림

(2) 전개: 이자겸의 권력 독점에 위협을 느낀 인종이 이자겸 제거 시도 → 이자겸과 척준경의 반란(이자겸의 난, 1126) → 척준경이 이자겸 제거

(3) 결과: 왕실의 권위 하락

3. 서경 천도 운동 〈자료②〉

배경	인종의 왕권 회복 노력(윤언이·정지상 등 개혁 세력 등용), 금을 배척하는 여론 강화, 서경 출신의 승려 묘청 등용(황제 칭호와 연호 사용, 서경 천도, 금 정벌 등 주장)
전개	묘청·정지상 등 서경 세력이 풍수지리설을 근거로 서경 천도 추진 → 김부식 등 개경 세력의 반대로 좌절 → 묘청 등이 서경에서 반란을 일으킴(국호 – 대위, 연호 – 천개) → 김부식이 이끄는 관군에게 진압됨
영향	서경 세력의 몰락, 김부식 등 문벌 출신의 정치 주도

•• 무신 정권의 성립과 농민·천민의 봉기

1. 무신 정변의 발생 〈서술형 단골〉 무신 정변의 발생 배경을 묻는 문제가 자주 출제돼.

배경 〈자료③〉	이자겸의 난·서경 천도 운동 이후 정치 질서 혼란(→ 왕권 약화), 문신 위주의 정치 지속, 일부 문신의 무신 무시, *군인전을 제대로 지급받지 못하고 각종 공사에 동원된 하급 군인들의 불만 고조
전개	정중부·이의방 등이 의종의 보현원 행차를 기회로 정변을 일으켜 문신 제거, 의종 폐위(무신 정변, 1170)
결과	무신 정권 성립

자료① 경원 이씨와 왕실의 혼인 관계

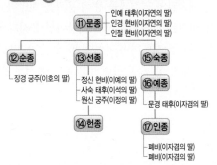

경원 이씨 가문은 왕실과의 거듭된 혼인으로 세력을 키워 대표적인 문벌로 성장하였다. 특히 인종의 장인이자 외할아버지였던 이자겸은 딸들을 왕실과 혼인시키며 막강한 권력을 행사하였다.

자료② 서경 천도 운동의 전개

묘청 등 서경 세력은 풍수지리설을 내세워 서경 천도를 추진하였다. 그러나 개경 세력의 반대로 천도가 좌절되자 묘청은 서경에서 반란을 일으켰다. 이들은 서북 지방의 대부분을 점령하기도 하였으나 김부식이 이끄는 관군에게 진압되었다.

자료③ 무신 정변의 배경

문신이 정치적 주도권을 장악하고, 왕권이 약해지자 무신에 대한 차별은 더욱 심해졌어.

> 왕(의종)이 보현원으로 행차하던 길에 신하들과 술을 마시던 중, …… 무신들을 위로하기 위해 오병수박희를 열었다. …… 대장군 이소응이 수박희에서 패하자, 한뢰가 갑자기 앞으로 나서며 이소응의 뺨을 때리니 계단 아래로 떨어졌다. – 「고려사」

고려의 무신은 문신에 비해 차별받았다. 과거에서 무과는 거의 시행되지 않았고, 문신이 군사 지휘권을 장악하였다. 무신들은 이러한 문신 위주의 정치와 무신에 대한 차별 대우에 불만을 가졌고, 이는 무신 정변으로 이어졌다.

★ 군인전 고려 시대 군인들이 군역의 대가로 지급받은 토지

2. 초기 무신 정권 （자료④）

(1) **권력 기반**: 최고 회의 기구인 중방을 통해 권력 장악

(2) **사회 혼란**: 무신들 간의 권력 다툼으로 잦은 집권자 교체, 무신의 백성 수탈 심화

(3) **문신들의 반란**: 김보당의 난, 조위총의 난 등 → 실패

3. 최씨 정권의 성립 （자료④）

(1) **성립**: 최충헌이 이의민을 제거하고 집권 → 4대 60여 년간 최씨 정권 유지(무신 정권의 안정기)

(2) **최충헌**

① 개혁안 제시: 집권 초 사회 개혁안(봉사 10조) 제시 → 실시하지 않음

② 교정도감 설치: 국가의 중요 정책 결정 및 집행, 반대 세력 감시

③ *도방 확대: 사병 집단인 도방을 통해 호위 강화

(3) **최우**

정방 설치	관리의 인사 행정 담당
서방 설치	능력 있는 문인에게 정책 자문을 받음(이규보 등 문신 등용)
*야별초 조직	최씨 정권을 보호하는 군사적 기반으로 활용
강화 천도	몽골의 침입에 대비하여 수도를 강화도로 옮김

(4) **특징**: 안정적으로 정권을 유지하며 국방력을 강화함

(5) **한계**: 백성을 가혹하게 수탈, 사회 개혁에 소홀함

4. 농민과 천민의 봉기 （자료⑤）

(1) **배경**

① 정부의 통제력 약화: 무신들의 권력 다툼으로 정치 혼란 → 지방에 대한 통제력 약화

② 경제적 수탈 심화: 무신 집권자들의 농장 확대와 과도한 세금 부과 등으로 백성 수탈

③ 신분 질서의 동요: 천민 출신 무신 집권자(이의민) 등장 → 신분 상승에 대한 기대감 확대

(2) **농민의 저항 운동**

① 망이·망소이의 난(공주 명학소): 일반 군현보다 과도한 세금 부담과 부역에 반발 → 한때 충청도 일대 점령

② 김사미(운문)와 효심(초전)의 난: 경주 세력과 합세하여 중앙에 저항

(3) **천민의 저항 운동**

① 전주 관노비의 난: 지방관의 횡포에 불만을 품고 봉기

② 만적의 난: 사노비였던 만적이 개경에서 신분 해방을 목적으로 봉기 시도 → 사전에 발각되어 실패 （자료⑥）

(4) **삼국 부흥 운동**: 고려 왕조를 부정하며 신라(경주 – 이비·패좌), 고구려(서경 – 최광수), 백제(담양 – 이연년 형제)의 부흥을 내세우며 봉기 → 모두 진압됨

(5) **영향**: 하층민들의 사회의식 성장에 기여

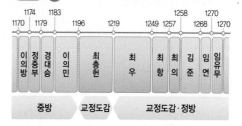

대표 자료 확인하기

◆ 무신 정권의 집권자와 지배 기구

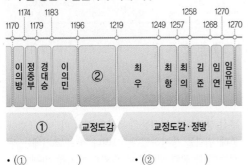

| 1174 | 1183 | | | 1258 | 1270 |
| 1170 | 1179 | 1196 | 1219 | 1249 1257 | 1268 1270 |

| 이의방 | 정중부 | 경대승 | 이의민 | ② | 최우 | 최항 | 최의 | 김준 | 임연 | 임유무 |

| ① | 교정도감 | 교정도감·정방 |

• ① (　　　　　)　　• ② (　　　　　)

◆ 만적의 난

> 노비 만적 등 여섯 명이 노비들을 불러 모아 말하기를 "무신 정변 이후에 높은 관직을 얻은 천한 노비가 많이 나왔으니 어찌 장군과 재상이 타고나는 것이겠는가? 때가 오면 누구나 차지할 수 있다. …… "라고 하였다.
> – 『고려사』

무신 집권 이후 (③　　　　　)과 같은 천민 출신의 인물이 무신 집권자로 출세하자, 사노비였던 만적 등이 신분 해방을 목적으로 봉기를 계획하였다.

한눈에 정리하기

◆ 정치 질서의 동요

이자겸의 난	• 배경: 외척 이자겸의 권력 독점 • 전개: 인종의 이자겸 제거 시도 → 이자겸과 척준경의 반란 → 척준경이 이자겸 제거 • 결과: 왕실의 권위 하락
서경 천도 운동	• 배경: 인종이 서경 출신 승려(①　　　　) 등용, 금 배척 여론 강화 등 • 전개: (①　　　　)·정지상 등이 서경에서 반란을 일으킴(서경 천도와 금 정벌, 황제 칭호와 연호 사용 주장) → 김부식이 이끄는 관군에게 진압됨

◆ 무신 정권의 성립

무신 정변	• 배경: 무신에 대한 차별 대우, 군인전을 지급받지 못하고 각종 공사에 동원되던 하급 군인들의 불만 고조 • 전개: 정중부와 이의방 등의 무신들이 의종의 보현원 행차를 이용하여 정변을 일으킴 → 문신 제거, (②　　　　) 폐위 • 결과: 무신 정권 성립
최씨 정권의 성립	• 성립: 최충헌이 무신 정권을 장악한 이후 혼란 수습 → 최우·최의 등 최씨 무신 정권이 4대 60여 년간 권력 유지 • 최씨 정권의 권력 기반: (③　　　　)(국가의 중요 정책 결정), 야별초 등

꼼꼼 개념 문제

1 다음 빈칸에 들어갈 내용을 쓰시오.

(1) 고려 시대의 외척으로 막강한 권력을 행사하던 (　　　　　)은 1126년 반란을 일으켰다.

(2) 고려의 (　　　　　) 세력은 음서와 과거로 주요 관직을 독점하고 왕실과 혼인하며 정치권력을 장악하였다.

2 다음 설명이 맞으면 ○표, 틀리면 ×표를 하시오.

(1) 김부식은 왕이 황제를 칭하고 독자적인 연호를 사용할 것을 주장하였다. (　　)

(2) 문신 위주의 정치와 무신에 대한 차별 대우에 반발하여 무신 정변이 발생하였다. (　　)

3 ㉠, ㉡에 들어갈 내용을 각각 쓰시오.

> 묘청, 정지상 등 서경 세력은 (㉠　　　　)을 앞세워 서경 천도를 주장하며 반란을 일으켰으나, (㉡　　　　)이 이끄는 관군에게 진압되었다.

4 최씨 무신 정권의 권력 기구와 그 기능을 옳게 연결하시오.

(1) 정방　　　•　　　• ㉠ 군사적 기반

(2) 서방　　　•　　　• ㉡ 문인들에게 정책 자문

(3) 야별초　　•　　　• ㉢ 관리의 인사 행정 담당

(4) 교정도감　•　　　• ㉣ 국가의 중요한 정책 결정·집행

5 무신 정권기에 특수 행정 구역인 공주 (　　　　　)에서는 망이·망소이 형제가 과도한 세금 부담을 견디지 못하고 봉기하였다.

6 다음 괄호 안의 단어 중 알맞은 말에 ○표를 하시오.

> 무신 정권이 성립한 후 무신들의 권력 다툼으로 사회적 혼란이 계속되어 곳곳에서 봉기가 일어났다. 경상도에서는 김사미와 (효심, 조위총)이 지방관의 수탈에 저항하여 봉기하였다. 한편, 사노비였던 (만적, 원종) 등이 신분 해방을 주장하며 봉기하려 하였으나, 사전에 발각되어 실패하였다.

탄탄 시험 문제

01 다음과 같은 상황이 전개된 시기의 사실로 옳은 것은?

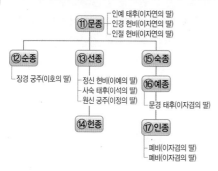

① 과거제가 처음 실시되었다.
② 고려가 후삼국을 통일하였다.
③ 22담로에 왕족이 파견되었다.
④ 6두품이 사회 개혁을 추구하였다.
⑤ 문벌 세력이 주요 관직을 독점하였다.

02 밑줄 친 '그'에 대한 설명으로 옳은 것은?

> 인종은 자신의 장인이자 외할아버지였던 그가 권력을 독점하면서 위협적인 존재로 떠오르자 그를 제거하려 하였다.

① 훈요 10조를 남겼다.
② 묘청의 난을 진압하였다.
③ 척준경과 함께 난을 일으켰다.
④ 시무 28조를 국왕에게 건의하였다.
⑤ 신분 해방을 목적으로 봉기를 계획하였다.

중요해

03 이자겸의 난에 대한 설명으로 옳은 것을 〈보기〉에서 고른 것은?

┤ 보기 ├
ㄱ. 서경 세력의 몰락을 초래하였다.
ㄴ. 김부식이 이끄는 관군에게 진압되었다.
ㄷ. 왕실의 권위가 하락하는 결과를 가져왔다.
ㄹ. 경원 이씨 가문의 권력 독점이 원인이 되었다.

① ㄱ, ㄴ ② ㄱ, ㄷ ③ ㄴ, ㄷ
④ ㄴ, ㄹ ⑤ ㄷ, ㄹ

[04~05] 다음을 읽고 물음에 답하시오.

> ㉠ 서경 임원역의 땅은 음양가가 말하는 큰 명당이라서 궁궐을 짓고 여기로 옮겨 지내면 천하를 병합할 수 있으며, 금이 스스로 항복할 것이고, 서른여섯 나라가 모두 신하가 될 것입니다.

04 위와 같은 주장을 내세운 세력에 대한 설명으로 옳지 않은 것은?

① 김부식 등 개경 세력과 대립하였다.
② 묘청, 정지상 등이 중심을 이루었다.
③ 서경으로 도읍을 옮길 것을 주장하였다.
④ 금과 사대 관계를 맺을 것을 주장하였다.
⑤ 왕에게 황제를 칭하고 연호를 사용할 것을 건의하였다.

05 밑줄 친 ㉠에 나타난 사상으로 옳은 것은?

① 도교 ② 선종 ③ 유교
④ 미륵 신앙 ⑤ 풍수지리설

06 ㈎에 들어갈 내용으로 적절한 것을 〈보기〉에서 고른 것은?

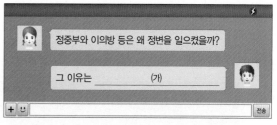

┤ 보기 ├
ㄱ. 금을 배척하는 여론이 강해졌기 때문이야.
ㄴ. 문신 위주의 정치가 계속되었기 때문이야.
ㄷ. 개경 세력이 서경 천도에 반대하였기 때문이야.
ㄹ. 문신에 비해 무신이 차별 대우를 받았기 때문이야.

① ㄱ, ㄴ ② ㄱ, ㄷ ③ ㄴ, ㄷ
④ ㄴ, ㄹ ⑤ ㄷ, ㄹ

07 다음 상황이 발생한 시기에 볼 수 있는 모습으로 가장 적절한 것은?

> 왕이 보현원으로 행차하던 길에 신하들과 술을 마시던 중, …… 무신들을 위로하기 위해 오병수박희를 열었다. …… 대장군 이소응이 수박희에서 패하자, 한뢰가 갑자기 앞으로 나서며 이소응의 뺨을 때리니 계단 아래로 떨어졌다.
> – 「고려사」

① 녹읍 폐지 소식에 반발하는 귀족
② 과거제 시행 소식을 알리는 관리
③ 서경 천도 운동을 진압하는 관군
④ 노비안검법 실시 소식에 환호하는 노비
⑤ 군인전을 제대로 지급 받지 못해 불만을 품은 하급 군인

08 무신 정권 초기에 대한 설명으로 옳은 것을 〈보기〉에서 고른 것은?

> ┤보기├
> ㄱ. 백성의 생활이 안정되었다.
> ㄴ. 김헌창이 공주에서 봉기하였다.
> ㄷ. 무신들 간의 권력 다툼이 자주 일어났다.
> ㄹ. 무신들이 중방을 통해 권력을 행사하였다.

① ㄱ, ㄴ   ② ㄱ, ㄷ   ③ ㄴ, ㄷ
④ ㄴ, ㄹ   ⑤ ㄷ, ㄹ

09 (가)에 들어갈 내용으로 적절하지 <u>않은</u> 것은?

> • 학습 주제: 최충헌 집권 이후 최씨 정권의 특징에 대해 조사한다.
> • 조사 내용: (가)

① 무신 정권의 안정기를 누렸다.
② 독자적인 권력 기구를 만들었다.
③ 인사 행정 담당 기구를 설치하였다.
④ 윤언이 등 개혁 세력을 등용하였다.
⑤ 사병 집단을 통해 호위를 강화하였다.

10 ㉠, ㉡에 들어갈 권력 기구를 옳게 연결한 것은?

> 이의민을 제거하고 권력을 잡은 최충헌은 (㉠)을/를 설치하여 반대 세력을 감시하고, 국가의 중요한 정책을 결정하였다. 또한 사병 집단인 (㉡)을 확대하여 호위를 강화하였다.

	㉠	㉡
①	교정도감	도방
②	교정도감	서방
③	도병마사	서방
④	도병마사	도방
⑤	식목도감	정방

11 밑줄 친 '이 기구'로 옳은 것은?

> 최우는 <u>이 기구</u>를 설치하고 문인들을 등용하여 국가의 정책을 자문하였다. 그 과정에서 이규보와 같은 문신이 등용되었다.

① 도방   ② 서방   ③ 삼사
④ 어사대   ⑤ 중추원

12 (가)에 들어갈 내용으로 옳은 것은?

① 통일 신라 중앙군의 명칭은?
② 고려 시대 특수 행정 구역은?
③ 북계와 동계에 파견된 관리는?
④ 최씨 무신 정권의 군사 기반은?
⑤ 고려 시대 국왕의 비서 기관은?

13 지도의 봉기들이 발생한 배경으로 옳지 <u>않은</u> 것은?

① 신분 상승에 대한 기대감이 확대되었다.
② 천민 출신의 무신 집권자가 등장하였다.
③ 지방에 대한 정부의 통제력이 강화되었다.
④ 무신들 간의 권력 다툼으로 사회가 혼란하였다.
⑤ 특수 행정 구역 주민들이 과도한 세금을 부담하였다.
⑥ 무신 집권자들이 농장을 확대하고 백성을 수탈하였다.

14 ㉠에 들어갈 내용으로 옳은 것은?

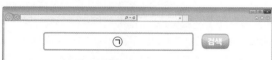

이 사건은 공주 명학소에서 소(所)의 주민들이 과도한 세금에 맞서 일어난 항쟁이다. 이들은 한때 충청도 일대를 점령할 정도로 그 규모가 컸다. 이에 무신 정부는 명학소를 충순현으로 승격하며 주민들을 달랬다. 명학소의 주민들은 정부를 믿고 해산하였으나, 이후 정부는 이들을 진압하기 위해 관군을 다시 보냈다.

① 만적의 난
② 김보당의 난
③ 조위총의 난
④ 망이·망소이의 난
⑤ 김사미와 효심의 난

학교 시험에 잘 나오는 **서 술 형** 문제

1 다음을 읽고 물음에 답하시오.

> 고려 전기에는 지방 호족과 신라 6두품 출신의 유학자가 정계에 진출하여 지배층을 이루었다. 이들 중 여러 세대에 걸쳐 고위 관리를 배출한 가문은 (㉠)을/를 형성하였다.

(1) ㉠에 들어갈 세력을 쓰시오.

_____

(2) (1) 세력의 정치적 기반을 <u>두 가지</u> 서술하시오.

_____

_____

_____

2 다음에서 설명하는 사건을 쓰고, 이 사건의 배경을 <u>두 가지</u> 서술하시오.

> 1170년 정중부, 이의방 등은 정변을 일으켜 문신을 제거하고 의종을 폐위하였다.

_____

_____

_____

3 다음 사건의 역사적 의의를 서술하시오.

> 노비 만적 등 여섯 명이 노비들을 불러 모아 말하기를 "무신 정변 이후에 높은 관직을 얻은 천한 노비가 많이 나왔으니 어찌 장군과 재상이 타고나는 것이겠는가? 때가 오면 누구나 차지할 수 있다. ……"라고 하였다. – 『고려사』

_____

_____

_____

03 고려의 대외 관계

●● 고려 전기의 대외 항쟁

1. 동아시아 정세의 변화 자료 ①

(1) 10세기의 동아시아 정세: 고려 성립, 거란의 요 건국, 송의 중국 통일 → 고려, 거란, 송을 중심으로 다원적인 국제 질서 형성

(2) 고려의 정책: 북진 정책 추진 → 거란 견제, 송과 우호 관계 유지

2. 거란의 침입과 격퇴

1차 침입	고려의 거란 배척, 송과 친선 관계 유지 → 거란 장수 소손녕의 침입 (993) → 서희가 외교 담판으로 강동 6주 확보 자료 ②
2차 침입	*강조의 정변을 구실로 침략(1010), 개경 함락 → 양규 등의 활약으로 거란군 격퇴
3차 침입	강감찬이 이끄는 고려군이 귀주에서 거란군 격파(귀주 대첩, 1019) → 북방 민족의 침입에 대비하여 나성(개경)과 천리장성(국경 지역) 축조

3. 여진 정벌과 동북 9성 축조

(1) 고려 초 정세: 여진이 부족 단위로 흩어져 살면서 고려를 부모의 나라로 섬김 → 고려가 여진 부족 추장에게 관직을 주고 회유함

(2) 고려의 여진 정벌

배경	12세기 완옌부의 여진 통일, 세력 확대 → 고려의 국경 침략
과정	윤관의 *별무반 편성 → 예종 때 별무반을 이끌고 여진 정벌 → 동북 지방에 9성(동북 9성)을 쌓아 고려의 영토로 삼음(1107)
결과	여진의 요청과 방어의 어려움으로 여진에게 9성 반환

(3) 군신 관계 체결: 여진이 금 건국(1115) 후 거란(요)을 멸망시킴 → 고려에 사대 관계 요구 → 이자겸의 수락(1126)

●● 고려 전기의 대외 교류 자료 ③

1. 송과의 교류 가장 활발하게 교류, 주로 바닷길 이용

(1) 목적: 고려의 문화적·경제적 실리 추구(송의 선진 문물 수용), 송의 정치적·군사적 목적(거란과 여진 등 주변 민족 견제)

(2) 내용: 송에 사신·학자 등 파견 → 송의 영향으로 청자 제작, 음악 발달, 비단·서적 등 귀족의 수요품 수입, 나전 칠기·종이 등 수출

2. 여러 나라와의 교류

거란	거란의 침입을 물리친 뒤 고려가 거란에 정기적으로 사신 파견 → 은·모피 등 수입, 농기구·곡식 등 수출, 거란에서 들어온 대장경은 고려의 대장경 편찬에 기여함
여진	말·화살 등 수입, 식량·농기구 등 생활필수품 수출
일본	수은·향료 등 수입, 식량·인삼·서적 등 수출
아라비아	벽란도를 통해 교류(수은·향료·산호 등 수입, 비단·금 등 수출) → 고려가 '코리아'라는 이름으로 서방 세계에 알려짐

생생 자료

자료 ① 10~12세기 동아시아 정세

10세기 고려는 북진 정책을 추진하여 거란을 견제하고 송과 우호 관계를 맺었다. 송도 거란을 견제하기 위해 고려와 친선을 꾀하였다. 한편 12세기 무렵 여진은 동아시아의 강자로 떠올랐다.

자료 ② 서희의 외교 담판과 강동 6주

> 서희의 외교 담판으로 고려 영토가 압록강까지 확대되었어.

서희는 거란 장수 소손녕과 외교 담판을 벌여 송과의 관계를 끊고 거란과 교류할 것을 약속해 강동 6주를 고려의 영토로 인정받았다. 서술형 단골 서희의 외교 담판의 결과를 묻는 문제가 자주 출제돼.

자료 ③ 고려 전기의 대외 교류

> 개경 근처 예성강에 자리 잡은 벽란도에서는 국가의 공식 무역뿐만 아니라 상인들 사이의 사무역도 활발하게 이루어졌어.

고려는 건국 초기부터 여러 나라와 교류하며 개방적인 대외 정책을 펼쳤다. 이 시기 벽란도는 아라비아 상인까지 왕래하며 국제 무역항으로 번성하였다.

쏙쏙 용어

★ **강조의 정변(1009)** 강조가 목종을 몰아내고 현종을 즉위시킨 사건

★ **별무반** 숙종 때 윤관의 건의에 따라 여진을 정벌하기 위해 편성된 특별 부대이다. 기병 부대인 신기군을 중심으로 보병인 신보군과 승려들로 구성된 항마군으로 편성하였다.

대표 자료 확인하기

◆ 서희의 외교 담판과 강동 6주

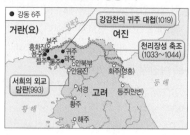

(①)는 거란의 소손녕과 담판을 벌여 거란과 외교 관계를 맺고 (②)를 고려의 영토로 인정받았다.

◆ 고려 전기의 대외 교류

고려는 건국 초기부터 주변 국가와 활발하게 교류하였다. 특히 (③)과의 교류가 활발하였는데, 주로 바닷길을 이용하여 교류하였다.

한눈에 정리하기

◆ 고려 전기의 대외 항쟁

거란의 침입과 고려의 대응	• 1차 침입: 서희의 외교 담판 • 2차 침입: 양규 등의 활약 • 3차 침입: 강감찬의 (①)
여진 정벌과 동북 9성 축조	• 여진의 성장: 12세기 완옌부의 여진 통일·고려와 충돌 → (②)의 별무반 편성·여진 정벌 → 동북 9성 축조 • 군신 관계 체결: 여진의 금 건국, 고려에 사대 요구 → (③)이 금의 사대 요구를 수용함

◆ 고려 전기의 대외 교류

송	가장 활발하게 교류(고려의 문화적·경제적 실리 추구, 송의 정치적·군사적 목적)
아라비아 상인	벽란도를 통해 교류, 수은·향료 등 수입, 비단·금 등 수출
기타	거란, 여진, 일본 상인 등과 교류

---

1 10세기 동아시아는 고려, ( ), 송을 중심으로 다원적인 국제 질서가 형성되었다.

2 다음 거란의 침입과 고려의 대응을 옳게 연결하시오.

(1) 1차 침입 •　　　　　• ㉠ 양규의 활약

(2) 2차 침입 •　　　　　• ㉡ 서희의 외교 담판

(3) 3차 침입 •　　　　　• ㉢ 강감찬의 귀주 대첩

3 다음 설명이 맞으면 ○표, 틀리면 ✕표를 하시오.

(1) 일본에서 들여온 대장경은 고려의 대장경 편찬에 도움을 주었다. ( )

(2) 고려는 귀주 대첩 이후 거란, 여진 등 북방 민족의 침입에 대비하여 나성과 천리장성을 쌓았다. ( )

(3) 거란이 강조의 정변을 구실로 고려를 침략하였으나, 고려는 강감찬의 활약으로 거란을 격퇴하였다. ( )

4 (가)~(라)를 일어난 순서대로 나열하시오.

(가) 동북 9성 축조	(나) 여진의 금 건국
(다) 금과 사대 관계 체결	(라) 완옌부의 여진족 통일

5 다음에서 설명하는 나라를 〈보기〉에서 골라 기호를 쓰시오.

보기
ㄱ. 송　　　　ㄴ. 거란　　　　ㄷ. 여진

(1) 고려와 가장 활발하게 교류하였다. ( )

(2) 윤관이 별무반을 이끌고 정벌하였다. ( )

(3) 고려가 세 차례의 전쟁 이후 정기적으로 사신을 파견하였다. ( )

6 다음 괄호 안의 내용 중 알맞은 말에 ○표를 하시오.

고려는 예성강 하구의 국제 무역항인 (벽란도, 울산항)을/를 통해 주변 국가와 활발하게 교류하였다. 또한 (일본, 아라비아) 상인과도 활발히 교역하였으며, 이들을 통해 고려가 '코리아'라는 이름으로 서방 세계에 알려지게 되었다.

01 10세기 동아시아의 정세로 옳지 <u>않은</u> 것은?

① 거란이 요를 건국하였다.
② 송이 중국을 통일하였다.
③ 고려가 북진 정책을 추진하였다.
④ 완옌부가 여진의 부족을 통합하였다.
⑤ 송은 거란을 견제하기 위해 고려와 친선 관계를 맺었다.

02 다음 대화가 이루어진 시기를 연표에서 옳게 고른 것은?

고려는 신라를 계승하였으므로 고구려의 옛 땅은 우리 거란의 것이다. 그런데 어째서 침범하는가?

아니다. 우리가 바로 고구려의 후계자이다. 그러므로 나라 이름을 고려라 한 것이다.

소손녕 / 서희

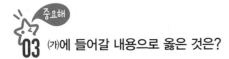

918		936		1009		1135		1170		1198
	(가)		(나)		(다)		(라)		(마)	
고려 건국		후삼국 통일		강조의 정변		묘청의 난		무신 정변		만적의 난

① (가)　② (나)　③ (다)　④ (라)　⑤ (마)

중요해
03 (가)에 들어갈 내용으로 옳은 것은?

> 학습 주제: 거란의 침략과 고려의 대응
> – 1차 침입: 서희가 외교 담판으로 강동 6주를 확보함
> – 2차 침입: 양규 등의 활약으로 거란군을 격파함
> – 3차 침입: _____ (가)

① 2군 6위를 편성함
② 장보고가 청해진을 설치함
③ 최승로가 시무 28조를 건의함
④ 강감찬이 귀주 대첩에서 승리함
⑤ 을지문덕이 살수에서 적군을 물리침

04 ㉠, ㉡에 들어갈 내용을 옳게 연결한 것은?

> 윤관은 숙종 때 여진을 정벌하기 위하여 특수 부대인 (㉠) 편성을 건의하였다. 이후 예종 때 여진 정벌에 나서서 (㉡)을 쌓고 고려의 영토로 삼았다. 그러나 고려는 여진이 이 땅을 돌려달라고 요구하고, 방어가 어렵다는 이유로 여진에 돌려주었다.

	㉠	㉡		㉠	㉡
①	별무반	동북 9성	②	별무반	천리장성
③	야별초	동북 9성	④	야별초	천리장성
⑤	주현군	천리장성			

05 밑줄 친 '이 민족'에 대한 설명으로 옳은 것을 〈보기〉에서 고른 것은?

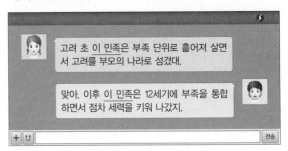

고려 초 이 민족은 부족 단위로 흩어져 살면서 고려를 부모의 나라로 섬겼대.

맞아. 이후 이 민족은 12세기에 부족을 통합하면서 점차 세력을 키워 나갔지.

> ┤ 보기 ├
> ㄱ. 태조에게 왕씨 성을 받았다.
> ㄴ. 강조의 정변을 구실로 고려를 침략하였다.
> ㄷ. 금을 건국하고 고려에 사대 관계를 요구하였다.
> ㄹ. 고려에서 식량과 농기구 등 생활필수품을 받아 갔다.

① ㄱ, ㄴ　② ㄱ, ㄷ　③ ㄴ, ㄷ
④ ㄴ, ㄹ　⑤ ㄷ, ㄹ

06 (가)~(라)를 일어난 순서대로 나열한 것은?

> (가) 고려군이 귀주에서 거란군을 물리쳤다.
> (나) 고려는 국경 지역에 천리장성을 쌓았다.
> (다) 서희가 거란 장수와 외교 담판을 벌였다.
> (라) 강조가 목종을 몰아내고 현종을 즉위시켰다.

① (가) – (나) – (다) – (라)　② (가) – (다) – (나) – (라)
③ (나) – (라) – (가) – (다)　④ (다) – (나) – (가) – (라)
⑤ (다) – (라) – (가) – (나)

07 고려와 송의 교류에 대한 설명으로 옳은 것을 〈보기〉
에서 고른 것은?

┤보기├
ㄱ. 고려는 송으로부터 은, 모피 등을 주로 수입하였다.
ㄴ. 송은 거란과 여진을 견제하기 위해 고려와 교류하
였다.
ㄷ. 고려는 세 차례의 전쟁 이후 송에 정기적으로 사신
을 파견하였다.
ㄹ. 고려는 송의 선진 문물을 수입하여 경제적·문화적
실리를 추구하였다.

① ㄱ, ㄴ   ② ㄱ, ㄷ   ③ ㄴ, ㄷ
④ ㄴ, ㄹ   ⑤ ㄷ, ㄹ

08 ㉠에 들어갈 무역항으로 옳은 것은?

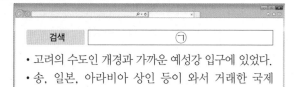

• 고려의 수도인 개경과 가까운 예성강 입구에 있었다.
• 송, 일본, 아라비아 상인 등이 와서 거래한 국제
무역항이다.

① 기벌포   ② 당항성   ③ 벽란도
④ 울산항   ⑤ 청해진

이 문제에서 나올 수 있는 선택지는 다~!

09 고려 전기의 대외 교류에 대한 설명으로 옳지 않은
것은?

① 일본과의 교류가 가장 활발하였다.
② 고려와 송은 주로 바닷길을 이용하여 교류하였다.
③ 벽란도에서는 상인들 사이의 사무역도 이루어졌다.
④ 여러 나라와 교류하며 개방적인 대외 정책을 펼쳤다.
⑤ 거란에서 들여온 대장경은 고려의 대장경 편찬에
도움을 주었다.
⑥ 아라비아 상인에 의해 고려가 코리아라는 이름으로
서방 세계에 알려졌다.

1 지도를 보고 물음에 답하시오.

(1) (가)의 명칭을 쓰시오.

_____

(2) (1)을 획득하게 된 배경과 그 결과를 서술하시오.

_____

_____

_____

2 지도를 보고 물음에 답하시오.

(1) (가)에 해당하는 나라를 쓰시오.

_____

(2) (1) 나라와 고려가 교류한 목적을 두 나라의 측면
에서 각각 서술하시오.

_____

_____

_____

04 몽골의 간섭과 고려의 개혁

●● 몽골의 침략과 극복

1. 몽골과의 전쟁 자료 ①

(1) **몽골과의 접촉**: 13세기 초 중국에서 금 쇠퇴·몽골이 세력 확대 → 거란 인이 고려에 침입 → 몽골과 고려가 연합하여 거란 격퇴 → 고려와 몽골의 국교 수립

(2) **몽골의 1차 침입**

배경	몽골이 고려에 많은 공물 요구로 갈등 심화, 몽골 사신 저고여 피살
과정	몽골의 1차 침입(1231) → 귀주성 전투(박서의 활약), 충주성 전투(관노비들의 활약) → 많은 성 함락, 고려의 방어군 패배 → 최씨 정권이 몽골과 강화 체결 → 몽골군이 고려에 *다루가치를 두고 철수

(3) **몽골의 2차 침입**: 몽골의 내정 간섭 심화 → 최씨 정권의 강화도 천도(장기 항전 준비) → 몽골의 2차 침입(1232) → 고려가 처인성 전투에서 승리(김윤후의 활약)

(4) **팔만대장경 제작**: 고려 정부가 민심을 모으고, 불교의 힘으로 몽골을 물리치기 위해 제작

(5) **전쟁의 피해**: 국토 황폐화, 많은 백성이 죽거나 포로로 끌려감, 문화재 소실(대구 부인사의 대장경 판목, 황룡사 9층 목탑 등)

2. 몽골과의 강화

배경	몽골의 강화 제안, 고려에서 강화 여론이 높아짐 → 최씨 정권의 항전 주장 → 무신들이 최씨 정권을 무너뜨리고 몽골과 강화 추진
과정	고려 태자와 쿠빌라이의 강화 체결(1259) → 몽골의 내정 간섭 → 내분으로 무신 정권 붕괴 → 고려 정부의 개경 환도(1270)

3. 삼별초의 대몽 항쟁(1270~1273)
개경 환도에 반대하며 강화도에서 봉기 → 진도를 근거지로 삼아 남해안 일대 장악 → 고려와 몽골 연합군에게 진압됨 자료 ②

●● 원의 내정 간섭과 공민왕의 개혁 정치

1. 원의 간섭

(1) **원의 내정 간섭**

① **고려 국왕을 통한 간접 지배**: 고려의 국왕이 원의 공주와 혼인, 고려의 왕자들은 원에서 성장하며 교육을 받음

② **정동행성 설치**: 일본 원정을 목적으로 설치 → 원정 이후에도 고려의 내정 간섭 기구로 존속

③ **관제·왕실 용어 격하**: 제후국 수준으로 격이 낮아짐 → 고려 국왕이 '충(忠)' 자가 붙은 시호를 받음, '폐하'를 '전하'로·'태자'를 '세자'로 고침

(2) **원의 고려 영토 지배**: 쌍성총관부(철령 이북), 동녕부(서경), 탐라총관부(제주도) 설치 → 고려 영토 일부를 직접 지배

(3) **원의 조공 요구**: 금·인삼·매 등의 특산물과 환관, *공녀 등 요구

(4) **고려와 원의 문화 교류**: 고려에서 *몽골풍 유행, 원에 *고려양이 전해짐

자료 ① 몽골의 침입과 고려의 항쟁

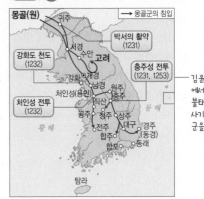

김윤후는 충주성에서 노비 문서를 불태워 노비들의 사기를 높여 몽골군을 격퇴하였어

고려는 약 40년에 걸쳐 몽골과 전쟁을 벌였다. 고려 백성들은 몽골군에 끈질기게 저항하였으며 특히 사회적으로 차별받던 부곡·소의 주민들과 노비들이 크게 활약하였다. 몽골의 1차 침입 때 귀주성에서는 박서와 백성이 저항하여 몽골군을 물리쳤다. 몽골의 2차 침입 때에는 처인성에서 김윤후가 처인 부곡민을 이끌고 몽골군 총사령관 살리타를 사살하였다.

자료 ② 삼별초의 대몽 항쟁

↑ 삼별초의 이동 경로

몽골과의 강화가 성립되어 고려 정부가 개경 환도를 결정하자 무신 정권의 군사적 기반이었던 삼별초는 이에 반대하며 봉기하였다. 삼별초는 강화도에서 진도로 옮겨 남해안 일대를 장악하였다. 그러나 고려와 몽골 연합군의 공격으로 진도가 함락되었고, 남은 세력이 제주도로 옮겨 가 항쟁을 계속하였지만 결국 진압되었다.

쏙쏙 용어

* **다루가치** 원이 고려 내정을 간섭하고자 고려에 파견한 관리
* **공녀** 원의 요구로 보내진 고려의 여성으로, 고려에서는 딸을 공녀로 보내지 않기 위해 조혼의 풍습이 생겼다.
* **몽골풍·고려양** 원 간섭기에 고려에서는 변발, 몽골식 복장과 음식 등 몽골풍이 유행하였고, 원에는 고려의 의복과 음식 등 고려양이 전해졌다.

2. 권문세족의 성장

(1) **형성**: 잦은 국왕 교체로 왕권 약화, 국가의 위상이 낮아짐 → 권문세족이 새로운 지배 세력 형성

(2) **출신**: 기존의 지배 세력, 원과 관련된 업무 종사자(응방의 관리, 몽골어 통역관 등), 원의 지배층과 혼인한 세력 등

(3) **특징**: 친원적 성향, 음서로 고위 관직 독점, 다른 사람의 토지를 빼앗고 백성을 노비로 만들어 대농장 경영(→ 국가 재정 악화)

3. 공민왕의 개혁 정치 [서술형 단골] 공민왕의 개혁 내용을 묻는 문제가 자주 출제돼.

(1) **공민왕 이전의 개혁**: 충선왕, 충목왕 등이 개혁 시도 → 실패

(2) **공민왕의 개혁**: 14세기 중엽(원의 세력 약화 이용)

반원 정책 [자료 3]	기철을 비롯한 친원 세력 제거, 정동행성이문소 폐지, 쌍성총관부 공격(→ 철령 이북의 땅 회복), 고려 왕실의 호칭과 관청의 옛 제도 복구, 원의 풍습(몽골풍) 금지
내정 개혁	• 전민변정도감 설치(신돈 등용): 권문세족이 빼앗은 토지와 노비를 원래 주인에게 돌려줌, 억울하게 노비가 된 자를 양인으로 해방 • 정방 폐지: 인사권 장악 • 인재 육성: 성균관 개편(이색 주도) → 유학 교육 강화

(3) **결과**: 권문세족의 반발, 개혁 추진 세력 미약 → 신돈이 제거되고 공민왕이 시해당하여 개혁 중단

(4) **영향**: 고려의 자주성 회복, 개혁 과정에서 신진 사대부 등 새로운 정치 세력이 성장하는 기반 마련

●● 새로운 정치 세력의 성장과 고려의 멸망

1. 신진 사대부와 신흥 무인 세력의 성장

(1) **신진 사대부**

① **출신**: 지방 향리·하급 관리의 자제, 일부는 권문세족 출신

② **특징**: 성리학을 바탕으로 도덕과 명분 중시, 과거를 통해 관직 진출

③ **성장**: 공민왕의 개혁 추진 과정에서 성장 → 권문세족의 비리와 불교의 폐단 비판, 원과 명이 교체되던 시기에 명과의 화친 주장

(2) **신흥 무인 세력**: *홍건적과 왜구의 격퇴 과정에서 성장 [자료 4]

2. 위화도 회군과 고려의 멸망

위화도 회군 [자료 5]	• **배경**: 명의 무리한 공물 요구, 옛 쌍성총관부 영토 요구 → 우왕과 최영의 요동 정벌 추진 • **전개**: 이성계의 요동 정벌 반대 → 우왕의 명령으로 이성계 출정 → 이성계가 위화도에서 군대를 돌려 개경 장악 • **결과**: 이성계가 우왕과 최영을 몰아내고 정치·군사의 실권 장악
고려의 멸망	• **신진 사대부 분열**: 급진파(정도전·조준 등, 새 왕조 수립 주장), 온건파(이색·정몽주 등, 고려 전기의 제도 회복 주장) • **멸망 과정**: 이성계와 급진파 사대부의 개혁 추진(*과전법 실시, 정몽주 등 온건파 사대부 제거) → 공양왕이 이성계에게 왕위를 내어 줌 → 고려 멸망, 조선 건국(1392)

대표 자료 확인하기

◆ 몽골의 침입과 고려의 항쟁

몽골의 1차 침입 때 (①   )에서 박서, 충주성에서 관노비들이 활약하였다. 몽골의 2차 침입 때에는 승려 (②   )가 처인 부곡민을 이끌고 몽골군 총사령관 살리타를 사살하였다.

한눈에 정리하기

◆ 몽골의 침략과 극복

몽골의 침략	• 1차 침입: 몽골 사신 저고여 피살을 구실로 침입(1231) → 귀주성·충주성 전투 → 최씨 정권이 몽골과 강화 체결 • 2차 침입: 최씨 정권의 강화도 천도 → 몽골의 2차 침입(1232) → 처인성 전투 승리
몽골과의 강화	무신 정권 붕괴 → 몽골과의 강화(1259) → 고려 정부의 개경 환도(1270) → 삼별초의 항쟁

◆ 원의 간섭과 공민왕의 개혁

원의 간섭	• 내정 간섭: 고려 국왕을 통한 간접 지배, 정동행성 설치, 관제와 왕실 용어 격하 • 영토 상실: 쌍성총관부, 동녕부, 탐라총관부 설치 • 조공 요구: 특산물과 환관, 공녀 등 요구
공민왕의 개혁 정치	• 반원 정책: 친원 세력 제거, (①)를 공격하여 철령 이북의 땅 회복 등 • 내정 개혁: 전민변정도감 설치 등

◆ 새로운 정치 세력의 성장과 고려의 멸망

새로운 정치 세력의 성장	• (②): 성리학을 학문적 바탕으로 도덕과 명분 중시, 과거를 통해 관직 진출 • 신흥 무인 세력: 홍건적과 왜구 격퇴 과정에서 성장
고려의 멸망	• (③)(1388): 이성계가 위화도에서 군대를 돌려 개경 장악 • 고려의 멸망(1392): 이성계가 급진파 사대부와 손잡고 조선 건국

꼼꼼 개념 문제

1 다음 빈칸에 들어갈 내용을 쓰시오.

(1) 고려는 몽골의 침입에 대항하기 위해 (   )로 수도를 옮겼다.

(2) 원이 일본 원정을 위해 설치한 (   )은 고려 말까지 남아 고려의 내정 간섭에 이용되었다.

(3) 공민왕은 (   )을 설치하여 권문세족이 불법으로 빼앗은 토지를 원래 주인에게 돌려주고 강제로 노비가 된 사람들을 해방하였다.

2 다음 설명이 맞으면 ○표, 틀리면 ✕표를 하시오.

(1) 고려의 충렬왕은 쌍성총관부를 공격하여 철령 이북의 땅을 되찾았다. (   )

(2) 몽골의 침입으로 황룡사 9층 목탑, 대장경 판목 등 많은 문화유산이 소실되었다. (   )

(3) 고려 말 홍건적과 왜구를 격퇴하는 과정에서 최영, 이성계 등의 신흥 무인 세력이 성장하였다. (   )

3 다음에서 설명하는 인물을 〈보기〉에서 골라 기호를 쓰시오.

┤ 보기 ├
ㄱ. 박서 ㄴ. 이색 ㄷ. 이성계

(1) 위화도에서 회군하여 정권을 장악하였다. (   )

(2) 몽골의 1차 침입 때 귀주성에서 활약하였다. (   )

(3) 성균관을 개편하여 유학 교육 강화에 기여하였다. (   )

4 원이 고려의 영토에 설치한 기구와 지역을 옳게 연결하시오.

(1) 동녕부 •　　　　　　　• ㉠ 서경

(2) 쌍성총관부 •　　　　　　　• ㉡ 제주

(3) 탐라총관부 •　　　　　　　• ㉢ 철령 이북

5 다음 괄호 안의 내용 중 알맞은 말에 ○표를 하시오.

(1) (권문세족, 신진 사대부)은/는 주로 과거를 통해 관직에 진출하였다.

(2) 원 간섭기에 고려 지배층을 중심으로 변발, 몽골식 복장과 음식 등 (고려양, 몽골풍)이 유행하였다.

6 무신 정권의 군사적 기반이었던 (   )는 고려 정부의 개경 환도에 반대하며 봉기하였다.

01 (가)에 들어갈 내용으로 가장 적절한 것은?

> • 선생님: 몽골의 1차 침입 전 고려와 몽골의 관계가 악화된 이유에 대해 발표해 볼까요?
> • 학생: 그 이유는 _____ (가) _____ 때문입니다.

① 강조의 정변이 발생하였기
② 몽골 사신 저고여가 피살되었기
③ 고려의 무신들이 정변을 일으켰기
④ 고려 정부가 개경으로 도읍을 옮겼기
⑤ 몽골군 총사령관 살리타가 사살되었기

이 문제에서 나올 수 있는 선택지는 다~!

02 몽골과 고려의 전쟁에 대한 설명으로 옳지 않은 것은?

① 박서가 귀주성에서 몽골의 침입을 물리쳤다.
② 적의 기병에 대항하기 위해 별무반이 편성되었다.
③ 관노비들의 활약으로 충주성 전투에서 승리하였다.
④ 몽골의 침입으로 많은 백성이 죽거나 몽골에 포로로 끌려갔다.
⑤ 몽골의 침략에 맞서기 위해 최씨 정권은 수도를 강화도로 옮겼다.
⑥ 사회적으로 차별받던 부곡·소의 주민들과 노비들이 크게 활약하였다.

중요해

03 밑줄 친 '이것'에 해당하는 문화유산으로 옳은 것은?

> 최씨 정권은 민심을 모으고 부처의 힘으로 몽골군을 물리치기 위해 이것을 만들었다. 이것을 조성하기 위해 지방 세력과 지식인 등 폭넓은 계층이 참여하였으며, 16년 만에 완성되었다.

① 팔만대장경
② 황룡사 9층 목탑
③ 무구정광대다라니경
④ 부여 정림사지 5층 석탑
⑤ 경주 감은사지 동서 3층 석탑

---

04 ㉠ 인물에 대한 설명으로 옳은 것은?

> (㉠)은/는 1232년 몽골의 침입 때 처인성 전투에서 처인 부곡민과 함께 몽골군 총사령관 살리타를 사살하였다.

① 쓰시마섬 토벌에 앞장섰다.
② 충주성 전투를 승리로 이끌었다.
③ 묘청의 서경 천도 운동을 진압하였다.
④ 이의민을 제거하고 권력을 차지하였다.
⑤ 정지상과 함께 금 정벌을 주장하였다.

중요해

05 다음은 몽골의 침입과 항쟁의 과정에서 있었던 일이다. (가)~(라)를 일어난 순서대로 나열한 것은?

> (가) 고려 정부가 개경으로 돌아왔다.
> (나) 삼별초가 강화도에서 봉기하였다.
> (다) 고려가 충주성 전투에서 승리하였다.
> (라) 고려 태자와 쿠빌라이가 강화를 체결하였다.

① (가) – (나) – (다) – (라)　　② (가) – (다) – (나) – (라)
③ (나) – (라) – (가) – (다)　　④ (다) – (나) – (가) – (라)
⑤ (다) – (라) – (가) – (나)

---

06 다음과 같이 이동하며 대몽 항쟁을 전개한 군사 조직에 대한 설명으로 옳지 않은 것은?

① 개경 환도에 반대하였다.
② 최씨 정권의 군사적 기반이었다.
③ 고려와 몽골의 연합군에게 진압되었다.
④ 신기군, 신보군, 항마군으로 편성되었다.
⑤ 진도를 근거지로 삼아 남해안을 장악하였다.

07 원 간섭기에 있었던 사실로 옳지 <u>않은</u> 것은?

① 원의 황제가 고려를 직접 지배하였다.
② 고려의 관제와 왕실 용어가 격하되었다.
③ 고려에서 변발, 몽골식 음식 등이 유행하였다.
④ 고려는 원에 조공으로 금, 인삼 등 특산물을 보냈다.
⑤ 고려의 국왕은 원 황제로부터 충(忠) 자가 붙은 시호를 받았다.

[08~09] 다음을 읽고 물음에 답하시오.

> 원 간섭기 고려에서는 원에 기대어 권력을 누리는 (㉠)이/가 새로운 지배 세력으로 성장하였다. 이들 중에는 전부터 세력을 유지한 가문도 있었지만, 몽골어 통역관으로 종사하거나 원의 지배층과 혼인하여 성장한 측근 세력도 있었다.

08 ㉠에 들어갈 정치 세력으로 옳은 것은?

① 호족   ② 문벌
③ 권문세족   ④ 신진 사대부
⑤ 신흥 무인 세력

09 중요해 ㉠ 세력의 특징으로 옳은 것을 〈보기〉에서 고른 것은?

┤ 보기 ├
ㄱ. 성리학을 학문적 바탕으로 삼았다.
ㄴ. 주로 음서를 통해 관직에 진출하였다.
ㄷ. 백성의 토지를 빼앗아 대농장을 경영하였다.
ㄹ. 당에서 유학한 후 유교 사상을 바탕으로 한 개혁을 주장하였다.

① ㄱ, ㄴ   ② ㄱ, ㄷ   ③ ㄴ, ㄷ
④ ㄴ, ㄹ   ⑤ ㄷ, ㄹ

이 문제에서 나올 수 있는 선택지는 다~!

10 ㉠에 들어갈 왕의 업적으로 옳지 <u>않은</u> 것은?

지도는 반원 정책을 시행한 (㉠)이/가 되찾은 지역을 보여 주고 있어.

맞아. (㉠)은/는 친원 세력을 제거하고, 고려의 내정을 간섭하는 핵심 기구인 정동행성이문소를 폐지하였지.

① 원의 풍습을 금지하였다.
② 권문세족의 지지를 받았다.
③ 전민변정도감을 설치하였다.
④ 정방을 폐지하여 인사권을 장악하였다.
⑤ 고려 왕실의 호칭과 관제를 복구하였다.
⑥ 성균관을 개편하여 유학 교육을 강화하였다.

11 밑줄 친 '이들'에 대한 설명으로 옳은 것을 〈보기〉에서 고른 것은?

> 이들은 공민왕의 개혁 과정에서 성장하였고, 점차 독자적인 정치 세력을 형성하여 권문세족의 비리를 비판하였다.

┤ 보기 ├
ㄱ. 과거에 급제하여 관직에 진출하였다.
ㄴ. 충선왕과 충목왕의 개혁을 저지하였다.
ㄷ. 대부분 하급 관리나 지방 향리의 자제였다.
ㄹ. 원과 명이 교체되던 시기에 원과 화친할 것을 주장하였다.

① ㄱ, ㄴ   ② ㄱ, ㄷ   ③ ㄴ, ㄷ
④ ㄴ, ㄹ   ⑤ ㄷ, ㄹ

12 (가)~(라)를 일어난 순서대로 나열한 것은?

> (가) 이성계가 실권을 장악하였다.
> (나) 명이 고려에 철령 이북의 땅을 요구하였다.
> (다) 급진파 사대부가 과전법 실시 등 개혁을 추진하였다.
> (라) 우왕이 최영을 최고 사령관으로 삼아 요동 정벌을 추진하였다.

① (가) - (나) - (다) - (라) ② (가) - (다) - (나) - (라)
③ (나) - (라) - (가) - (다) ④ (다) - (나) - (가) - (라)
⑤ (다) - (라) - (가) - (나)

13 지도를 활용한 탐구 활동으로 가장 적절한 것은?

① 삼별초의 이동 경로를 살펴본다.
② 대몽 항쟁의 전개 과정을 조사한다.
③ 공민왕의 개혁 정치 내용을 정리한다.
④ 무신들의 정권 장악 과정을 분석한다.
⑤ 신흥 무인 세력의 성장 배경을 알아본다.

14 밑줄 친 ㉠에 해당하는 내용으로 옳은 것은?

> 권력을 차지한 직후 이성계는 급진파 사대부와 연계하여 개혁을 추진하였다. 이들은 ㉠ 문란해진 토지 제도를 바로잡아 권문세족의 경제적 기반을 약화하였으며, 왕조 교체에 반대한 정몽주 등을 제거하였다.

① 녹읍 폐지   ② 과전법 시행
③ 관료전 지급   ④ 전시과 실시
⑤ 독서삼품과 마련

학교 시험에 잘 나오는 **서술형** 문제

1 다음을 읽고 물음에 답하시오.

> 원의 간섭을 물리친 뒤 공민왕은 신돈을 책임자로 등용하여 (㉠)을/를 설치하고 내정 개혁을 추진하였다.

(1) ㉠에 들어갈 기구를 쓰시오.
_____

(2) 공민왕이 (1)을 설치한 목적을 두 가지 서술하시오.
_____
_____
_____

2 지도를 보고 물음에 답하시오.

(1) (가)와 관련된 사건을 쓰시오.
_____

(2) (1) 사건으로 나타난 정치적 변화를 서술하시오.
_____
_____
_____

3 밑줄 친 ㉠, ㉡ 세력이 주장한 고려 사회의 개혁 방법을 각각 서술하시오.

> 정권을 잡은 신진 사대부는 고려 사회의 개혁 방법을 둘러싸고 정도전, 조준 등의 ㉠ 급진파와 정몽주 등의 ㉡ 온건파로 분열하였다.

_____
_____
_____
_____

05 고려의 생활과 문화

고려 시대 생활 모습

1. 고려의 가족 제도

(1) **가족과 친족**: 성별·혼인 여부와 관계없이 각자의 혈연이 중심, 아들과 딸·남편과 부인이 평등한 관계 유지

① 제사: 친가와 외가의 상을 애도하는 기간을 동등하게 함, 아들과 딸이 제사 비용 균등 부담

② 음서제: 친손자와 외손자 모두 음서의 혜택을 받음

③ 친족 용어: 부계와 모계를 구분하지 않음

④ 재산 상속: 부부는 각자 자신의 재산 소유, 딸과 아들에게 균등하게 상속 자료①

(2) **여성의 지위**

① 혼인 관계: 일부일처제가 일반적, 대체로 신부 집에서 혼인식을 치르고 자녀를 낳아 키움, 남성과 여성 모두 이혼과 재혼 가능

② 호주 상속: 족보에 친손·외손을 모두 기록, 호적은 남녀 구분 없이 태어난 순서대로 기록, 여성도 호주가 될 수 있음

2. 백성의 풍속

(1) **향도**: 농민들이 불교 신앙을 바탕으로 조직한 대규모 노동 조직

전기	매향 활동, 절·불상·석탑 등을 만들 때 주도적인 역할을 함 자료②
후기	이웃의 상장례를 함께 치르고 친목을 다지는 농민 조직으로 변함

(2) **지방민의 신앙**: 각 지역 출신의 위대한 인물을 수호신으로 섬김

다양한 문화와 사상

1. 불교의 발달 자료③

전기	• 특징: 국가의 지원을 받아 발전, 왕실과 일반 백성도 불교를 믿음 • 태조의 불교 장려: *연등회를 비롯한 불교 행사 개최 당부 • 광종의 제도 정비: *국사와 왕사 제도 정비, 과거제에 승과 설치
중기	의천의 교단 통합 운동: 화엄종을 중심으로 교종 통합, 천태종(해동 천태종)을 창시하여 교종의 입장에서 선종 통합 도모
후기	• 지눌의 불교 개혁 운동: 불교의 세속화를 비판하며 불교 개혁 운동 전개 → 수선사(송광사) 중심, 선종을 중심으로 교종을 포용하여 선종과 교종의 조화를 이루고자 함(선교 일치) • 원 간섭기: 불교의 개혁적 성격 약화 → 권문세족과 연결되어 여러 폐단 발생

2. 도교와 풍수지리설의 유행

도교	고려 시대에 지배층 사이에서 유행, 불로장생과 현세의 복 추구, 왕실에서 도교 행사 성행
풍수지리설	• 특징: 미래의 운명을 예언하는 도참사상과 결합하여 유행 • 영향: 묘청의 서경 천도 운동에 영향

생생 자료

자료① 고려 시대의 재산 상속

> 어머니가 재산을 나누어 주면서 그에게는 따로 노비 40명을 더 주려 하자, 그는 사양하며 "1남 5녀 사이에 어찌 저만 더 받아서 우리 6남매가 골고루 화목하게 살도록 하려는 어머니의 뜻에 누를 끼칠 수가 있겠습니까?"라고 하니, 어머니가 의롭게 여겨 그의 말을 따랐다.
> – 『고려사』

고려 시대에는 성별이나 나이에 상관없이 똑같은 몫을 상속받는 것이 일반적이었다. 한편, 여성은 혼인 후에도 자신의 재산을 가지고 있어 이를 자식에게 상속할 수 있었다.

자료② 고려 시대의 향도

약 4,100명이 함께 모여 내세의 행운을 빌고 백성들의 평안을 기원하며 매향 활동을 한 내용이 새겨져 있어.

← 사천 흥사리 매향비

고려 시대의 향도는 향리를 중심으로 운영되었다. 향도는 매향 활동을 하고 석탑 등을 만들 때 주도적인 역할을 하였다.

자료③ 의천과 지눌

의천은 문종의 넷째 아들로 11세에 승려가 되었어. 그는 경전의 연구와 깨달음을 위한 수행을 함께할 것을 주장하였어.

↑ 대각 국사 의천 ↑ 보조 국사 지눌

의천은 천태종을 창시하여 교종을 중심으로 선종을 통합하고자 하였다. 무신 정변 이후 불교계가 타락하자 지눌은 수선사를 중심으로 불교 개혁 운동을 펼쳤다. **서술형 단골** 의천과 지눌의 활동을 묻는 문제가 자주 출제돼.

쏙쏙 용어

★ **연등회** 석가모니의 탄생일을 기념하여 등불을 켜 공덕을 기리는 행사

★ **국사와 왕사** 최고의 승직으로, 덕이 높아 나라의 왕이나 스승이 될 만한 승려에게 주었다.

3. 유학 교육의 강화와 성리학의 수용

(1) 고려 시대의 유학: 정치나 교육 등에서 유학 사상을 따름

① 과거제 실시: 유교적 소양을 갖춘 인재를 관리로 등용

② 국자감(개경)과 향교(지방) 설치: 유교 경전과 역사서 강의

(2) 유학 교육의 변화: 고려 초(유교 경전에 대한 이해 중시) → 고려 중기 (최충의 9재 학당 설립 → 사학 번성, 관학 쇠퇴) → 무신 집권기(유학 교육 위축)

(3) *성리학의 수용: 안향이 원으로부터 도입, 신진 사대부가 개혁 사상으로 수용, 불교의 폐단 비판 → 성리학이 지도 이념으로 자리 잡음

4. 역사서의 편찬 [자료 4]

전기	• 『삼국사』, 『7대 실록』 등 편찬(현재 전하지 않음) • 김부식의 『삼국사기』: 유교적 합리주의 사관, 신라 계승 의식 반영
후기	이규보의 「동명왕편」(고려의 고구려 계승 의식 반영), 일연의 『삼국유사』(최초로 단군의 건국 이야기 수록), 이승휴의 『제왕운기』(단군 조선을 우리 역사상 최초의 국가로 기록), 이제현의 『사략』(성리학 수용 후 정통 의식과 대의명분을 강조하는 사관 반영)

●● 문화와 예술의 발달

1. 불교 예술의 발달 [자료 5]

불상	대형 철불(하남 하사창동 철조 석가여래 좌상), 대형 석불(논산 관촉사 석조 미륵보살 입상), 통일 신라의 불상 양식을 계승한 불상 (영주 부석사 소조 아미타여래 좌상) 등 건립
석탑	다각 다층탑 유행(평창 월정사 8각 9층 석탑), 원의 영향을 받은 석탑 제작(개성 경천사지 10층 석탑), 승탑 제작(원주 법천사지 지광국사탑)
불교 건축	배흘림기둥과 *주심포 양식을 갖춘 사찰 건축(안동 봉정사 극락전, 영주 부석사 무량수전, 예산 수덕사 대웅전 등), 원의 영향을 받은 *다포 양식의 사찰 건축(황해도 황주 성불사 응진전 등)

2. 문화의 발달

회화	원 화풍의 영향(「천산대렵도」), 지배층의 평안과 극락왕생을 기원하는 불화 제작(아미타불도, 관음보살도, 「양류관음도」 등)
공예	• 고려청자: 11세기 비색의 순청자 발달 → 12세기 *상감법 사용(상감 청자 유행) → 고려 말 분청사기 제작 [자료 6] • 금속 공예(입사 기법)와 목공예(나전 칠기 공예) 발달
글씨	구양순체 유행(군세고 힘찬 글씨체), 탄연의 글씨가 뛰어남
음악	궁중 음악인 아악(송 대성악의 영향), 속악(향악) 발달

3. 인쇄술의 발달

(1) 목판 인쇄술: 초조대장경 목판, *팔만대장경 제작

(2) 금속 활자 인쇄술: 세계 최초로 금속 활자 발명 → 『상정고금예문』(전하지 않음, 1234), 『직지』(현존하는 세계에서 가장 오래된 금속 활자본, 1377) 간행

대표 자료 확인하기

◆ 고려 시대 불교의 발달

↑ 대각 국사(①)

↑ 보조 국사(②)

고려 중기에 (①)은 천태종을 창시하여 교종의 입장에서 선종을 통합하려 하였다. 무신 집권기에 불교계가 타락하자 (②)은 수선사를 중심으로 불교 개혁 운동을 펼쳤다.

한눈에 정리하기

◆ 고려 시대 생활 모습

가족·친족 관계	• 제사: 아들과 딸이 제사 비용 균등 부담 • 친족 용어: 부계와 모계를 구분하지 않음 • 재산 상속: 딸과 아들에게 균등하게 상속
여성의 지위	여성도 호주가 될 수 있음, 남성과 여성 모두 이혼과 재혼 가능

◆ 종교와 학문의 발달

불교	• 의천: 교단 통합 운동 전개(천태종 창시) • 지눌: 불교 개혁 운동 전개(수선사 중심, 선교 일치 주장)
유학	• 교육: 과거제 실시, 국자감과 향교 설치 • 성리학의 수용: 안향이 원으로부터 도입, 신진 사대부가 개혁 사상으로 수용
역사서	• 『삼국사기』: (①) 편찬, 신라 계승 의식 반영 • 「동명왕편」: 이규보 편찬, 고구려 계승 의식 반영 • (②): 일연 편찬, 최초로 단군의 건국 이야기 기록 • 『제왕운기』: 이승휴 편찬, 단군 조선을 우리 역사상 최초의 국가로 기록

◆ 문화와 예술의 발달

예술	• 불교 예술: 불상(대형 철불, 대형 석불 제작), 석탑(다각 다층탑 유행), 사찰(주심포 양식, 다포 양식 유행) 등 발달 • 공예: 고려청자 제작(순청자, 상감 청자, 분청사기), 금속 공예와 목공예 발달
인쇄술	• 목판 인쇄술: 초조대장경 목판과 팔만대장경 제작 • 금속 활자 인쇄술: (③) 간행(현존하는 가장 오래된 금속 활자본)

꼼꼼 개념 문제

1 다음 설명이 맞으면 ○표, 틀리면 ×표를 하시오.

(1) 고려의 여성은 호주가 될 수 없었다. ( )

(2) 고려의 혼인 형태는 일부일처제가 일반적이었다. ( )

(3) 고려 시대에는 아들과 딸, 남편과 부인이 평등한 관계를 유지하였다. ( )

2 다음 빈칸에 들어갈 내용을 쓰시오.

(1) 고려 중기에는 ( )의 9재 학당 등이 설립되어 사학이 번성하였다.

(2) ( )은 인간의 심성과 우주의 원리를 철학적으로 탐구하는 학문이다.

(3) 고려 후기에는 개성 경천사지 10층 석탑처럼 ( )의 영향을 받은 석탑이 제작되었다.

3 향리를 중심으로 운영된 ( )는 농민들이 불교를 바탕으로 조직한 대규모 노동 조직이다.

4 다음 괄호 안의 내용 중 알맞은 말에 ○표를 하시오.

(1) 고려는 정치와 교육 등에서 대부분 (불교, 유학)을/를 따랐다.

(2) 이제현이 저술한 (사략, 7대 실록)은 정통 의식과 대의명분을 강조하는 사관이 반영되었다.

5 다음에서 설명하는 역사서를 〈보기〉에서 골라 기호를 쓰시오.

┌ 보기 ┐
ㄱ. 동명왕편   ㄴ. 삼국사기
ㄷ. 삼국유사   ㄹ. 제왕운기
└─────────────────┘

(1) 고려가 고구려를 계승하였다는 의식이 담겨 있다. ( )

(2) 단군 조선을 우리 역사상 최초의 국가로 기록하였다. ( )

(3) 현존하는 가장 오래된 역사서로 김부식이 편찬하였다. ( )

(4) 고대의 설화와 전설을 수록하였고 단군의 건국 이야기를 처음으로 기록하였다. ( )

6 고려는 초기에 당, 송의 기술을 받아들여 청자를 제작하였으나 점차 독자적인 상감법을 개발하여 12세기 이후에는 ( )를 만들었다.

시험 문제

이 문제에서 나올 수 있는 선택지는 다~!

01 다음 상황이 나타난 시기의 가족 관계에 대한 설명으로 옳지 <u>않은</u> 것은?

> 어머니가 재산을 나누어 주면서 그에게는 따로 노비 40명을 더 주려 하자, 그는 사양하며 "1남 5녀 사이에 어찌 저만 더 받아서 우리 6남매가 골고루 화목하게 살도록 하려는 어머니의 뜻에 누를 끼칠 수가 있겠습니까?"라고 하니, 어머니가 의롭게 여겨 그의 말을 따랐다.
> − 「고려사」

① 일부일처제가 일반적이었다.
② 이혼과 재혼에 제약이 없었다.
③ 외손자도 음서의 대상이 되었다.
④ 친족 용어는 부계와 모계를 구분하였다.
⑤ 남편과 부인은 평등한 관계를 유지하였다.
⑥ 재산은 아들과 딸에게 균등하게 상속하였다.

02 ㉠에 들어갈 내용으로 옳은 것은?

> **문화재 소개**
>
> • 소재지: 경남 사천시 곤양면 흥사
> • 설명: (㉠)이/가 매향을 하고 세운 비석으로, 내세의 행운을 빌며 매향 활동을 한 내용이 새겨져 있다.

① 소도   ② 향도   ③ 화랑도
④ 상대등   ⑤ 대막리지

03 고려 시대의 불교에 대한 설명으로 옳은 것을 〈보기〉에서 고른 것은?

> ┤ 보기 ├
> ㄱ. 남송의 주희가 집대성하였다.
> ㄴ. 국가의 지원을 받아 발전하였다.
> ㄷ. 정치와 교육 등에서 대부분 불교를 따랐다.
> ㄹ. 원 간섭기에 권문세족과 연결되어 여러 폐단이 발생하였다.

① ㄱ, ㄴ   ② ㄱ, ㄷ   ③ ㄴ, ㄷ
④ ㄴ, ㄹ   ⑤ ㄷ, ㄹ

중요해
04 (가)에 들어갈 내용으로 가장 적절한 것은?

이 사람은 문종의 넷째 아들로 천태종을 창시하였어.

맞아, 그리고 _____ (가)

① 성리학을 도입하였어.
② 팔만대장경 제작을 추진하였어.
③ 도읍을 서경으로 옮겨야 한다고 주장하였어.
④ 화엄종을 중심으로 교종을 통합하려 하였어.
⑤ 수선사를 중심으로 불교 개혁 운동을 펼쳤어.

05 다음에서 설명하는 사상이나 학문으로 옳은 것은?

> • 미래의 운명을 예언하는 도참사상과 결합하여 성행하였다.
> • 묘청이 서경 천도 운동을 벌이는 데 사상적 기반이 되었다.

① 도교   ② 불교   ③ 선종
④ 성리학   ⑤ 풍수지리설

06 다음 내용을 활용한 보고서 주제로 가장 적절한 것은?

> • 광종이 과거제를 실시하였다.
> • 중앙에 국자감, 지방에 향교를 설치하였다.

① 도교의 유행
② 유학의 장려
③ 불교의 진흥
④ 도참사상의 수용
⑤ 풍수지리설의 확산

⭐ 중요해
07 고려 시대의 성리학에 대한 설명으로 옳은 것을 〈보기〉에서 고른 것은?

┤보기├
ㄱ. 안향이 고려에 처음 소개하였다.
ㄴ. 불로장생과 현세의 복을 추구하였다.
ㄷ. 신진 사대부가 개혁 사상으로 수용하였다.
ㄹ. 원 간섭기에 권문세족과 연결되어 여러 폐단이 발생하였다.

① ㄱ, ㄴ　　② ㄱ, ㄷ　　③ ㄴ, ㄷ
④ ㄴ, ㄹ　　⑤ ㄷ, ㄹ

08 다음 두 역사서의 공통점으로 옳은 것은?

• 삼국유사　　　　• 제왕운기

① 단군에 대해 서술하였다.
② 고구려 계승 의식이 담겨 있다.
③ 현존하는 가장 오래된 역사서이다.
④ 유교의 합리주의 사관에 따라 서술되었다.
⑤ 정통 의식과 대의명분을 강조하는 사관이 반영되었다.

⭐ 중요해
09 고려 시대의 불교 예술에 대한 설명으로 옳지 <u>않은</u> 것은?

① 경천사지 10층 석탑은 원의 영향을 받았다.
② 명의 영향을 받은 다포 양식이 유행하였다.
③ 월정사 8각 9층 석탑과 같은 다각 다층탑이 유행하였다.
④ 영주 부석사의 소조 아미타여래 좌상은 통일 신라의 불상 양식을 계승하였다.
⑤ 고려 전기 호족들은 자신들의 힘을 과시하고자 대규모 석조 불상을 제작하였다.

10 다음 건축물에 대한 설명으로 옳은 것을 〈보기〉에서 고른 것은?

↑영주 부석사 무량수전

┤보기├
ㄱ. 주심포 양식으로 지었다.
ㄴ. 배흘림기둥을 사용하였다.
ㄷ. 원으로부터 전래된 다포 양식의 건축물이다.
ㄹ. 불교에서 추구하는 이상 세계를 표현하였다.

① ㄱ, ㄴ　　② ㄱ, ㄷ　　③ ㄴ, ㄷ
④ ㄴ, ㄹ　　⑤ ㄷ, ㄹ

11 교사의 질문에 대한 학생의 답변으로 적절하지 <u>않은</u> 것은?

이것은 고려에서 제작된 청자입니다. 이 청자에 대해 설명해 볼까요?

① 고려의 상감 청자를 대표하는 작품입니다.
② 고려 말 왜구의 침략으로 생산이 쇠퇴하였습니다.
③ 고려에서 개발된 독자적인 기법이 사용되었습니다.
④ 지배층의 평안과 극락왕생을 기원하는 의도가 담겨 있습니다.
⑤ 그릇 표면을 파내고 다른 색의 흙을 메우는 기법으로 제작되었습니다.

12 고려 시대 예술의 발달에 대해 정리한 내용 중 옳지 <u>않은</u> 것은?

> ㉠ 음악: 아악, 속악 발달
> ㉡ 목공예: 나전 칠기 공예 발달
> ㉢ 고려청자: 11세기 분청사기 제작
> ㉣ 글씨: 굳세고 힘찬 느낌의 구양순체 유행
> ㉤ 회화: 원 화풍의 영향을 받은 천산대렵도 등 발달

① ㉠ ② ㉡ ③ ㉢ ④ ㉣ ⑤ ㉤

13 다음에서 설명하는 문화유산으로 옳은 것은?

> • 합천 해인사에 보관되어 있다.
> • 최우가 부처의 힘으로 몽골을 물리치기 위해 제작하였다.

① 막새
② 금속 활자
③ 팔만대장경
④ 초조대장경 목판
⑤ 무구정광대다라니경

14 ㈎에 들어갈 말로 가장 적절한 것은?

① 현존하는 가장 오래된 역사서는?
② 거란의 침입 당시 제작된 목판은?
③ 배흘림기둥과 주심포 양식을 갖춘 사찰은?
④ 현재 전해지는 가장 오래된 금속 활자본은?
⑤ 유교 경전과 역사서를 강의하기 위해 설립된 기관은?

학교 시험에 잘 나오는 서술형 문제

1 다음을 통해 알 수 있는 삼국사기와 삼국유사의 서술 방식의 차이점을 서술하시오.

> • 신라의 박씨와 석씨는 모두 알에서 태어났으며, 김씨는 금궤에 들어 있다가 하늘로부터 내려왔다거나 혹은 금수레를 타고 왔다고 하니, 이는 더욱 괴이하여 믿을 수 없다. – 「삼국사기」
> • 제왕이 장차 일어날 때에는 반드시 하늘의 명을 받게 된다. …… 삼국의 시조는 모두 신비스럽게 나왔으니 어찌 괴이할 것이 있겠는가? – 「삼국유사」

_____

_____

_____

2 다음을 읽고 물음에 답하시오.

> 무신 정변 이후 보조 국사 (㉠)은/는 불교의 세속화를 비판하면서 <u>불교 개혁 운동</u>을 전개하였다.

(1) ㉠에 해당하는 인물을 쓰시오.

_____

(2) 밑줄 친 '불교 개혁 운동'의 내용을 서술하시오.

_____

_____

3 다음 자료를 통해 알 수 있는 고려 시대 불상의 특징을 서술하시오.

_____

_____

_____

우리나라	주요 사건
남북국시대	918 왕건, 고려 건국
	926 발해 멸망
	935 경순왕 항복, 신라 멸망
	936 후백제 멸망, 고려의 후삼국 통일
고려시대	956 노비안검법 실시
	958 과거제 실시
	993 거란의 1차 침입
	↓
	994 서희, 강동 6주 개척
	1009 강조의 정변
	↓
	1010 거란의 2차 침입
	1019 강감찬, 귀주 대첩
	1033 천리 장성 축조(~1044)
	1107 윤관, 여진 정벌
	1126 이자겸의 난
	1135 서경 천도 운동
	1170 무신 정변
	1176 망이·망소이의 난
	1196 최충헌 집권

01~02 고려의 건국과 정치 변화

■ 고려의 후삼국 통일

고려 건국	➡	신라 멸망	➡	후백제 멸망, 후삼국 통일

■ 고려 초 왕권의 안정

태조	민생 안정 정책, 호족 포섭·견제 정책, 북진 정책 실시
(①)	노비안검법 시행, 과거제 시행, 관리의 공복 제정 등
성종	(②)의 시무 28조 수용(유교를 국가 통치의 근본이념으로 삼음), 통치 체제 정비(2성 6부 정비 등)

■ 통치 체제 정비

중앙 정치 제도	2성 6부, 중추원, 어사대, 도병마사·식목도감 등
지방 제도	5도(일반 행정 구역), 양계(군사 행정 구역, 북계·동계)
군사 제도	중앙군 – (③), 지방군 – 주현군·주진군
관리 선발 제도	과거(문과·잡과·승과 실시), (④)(고위 관료의 자제를 시험 없이 등용)

■ 정치 질서의 동요

이자겸의 난	이자겸의 권력 독점 → 인종의 이자겸 제거 시도 → 이자겸·척준경의 반란 → 척준경이 이자겸 제거
서경 천도 운동	묘청·정지상 등이 금 정벌과 (⑤) 천도 주장 → 개경 세력의 반대 → 묘청이 서경에서 반란 → 김부식이 이끄는 관군에게 진압됨

■ 무신 정권과 농민·천민의 봉기

무신 정권의 성립과 전개	• 성립: 무신 차별, 하급 군인의 불만 → 무신 정변 • 전개: 무신들의 권력 다툼 → 최씨 정권 수립
농민·천민의 봉기	• 배경: 과도한 조세 부담, 특수 행정 구역에 대한 차별 • 주요 봉기: 망이·망소이의 난, 만적의 난 등

03 고려의 대외 관계

■ 고려 전기의 대외 관계

거란의 침입과 격퇴	1차 침입(서희의 외교 담판) → 2차 침입(양규의 활약) → 3차 침입(강감찬의 귀주 대첩 승리)
여진 정벌과 동북 9성 축조	여진의 성장 → 윤관의 건의로 (⑥) 편성 → 여진 정벌·동북 9성 축조 → 여진에 동북 9성 반환 → 여진의 금 건국 → 금의 사대 요구 수용

답 | ① 광종 ② 최승로 ③ 2군 6위 ④ 음서 ⑤ 서경 ⑥ 별무반

▮ 여러 나라와의 교류

(⑦) 과의 교류	가장 활발하게 교류, 서적·비단·자기 등 귀족의 수요품 수입, 금·은·인삼 등 수출
활발한 대외 교류	거란·여진·일본·아라비아 상인 왕래, (⑧)가 국제 무역항으로 번성

04 몽골의 간섭과 고려의 개혁

▮ 몽골의 침입과 대몽 항쟁

과정	몽골 사신 피살을 계기로 침략 → 40여 년간 몽골에 맞서 싸움 → 몽골과 강화 → (⑨)의 항쟁(강화도, 진도, 제주도로 옮겨가며 항쟁)
항전	귀주성 전투(박서 활약), 처인성 전투(김윤후 활약) 등

▮ 고려의 반원 자주화 노력

배경	원의 내정 간섭, 권문세족의 성장
공민왕의 개혁	친원 세력 제거, 정동행성이문소 폐지, (⑩) 공격(철령 이북 지역 수복), 전민변정도감 설치, 성균관 정비

▮ 새로운 정치 세력의 성장과 고려의 멸망

새로운 세력 등장	공민왕의 개혁 정치 과정에서 신진 사대부가 성장, 홍건적과 왜구 격퇴 과정에서 신흥 무인 세력 성장
고려의 멸망	이성계의 위화도 회군 → 이성계가 정치적·군사적 실권 장악 → 고려 멸망, 조선 건국

05 고려의 생활과 문화

가족 제도	아들과 딸, 남편과 부인이 평등한 관계 유지 → 여성의 이혼 요구 가능, 여성도 호주가 될 수 있음
종교와 학문	• 불교의 발달: 의천의 천태종 창시, 지눌이 수선사 중심의 불교 개혁 운동 전개 • 유학의 발달: 과거제 실시, 국자감·향교 설치 • 성리학의 수용: (⑪)이 원으로부터 도입, 신진 사대부가 개혁 사상으로 수용
문화와 예술	• 불교 예술: 불상, 석탑, 승탑, 불화 등 발달 • 공예: 고려청자(12세기 상감법 도입), 금속 공예와 목공예 발달 • 글씨(구양순체), 음악(아악, 속악) 발달
인쇄술	• 목판 인쇄술: 초조대장경 목판과 팔만대장경 제작 • 금속 활자 인쇄술: 『상정고금예문』, 『직지』 간행
역사서	(⑫)(김부식, 유교적 합리주의 사관 반영), 『동명왕편』(이규보), 『삼국유사』(일연), 『제왕운기』(이승휴) 등 편찬

우리나라	주요 사건

고
 	
려
 	
시
 	
대
	1231 몽골의 1차 침입
	
	1232 • 강화도 천도
	   • 처인성 전투
	
	1236 팔만대장경 조판 시작
	
	1258 최씨 정권 붕괴
	
	1270 • 무신 정권 붕괴
	   • 고려 정부, 개경 환도
	
	1280 원, 고려에 정동행성 설치
	
	1351 공민왕 즉위
	
	1356 공민왕, 쌍성총관부 수복
	
	1359 홍건적의 침입(~1361)
	
	1366 공민왕, 전민변정도감 설치
	
	1388 위화도 회군
	
	1391 과전법 실시
	
	1392 고려 멸망

① 송 ⑧ 벽란도 ⑨ 삼별초 ⑩ 쌍성총관부 ⑪ 성리학 ⑫ 『삼국사기』

쑥쑥 마무리 문제

01 고려의 건국과 정치 변화(1)

01 고려 태조에 대한 설명으로 옳은 것을 〈보기〉에서 고른 것은?

┌ 보기 ├
ㄱ. 광덕, 준풍 등의 연호를 사용하였다.
ㄴ. 후대 왕들을 위해 훈요 10조를 남겼다.
ㄷ. 미륵불을 자처하며 호족을 탄압하였다.
ㄹ. 고구려 계승을 표방하며 북진 정책을 추진하였다.

① ㄱ, ㄴ　　② ㄱ, ㄷ　　③ ㄴ, ㄷ
④ ㄴ, ㄹ　　⑤ ㄷ, ㄹ

02 다음 대화 내용을 바탕으로 보고서를 작성할 때 그 주제로 가장 적절한 것은?

> 태조는 호족이나 공신을 사심관으로 임명하였어.

> 호족의 자제를 수도에 머물게 하여 출신 지역의 일을 자문하게도 하였지.

① 호족 통합 노력
② 서방 설치의 결과
③ 후삼국 통일의 의의
④ 유교 정치 이념의 확립
⑤ 지방관 파견과 통치 체제 정비

03 밑줄 친 '이 왕'에 대한 설명으로 옳은 것은?

> 이 왕은 최승로가 건의한 시무 28조를 받아들여 유교를 통치의 근본이념으로 삼았다.

① 노비안검법을 실시하였다.
② 12목에 지방관을 파견하였다.
③ 병부와 상대등을 설치하였다.
④ 마립간이라는 왕호를 사용하였다.
⑤ 공복 색깔을 정하여 관리의 위계질서를 세웠다.

04 ㈎에 들어갈 내용으로 적절하지 않은 것은?

수행 평가 보고서
1. 주제: 고려의 통치 체제 정비
2. 내용: ＿＿＿＿＿＿㈎＿＿＿＿＿＿

① 중앙군은 주현군과 주진군을 두었다.
② 관리 등용 제도에는 과거제와 음서가 있었다.
③ 중서문하성에서 국가 정책을 논의하여 결정하였다.
④ 관리를 18등급으로 나누어 전지와 시지를 지급하였다.
⑤ 도병마사와 식목도감 같은 독자적인 회의 기구를 두었다.

05 고려의 지방 행정 제도에 대한 설명으로 옳은 것은?

① 5도 – 병마사를 파견하였다.
② 주현 – 지방관이 파견되었다.
③ 양계 – 개경과 그 주변 지역을 가리킨다.
④ 향·부곡·소 – 군사적으로 중요한 지역이었다.
⑤ 경기 – 개경, 서경, 동경과 3경으로 정비되었다.

02 고려의 건국과 정치 변화(2)

06 ㉠에 들어갈 내용으로 옳은 것은?

> 검색 [㉠]
>
> 이들은 고려 전기에 과거와 음서를 통해 주요 관직에 진출하였고, 권력을 이용하여 넓은 토지를 차지하였다. 또한 비슷한 신분과 혼인 관계를 맺거나 왕실과의 혼인을 통하여 세력을 확대하였다.

① 문벌　　　　　② 수령
③ 6두품　　　　④ 권문세족
⑤ 신진 사대부

07 (가), (나) 인물이 대표하는 세력에 대한 설명으로 옳지 <u>않은</u> 것은?

> 서경 임원역의 땅은 음양가가 말하는 큰 명당이라서 궁궐을 짓고 여기로 옮겨 지내면 천하를 병합할 수 있을 것이다. (가)

> 서경 대화궁 30여 곳에 벼락이 떨어졌는데 만약 그곳이 길한 땅이라면 하늘이 그렇게 하였을 리가 없다. (나)

① (가) - 묘청, 정지상 등에 해당한다.
② (가) - 황제 칭호와 연호 사용을 주장하였다.
③ (나) - 금 정벌을 주장하였다.
④ (나) - 김부식 등 개경 세력에 해당한다.
⑤ (가), (나) - 서경 천도를 둘러싸고 서로 대립하였다.

08 다음과 같이 집권자가 변천한 시기의 사회 모습으로 옳은 것은?

이의방 ➡ 정중부 ➡ 경대승 ➡ 이의민

① 삼별초가 조직되었다.
② 묘청의 난이 일어났다.
③ 독서삼품과가 실시되었다.
④ 중방이 최고 권력 기구 역할을 하였다.
⑤ 서방의 문인들이 정책 자문을 담당하였다.

09 밑줄 친 ㉠에 해당하는 인물로 옳지 <u>않은</u> 것은?

> 무신 정권이 성립한 후 무신들의 권력 다툼으로 정치가 혼란하였고, 신분 질서가 크게 흔들렸다. 또한 무신 집권자와 무신 출신 지방관들의 계속된 수탈에 백성의 고통은 더욱 커졌다. 결국 이러한 상황을 견디지 못한 ㉠ 농민들은 각지에서 봉기하였다.

① 망이   ② 효심   ③ 김사미
④ 망소이   ⑤ 이의민

03 고려의 대외 관계

10 지도는 10~12세기경 동아시아의 정세를 나타낸 것이다. (가) 국가에 대한 설명으로 옳은 것은?

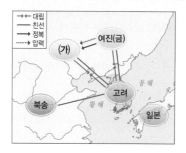

① 고려를 부모의 나라로 섬겼다.
② 고려와 가장 활발하게 교류하였다.
③ 12세기 완옌부가 부족을 통일하였다.
④ 북진 정책을 추진한 고려와 충돌하였다.
⑤ 서해안의 바닷길을 통해 고려와 교류하였다.

11 다음 학습 목표를 달성한 학생의 답변으로 적절하지 <u>않은</u> 것은?

> • 학습 목표: 거란의 고려 침입과 격퇴 과정을 정리할 수 있다.

① 강감찬이 귀주 대첩에서 거란군을 물리쳤다.
② 전쟁 이후 고려는 동북 지방에 9성을 쌓았다.
③ 양규 등의 활약으로 거란의 2차 침입을 물리쳤다.
④ 서희는 소손녕과 담판을 벌여 강동 6주를 확보하였다.
⑤ 거란은 송과 고려의 연합을 막고자 고려를 먼저 침략하였다.

12 (가)에 들어갈 내용으로 옳은 것은?

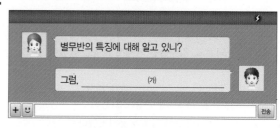

> 별무반의 특징에 대해 알고 있니?
> 그럼. ____(가)____

① 5도에 주둔하였어.
② 귀주 대첩에서 활약하였어.
③ 윤관의 건의로 편성되었어.
④ 묘청의 서경 천도 운동을 진압하였어.
⑤ 고려 정부의 개경 환도에 반대하며 항쟁하였어.

13 고려의 대외 교류에 대한 설명으로 옳은 것을 〈보기〉에서 고른 것은?

┤보기├
ㄱ. 고려는 여진에서 인삼, 서적 등을 수입하였다.
ㄴ. 고려의 대외 무역항으로 벽란도가 번성하였다.
ㄷ. 일본 상인에 의해 코리아라는 이름이 서방 세계에 알려졌다.
ㄹ. 고려는 문화적·경제적 실리를 추구하기 위해 송과 교류하였다.

① ㄱ, ㄴ ② ㄱ, ㄷ ③ ㄴ, ㄷ
④ ㄴ, ㄹ ⑤ ㄷ, ㄹ

04 몽골의 간섭과 고려의 개혁

14 ㈎ 시기에 있었던 일로 옳지 <u>않은</u> 것은?

| 몽골의 1차 침입 | → | ㈎ | → | 고려 정부의 개경 환도 |

① 최씨 정권이 붕괴되었다.
② 몽골군 총사령관 살리타가 사살되었다.
③ 고려 태자와 쿠빌라이가 강화를 체결하였다.
④ 박서가 귀주성에서 몽골군의 공격을 막아냈다.
⑤ 삼별초가 고려와 몽골의 연합군에게 진압되었다.

15 다음 상황이 나타난 시기의 사회 모습으로 옳은 것을 〈보기〉에서 고른 것은?

고려의 국왕은 원의 공주와 혼인하여 원 황실의 사위가 되었고, 왕자들은 원에서 교육을 받았다.

┤보기├
ㄱ. 신진 사대부가 분열하였다.
ㄴ. 망이·망소이 형제가 봉기하였다.
ㄷ. 폐하를 전하로, 태자를 세자로 고쳤다.
ㄹ. 원에 특산물과 공녀 등을 조공으로 바쳤다.

① ㄱ, ㄴ ② ㄱ, ㄷ ③ ㄴ, ㄷ
④ ㄴ, ㄹ ⑤ ㄷ, ㄹ

16 다음 가상 대본과 관련된 왕의 업적으로 옳지 <u>않은</u> 것은?

#장면 09
신하 1: 왕이 반원 정책 시행을 발표하였다며?
신하 2: 맞아. 그 영향으로 얼마 전 기철을 비롯한 친원 세력이 제거되었다네.

① 무신 정변으로 폐위되었다.
② 정동행성이문소를 폐지하였다.
③ 정방을 폐지하여 인사권을 장악하였다.
④ 고려 왕실의 호칭과 관제를 복구하였다.
⑤ 신돈을 등용하여 전민변정도감을 설치하였다.

17 밑줄 친 '이들'에 대한 설명으로 옳은 것은?

이들은 대부분 하급 관리나 지방 향리의 자제였으며, 공민왕의 개혁 추진 과정에서 성장하였다.

① 주로 음서를 통해 관직에 진출하였다.
② 원의 세력을 이용하여 권력을 유지하였다.
③ 왕실과 혼인 관계를 통해 권력을 독점하였다.
④ 백성들의 토지를 빼앗아 대농장을 경영하였다.
⑤ 성리학을 바탕으로 도덕과 명분을 중시하였다.

18 ㈎에 들어갈 내용으로 가장 적절한 것은?

▶ 지식 Q&A
위화도 회군 이후에 있었던 일에 대해 알려 주세요.

▶ 답변하기
└ 이성계가 정치·군사의 실권을 장악하였어요.
└ 신진 사대부는 고려 사회의 개혁 방법을 둘러싸고 분열하였어요.
└ _____㈎

① 무신 정권이 붕괴되었어요.
② 명이 철령위를 설치하였어요.
③ 최씨 정권이 강화도로 천도하였어요.
④ 우왕과 최영이 요동 정벌을 추진하였어요.
⑤ 이성계는 급진파 사대부와 함께 과전법을 실시하였어요.

19 고려의 가족 제도에 대한 설명으로 옳은 것을 〈보기〉에서 고른 것은?

┤보기├
ㄱ. 여성은 호주가 될 수 있었다.
ㄴ. 제사의 의무는 아들에게 있었다.
ㄷ. 호적은 태어난 순서대로 기록되었다.
ㄹ. 여성의 요구에 의한 이혼은 불가능하였다.

① ㄱ, ㄴ　　　② ㄱ, ㄷ　　　③ ㄴ, ㄷ
④ ㄴ, ㄹ　　　⑤ ㄷ, ㄹ

20 ㉠, ㉡에 들어갈 내용을 옳게 연결한 것은?

고려 시대의 향도는 (㉠)을 바탕으로 조직된 노동 조직이었다. 향도는 (㉡)을/를 중심으로 운영되었으며, 매향 활동을 하고 절이나 불상, 석탑 등을 만들 때 주도적인 역할을 하였다.

	㉠	㉡		㉠	㉡
①	도교 신앙	향리	②	불교 신앙	수령
③	불교 신앙	향리	④	유교 신앙	수령
⑤	유교 신앙	시중			

21 다음 주제로 보고서를 작성할 때 들어갈 내용으로 적절하지 <u>않은</u> 것은?

고려 시대에 불교는 국가의 지원을 받아 크게 발전하였다.

① 광종은 과거제에 승과를 설치하였다.
② 개경에 국자감이, 지방에 향교가 설립되었다.
③ 연등회, 팔관회 등 불교 행사가 성대하게 열렸다.
④ 원 간섭기에는 권문세족과 연결되어 여러 폐단이 발생하였다.
⑤ 의천은 천태종을 창시하여 교종의 입장에서 선종을 통합하려 하였다.

22 다음에서 설명하는 역사서로 옳은 것은?

승려 일연이 우리 고유의 문화와 불교에 관한 내용을 담아 저술한 역사서이다. 처음으로 단군의 건국 이야기를 기록하였다.

① 7대 실록　　② 동명왕편　　③ 삼국사기
④ 삼국유사　　⑤ 제왕운기

23 다음에서 설명하는 학문의 특징으로 옳은 것을 〈보기〉에서 고른 것은?

남송의 주희가 집대성하였으며, 인간의 심성을 우주의 원리와 연결하여 이해하는 학문이다.

┤보기├
ㄱ. 안향이 원으로부터 도입하였다.
ㄴ. 묘청의 서경 천도 운동에 영향을 주었다.
ㄷ. 신진 사대부가 개혁 사상으로 수용하였다.
ㄹ. 최충의 9재 학당 등 사학의 번성과 관련이 있다.

① ㄱ, ㄴ　　　② ㄱ, ㄷ　　　③ ㄴ, ㄷ
④ ㄴ, ㄹ　　　⑤ ㄷ, ㄹ

24 밑줄 친 ㉠~㉤에 대한 설명으로 옳지 <u>않은</u> 것은?

고려 시대에는 불교가 문화의 중심을 이루어 불교 예술이 발달하였다. 초기에는 대형 철불과 ㉠ 논산 관촉사 석조 미륵보살 입상과 같은 대규모 석조 불상이 유행하였고, 후기에는 ㉡ 원의 영향을 받은 석탑도 제작되었다. 건축에서는 ㉢ 배흘림기둥과 주심포 양식이 유행하였으며, ㉣ 황주 성불사 응진전과 같은 다포 양식의 건물도 지어졌다. 한편, 지배층의 평안과 극락왕생을 기원하는 ㉤ 불화가 많이 제작되었다.

① ㉠ - 지역적 특색이 반영되었다.
② ㉡ - 월정사 8각 9층 석탑이 있다.
③ ㉢ - 예산 수덕사 대웅전이 대표적이다.
④ ㉣ - 공포가 기둥과 기둥 사이에 있는 구조이다.
⑤ ㉤ - 아미타불도, 관음보살도, 양류관음도 등이 있다.

한권으로 끝내기!
필수 개념과 시험 대비를 한 권으로 끝!
역사 공부의 진리입니다.

한끝과 함께 언제 , 어디서든 즐겁게 공부해!

한끝으로 끝내고, 이제부터 활짝 웃는 거야!

15개정 교육과정

한솔

정답과 해설

중등 **역사**

2·1

visang

정답과 해설

Ⅰ 선사 문화와 고대 국가의 형성

01 선사 문화와 고조선

꼼꼼 개념 문제   12쪽

> **대표 자료 확인하기**   ① 농사   ② 제정일치   ③ 계급

> **한눈에 정리하기**   ① 토기   ② 족장(군장)   ③ 홍익인간
> ④ 8   ⑤ 철기

1 (1) ㄷ, ㄹ (2) ㄱ, ㄴ, ㅁ, ㅂ   **2** (1) ✕ (2) ○ (3) ✕ (4) ✕
3 (1) 신석기 (2) 단군왕검 (3) 뗀석기 (4) 애니미즘   **4** (1) – ㉠
(2) – ㉤ (3) – ㉣ (4) – ㉢   **5** (1) 한 (2) 위만 (3) 청동기

탄탄 시험 문제   13~15쪽

01 ④   **02** ②   **03** ①   **04** ③   **05** ④   **06** ④   **07** ①   **08** ④
09 ④   **10** ③   **11** ④   **12** ②   **13** ⑤   **14** ④

01 지도의 상원 검은모루 동굴, 연천 전곡리, 공주 석장리 등의 유적을 통해 제시된 지도가 구석기 시대의 유적지를 나타낸 것임을 알 수 있다. 구석기 시대에는 주먹도끼와 같은 뗀석기를 사냥에 활용하였다. ①, ②, ⑤는 신석기 시대, ③은 청동기 시대에 대한 설명이다.

02 제시된 자료에서 돌을 깨뜨려 제작하였다는 특징과 석기의 변화 내용은 뗀석기와 관련이 있다. 따라서 자료의 탐구 주제는 구석기 시대의 도구임을 유추할 수 있다. 구석기 시대 후기에 슴베찌르개가 제작되었다. ①, ③, ④는 청동기 시대, ⑤는 신석기 시대의 유물이다.

03 제시된 주먹도끼와 긁개는 모두 구석기 시대에 만들어진 뗀석기이다. ② 군장(족장)은 청동기 시대에 등장하였다. ③ 신석기 시대에 농사가 시작되었다. ④는 신석기 시대의 가락바퀴와 관련이 있다. ⑤는 신석기 시대의 가락바퀴, 뼈바늘 등과 관련이 있다.

04 가락바퀴는 섬유를 꼬아 실을 만들 때 사용한 도구이다. 신석기 시대 사람들은 가락바퀴를 이용하여 실을 뽑고 뼈바늘로 옷이나 그물을 만들었다. ①은 신석기 시대의 토테미즘에 대한 설명이다. ②는 청동기 시대에 대한 설명이다. ④는 구석기 시대에 대한 설명이다. ⑤는 빗살무늬 토기, 덧무늬 토기 등을 통해 알 수 있다.

05 신석기 시대에는 간석기를 사용하였다. 또한 태양, 물, 바위와 같은 자연물에 영혼이 있다고 믿은 애니미즘과 특정 동식물을 숭배하는 토테미즘 등의 신앙이 등장하였다. ㄱ, ㄷ은 청동기 시대에 대한 설명이다.

06 자료는 신석기 시대에 처음 만들어진 움집을 나타낸 것이다. 신석기 시대에는 농경과 목축이 시작되었다. ①, ③은 청동기 시대, ②는 철기 시대, ⑤는 구석기 시대와 관련이 있는 탐구 주제이다.

07 제시된 자료는 빗살무늬 토기로, 신석기 시대에 처음 만들어졌다. ① 벼농사는 청동기 시대에 시작되었다.

08 청동기 시대에는 민무늬 토기와 미송리식 토기 등을 만들어 곡식을 저장하는 등에 활용하였다. ① 청동기 시대에 농기구는 나무나 돌로 제작하였다. ②는 구석기 시대, ③은 신석기 시대에 대한 설명이다. ⑤ 청동기 시대에는 사유 재산과 계급이 발생하였다.

09 ㉠은 청동기이다. 청동기 시대에는 사유 재산의 개념이 등장하였다. ①, ⑤는 신석기 시대, ②, ③은 구석기 시대에 대한 설명이다.

10 제시된 유적은 청동기 시대에 만들어진 고인돌이다. 거대한 규모의 고인돌은 주로 지배층의 무덤이었다. 이를 통해 청동기 시대에 많은 노동력을 동원할 수 있는 지배자(족장)가 있었음을 알 수 있다.

11 밑줄 친 '이 국가'는 고조선이다. 고조선은 우리나라 역사상 최초의 국가였다. ① 고조선은 계급 사회였다. ② 중국의 한이 왕검성을 함락하여 고조선을 멸망시켰다. ③ 고조선은 만주와 한반도 서북부에서 등장하였다. ⑤ 고조선은 청동기 문화를 바탕으로 건국되었다.

12 위만이 집권한 이후 고조선은 중국의 한과 한반도 남쪽 나라들 사이에서 중계 무역으로 경제적 이익을 얻었다. 그러자 중국의 한 무제는 정복 활동을 하며 고조선을 침략하였고, 결국 고조선은 수도가 함락되면서 멸망하였다(기원전 108). ①, ④, ⑤는 ㉮ 이전, ②는 ㉯ 이후에 있었던 일이다.

13 ㉠은 고조선이다. 비파형 동검과 탁자식 고인돌의 분포 지역으로 고조선의 문화 범위를 알 수 있다.

14 단군의 건국 이야기를 통해 고조선이 동물을 숭상하였고 농업에 기반한 사회였으며, 홍익인간을 건국 이념으로 삼았음을 알 수 있다. 또한 단군왕검의 명칭을 통해 고조선 사회가 제정일치 사회였음을 짐작할 수 있다. ④ 제시된 자료에서 환웅이 인간 세상을 다스린 것을 통해 고조선은 지배자가 있는 계급 사회였음을 알 수 있다.

학교 시험에 잘 나오는 서술형 문제

1 (1) 구석기 시대
(2) **예시답안** 구석기 시대에는 주먹도끼, 긁개, 슴베찌르개 등으로 사냥을 하였으며, 먹을 것을 찾아 이동 생활을 하였다.

구분	채점 기준
상	사냥을 하고 이동 생활을 하였음을 모두 서술한 경우
하	사냥과 이동 생활 중 한 가지만 서술한 경우

2 **예시답안** 약 1만 년 전부터 빙하기가 끝나고 기후가 따뜻해지자 작고 날쌘 동물이 많아졌다. 사람들은 이 동물들을 잡기 위해 돌을 갈아 더 정교한 간석기를 만들었다.

구분	채점 기준
상	기후 변화로 인해 작고 날쌘 동물이 번성하여 이들을 잡기 위해 간석기를 만들었다고 서술한 경우
하	작고 날쌘 동물이 많아져 간석기를 만들었다고 서술한 경우

3 **예시답안** 인간의 생명(노동력)을 존중하였고 농경 사회였음을 유추할 수 있다. 또한 사유 재산이 있었고 당시 사회가 계급 사회였음을 알 수 있다.

구분	채점 기준
상	제시된 내용 중 두 가지를 서술한 경우
하	제시된 내용 중 한 가지만 서술한 경우

02 여러 나라의 성장

꼼꼼 개념 문제   17쪽

[대표 자료 확인하기] ① 부여 ② 주몽 ③ 삼한

[한눈에 정리하기] ① 철제 무기 ② 연맹 왕국 ③ 서옥제
④ 읍군 ⑤ 천군

1 (1) ✕ (2) ✕ (3) ○   **2** (1) 민며느리제 (2) 고구려 (3) 동예
3 (1) 제가 회의 (2) 순장 (3) 옥저   **4** (1) – ㉡ (2) – ㉢ (3) – ㉠
5 (1) ㄴ (2) ㄷ (3) ㄱ

탄탄 시험 문제   18~19쪽

01 ③ 02 ④ 03 ① 04 ④ 05 ⑤ 06 ⑤ 07 ④ 08 ②
09 ① 10 ⑤

01 ㉠은 철기이다. 철기가 보급되면서 철제 농기구가 제작되어 농업 생산량이 증가하였다. ① 철기 시대에는 계급이 사라지지 않았다. ② 철기 시대에 인구가 증가하였다. ④는 구석기 시대, ⑤는 청동기 시대에 대한 설명이다.

02 명도전은 중국 전국 시대의 화폐로, 한반도에서 이 화폐가 발견되면서 철기 시대에 만주와 한반도 지역이 중국과 교류하였음을 알 수 있다.

03 마가, 우가, 저가, 구가들이 각자의 영역을 지배한 ㉠은 부여이다. 부여에는 엄격한 법이 있었다. ②, ⑤는 고구려, ③은 동예, ④는 옥저 및 동예와 관련이 있는 탐구 주제이다.

04 제시된 자료는 고구려의 결혼 풍습인 서옥제를 설명한 것이다. 부여에서 이주한 주몽 집단과 압록강 유역의 토착 세력이 건국한 고구려는 5부의 대가가 국가를 운영하였고, 제가 회의에서 국가의 중요한 일을 결정하였다. 고구려에서는 동맹이라는 제천 행사를 열었으며, 말타기, 활쏘기 등의 무예를 중시하였다. ④ 고구려는 왕이 있는 연맹 왕국이었다.

05 제시된 자료의 ○○는 민며느리제가 시행된 옥저이다. 옥저에서는 가족이 죽으면 시신을 임시로 묻어 두었다가 나중에 그 뼈를 추려서 가족 공동 무덤을 만들었다. ①, ④는 고구려, ②는 삼한, ③은 부여와 관련이 있다.

06 옥저와 동예는 한반도 동해안의 비옥한 지역에서 성립하여 농경이 발달하고 해산물이 풍부하였으며, 읍군이나 삼로라 불리는 군장이 각 지역을 지배하였다. ㄱ은 부여와 고구려, ㄴ은 삼한에 해당하는 설명이다.

07 제시된 글은 옥저의 가족 공동 무덤을 설명한 것이다. 옥저에는 민며느리제의 혼인 풍습이 있었는데, 이는 당시에 노동력을 중시하였음을 보여 준다. ①, ②는 부여, ③은 동예, ⑤는 고구려와 관련이 있다.

08 지도의 ㈎는 동예이다. 동예에서는 제천 행사로 무천이 열렸으며, 다른 부족의 경계를 침범하면 노비나 소, 말로 보상하는 책화라는 풍습이 있었다. ㄴ은 고구려, ㄹ은 부여에 대한 설명이다.

09 지도의 ㈏는 삼한이다. 삼한은 여러 소국들이 연합한 마한, 변한, 진한의 연맹체가 발전한 나라로, 목지국의 지배자가 삼한을 대표하였다. 신지, 읍차로 불린 군장이 소국을 지배하고 천군이라 불린 제사장이 소도를 지배하는 제정 분리 사회였다. ① 동맹은 고구려의 제천 행사이다.

10 밑줄 친 '이 나라'는 변한이다. 변한이 속한 삼한 사람들은 5월과 10월에 하늘에 제사를 지냈다. ①은 옥저, ②는 구석기시대, ③은 신석기 시대, ④는 고구려 사람들의 생활 모습과 관련이 있다.

학교 시험에 잘 나오는 서술형 문제

1 (1) ㈎ 부여, ㈏ 삼한
(2) **예시답안** 부여는 연맹 형태로 국가가 운영되었으며 왕의 권력이 약하였다. 삼한은 정치와 제사가 분리된 제정 분리 사회를 이루었다.

구분	채점 기준
상	부여가 왕의 권력이 미약한 연맹 왕국을 형성하였고, 삼한이 제정 분리 사회를 형성하였음을 모두 서술한 경우
중	부여는 연맹 왕국이었고, 삼한이 제정 분리 사회였다고 서술한 경우
하	부여와 삼한 중 한 나라의 정치적 특징만 서술한 경우

03 삼국의 성립과 발전

꼼꼼 개념 문제 23쪽

대표 자료 확인하기 ① 백제 ② 고구려 ③ 신라

한눈에 정리하기 ① 고국천왕 ② 영락 ③ 근초고왕 ④ 담로 ⑤ 법흥왕 ⑥ 화랑도

1 (1) × (2) × (3) ○ (4) ○ **2** (1) 사비 (2) 금관가야 (3) 소수림왕 (4) 내물왕 (5) 태조왕 **3** ㄷ, ㄹ **4** (1) – ㉢ (2) – ㉡ (3) – ㉠ (4) – ㉣ **5** (1) 5 (2) 남부여 (3) 진흥왕 (4) 대가야

탄탄 시험 문제 24~27쪽

01 ②	02 ②	03 ⑤	04 ⑤	05 ③	06 ⑤	07 ④	08 ①
09 ④	10 ④	11 ③	12 ⑤	13 ⑤	14 ③	15 ④	16 ①
17 ⑤	18 ③	19 ⑤	20 ④				

01 지도에 나타난 국내성은 고구려의 수도였다. 고구려는 태조왕 때 옥저를 정복하였으며 미천왕 때 낙랑군을 점령하였다. ㄴ은 삼한, ㄹ은 부여에 대한 설명이다.

02 밑줄 친 '이 나라'는 고구려이다. 고구려의 고국천왕은 빈민을 구제하기 위해 진대법을 시행하였다. ① 백제가 목지국을 병합하였다. ③ 신라에서 화랑도를 조직하였다. ④는 옥저에 대한 설명이다. ⑤ 고구려는 철기 문화를 바탕으로 건국되었다.

03 백제는 부여와 고구려에서 내려온 세력이 한강 유역의 토착 세력과 연합하여 건국하였다. ①, ④는 신라 ②는 고조선, ③은 가야 연맹에 대한 설명이다.

04 제시된 유적은 백제의 석촌동 고분이다. 백제에서는 수상인 상좌평과 16등급의 관리들이 중앙 정치를 맡아 보았다.

05 제시된 자료는 내물왕 시기 고구려 광개토 대왕이 신라에 침입한 왜군을 격퇴한 상황을 보여 준다. 내물왕은 왕의 칭호로 '마립간'을 사용하였다. ① 고구려에서 진대법을 시행하였다. ② 신라 진흥왕이 단양 신라 적성비를 세웠다. ④ 신라 진흥왕은 불교를 장려하여 황룡사를 지었다. ⑤ 신라 법흥왕은 병부를 설치하여 군사 지휘권을 정비하였다.

06 불교 수용, 율령 반포, 관등제 정비, 지방관 파견은 모두 삼국이 중앙 집권 체제를 정비하면서 실시한 정책들이다. 삼국은 불교를 수용하여 사상을 통합하고 왕실의 권위를 증대하였으며, 율령을 반포하여 넓은 영토와 백성을 일원적인 규범으로 지배하였다. 관등제를 정비하여 귀족들을 국가의 관료로 서열화하고, 지방관을 파견하여 왕이 전국을 다스렸다.

07 지도는 4세기 후반 한반도의 정세를 보여 준다. 이 시기 백제의 근초고왕은 마한 지역 대부분을 정복하였다. ①은 1세기 후반, ②, ③은 5세기, ⑤는 6세기경의 일이다.

08 제시된 유물은 칠지도이다. 이 칼에는 백제의 왕세자가 왜왕에게 전한다는 기록이 있어 백제와 왜의 교류 사실을 짐작하게 해 준다.

09 지도에서 5세기경 수도를 국내성에서 평양으로 옮겼으며, 영토를 크게 확장하고 한강 유역을 차지한 것을 통해 (가) 나라는 고구려임을 알 수 있다. 고구려는 광개토 대왕 때 '영락'이라는 연호를 사용하여 국력을 과시하였다. ①, ⑤는 신라. ②, ③은 백제에 대한 설명이다.

10 첫 번째 자료에서 왕의 은택과 위엄이 하늘과 온 세상에 미쳤다고 하였고, 두 번째 자료에서 시조를 해와 달의 자손으로 표현한 것 등을 통해 고구려인들이 독자적인 천하관을 가졌음을 유추할 수 있다.

11 자료에서 고구려가 백제·신라와 대립하고, 유연, 북위, 남조와 대등한 외교 관계를 맺은 것을 통해 제시된 도표는 5세기 고구려 장수왕 시기임을 알 수 있다. 고구려 장수왕이 수도를 평양으로 옮긴 후 남진 정책을 펼쳐 백제와 신라를 압박하자 백제와 신라가 동맹을 맺었다.

12 고구려 장수왕이 남진 정책을 펼쳐 백제의 수도인 한성을 함락하자, 백제는 수도를 한성에서 웅진(공주)으로 옮겼다. ① 6세기 신라 진흥왕이 대가야를 병합하였다. ③ 4세기 백제 근초고왕의 공격을 받아 고구려 고국원왕이 전사하였다. ④, ⑤는 백제가 사비로 도읍을 옮긴 성왕 시기의 일이다.

13 (나)는 웅진 다음 수도이므로 사비이다. 백제는 성왕 때 사비를 수도로 삼았다. ⑤ 백제는 침류왕 때 중국 동진으로부터 불교를 수용하였다.

14 백제 무령왕은 지방 22담로에 왕족을 파견하여 지방에 대한 통제를 강화하였다. ①은 5세기경의 일로, 무령왕 이전에 일어났다. ②는 신라, ④는 고구려 광개토 대왕, ⑤는 백제 동성왕과 관련이 있다.

15 제시된 자료에서 나라 이름을 '신라'로 정하였다는 내용을 통해 밑줄 친 '왕'은 신라의 지증왕임을 알 수 있다. 지증왕은 왕호를 '왕'으로 개편하였다. ①, ②는 법흥왕, ③은 진흥왕, ⑤는 고구려 소수림왕 통치 시기의 일이다.

16 ⑤은 신라의 법흥왕이다. 법흥왕은 율령을 반포하여 왕권을 강화하였다. ②는 고구려 소수림왕, ③은 신라 진흥왕, ④는 신라 지증왕, ⑤는 고구려 고국천왕의 정책이다.

17 제시된 비석은 신라 진흥왕이 적성 지역을 점령한 후 세운 단양 신라 적성비이다. 진흥왕은 화랑도를 국가적 조직으로 재편하여 인재를 양성하였다. ①은 고구려 장수왕, ②, ③은 신라 법흥왕, ④는 고구려 광개토 대왕에 대한 설명이다.

18 지도는 6세기 한반도 정세를 보여 준다. ③ 백제는 4세기 근초고왕 때 고구려를 공격하여 고국원왕을 격퇴하였다.

19 고구려가 신라에 침입한 왜를 격퇴하는 과정에서 금관가야가 고구려군에 타격을 입어 쇠퇴하였고, 이후 고령의 대가야가 후기 가야 연맹을 결성하였다.

20 ⑤은 대가야이다. 대가야는 백제의 가야 진출을 막으려 했던 신라 진흥왕의 침입으로 멸망하였다. ①은 고조선, ②는 신라, ③은 백제에 대한 설명이다. ⑤ 가야는 중앙 집권 국가로 성장하지 못하였다.

학교 시험에 잘 나오는 서술형 문제

1 (1) (가) 고구려, (나) 백제

(2) **예시답안** 두 무덤이 모두 계단식 돌무지무덤으로 형태가 비슷하다는 사실을 통해 백제의 건국 세력이 고구려의 영향을 받았음을 짐작할 수 있다.

구분	채점 기준
상	고구려, 백제 건국 세력의 관계를 근거와 함께 서술한 경우
하	근거 없이 건국 세력의 관계만 서술한 경우

2 **예시답안** 고구려는 5세기경 영토를 크게 확장하고 국력이 커졌다. 이를 바탕으로 고구려가 천하의 중심이라는 독자적인 천하관을 형성하였다.

구분	채점 기준
상	고구려의 정치적 상황을 배경으로 독자적인 천하관을 형성하였다고 서술한 경우
하	고구려가 독자적인 천하관을 형성하였다고만 서술한 경우

3 **예시답안** 삼국은 왕위 세습, 영토 확장, 관등제 정비, 행정 구역 정비와 지방관 파견, 율령 반포, 불교 수용 등의 정책을 통해 중앙 집권 체제를 확립해 갔다.

구분	채점 기준
상	제시된 내용 중 세 가지를 서술한 경우
중	제시된 내용 중 두 가지를 서술한 경우
하	제시된 내용 중 한 가지만 서술한 경우

04 삼국의 문화와 대외 교류

꼼꼼 개념 문제
30쪽

대표 자료 확인하기 ① 부여 정림사지 5층 석탑
② 황룡사 9층 목탑   ③ 금동 연가 7년명 여래 입상
④ 굴식 돌방무덤   ⑤ 돌무지덧널무덤

한눈에 정리하기 ① 불상   ② 신선 사상   ③ 임신서기석
④ 돌무지무덤

1 (1) ✕ (2) ✕ (3) ◯ (4) ◯   **2** (1) – ⓒ (2) – ⓐ (3) – ⓑ
3 (1) 오경박사 (2) 신집 5권 (3) 도교 (4) 가야   **4** (1) 서기
(2) 벽돌무덤 (3) 아스카 (4) 사신도   **5** (1) ㄷ (2) ㄴ (3) ㄱ

탄탄 시험 문제
31~33쪽

01 ③	**02** ④	**03** ④	**04** ①	**05** ②	**06** ①	**07** ①	**08** ⑤
09 ②	**10** ③	**11** ②	**12** ④	**13** ⑤	**14** ①		

01 제시된 두 탑은 삼국 시대 불교의 발달과 관련이 있다. 삼국의 왕실은 불교가 왕의 권위를 뒷받침해 주었기 때문에 적극적으로 불교를 수용하였다. ①, ⑤는 도교, ②는 유학과 관련이 있다. ④ 불교는 삼국 시대에 전래되었다.

02 ⓐ은 불교이다. ④ 백제의 산수무늬 벽돌에는 도교 사상이 반영되어 자연과 더불어 살려는 이상이 담겨 있다.

03 삼국은 중앙 집권 체제를 강화하기 위해 불교를 수용하였고, 불교는 점차 백성에게 확산되어 사상 통합에 기여하였다. 불교는 왕의 권위를 뒷받침해 주어 왕실의 보호 아래 국가적 종교로 발전하였으며, 불교가 발달하면서 사찰, 탑, 불상이 제작되었다. ④ 천군은 삼한에서 제사를 주관한 제사장이다.

04 제시된 사신도는 도교의 방위신이고, 산수무늬 벽돌에는 도교의 이상향이 나타나 있다.

05 제시된 자료의 시, 상서, 예기, 춘추전은 유교 경전이다. 임신서기석에는 신라 청년들이 유교 경전을 읽기로 약속한 내용이 쓰여 있어 신라에서 유학이 발달하였음을 짐작하게 한다.

06 제시된 탑과 불상은 모두 신라에서 만들어졌다. ① 오경박사는 백제의 학자로, 유학 교육을 담당하였다.

07 ㄷ, ㄹ은 평민의 생활 모습이다. 귀족들은 쌀밥, 고기, 과일 등을 먹었으며, 비단으로 만든 옷을 입고 여러 장신구로 치장을 하였다.

08 제시된 그림은 굴식 돌방무덤의 구조를 나타낸 것이다. 삼국 시대에 만들어진 굴식 돌방무덤의 벽면과 천장에는 벽화가 많이 그려져 있는데, 이를 통해 당시 사람들의 생활 모습을 파악할 수 있다.

09 제시된 글에서 무령왕을 안장하였다는 내용을 통해 밑줄 친 '이 무덤'은 무령왕릉임을 알 수 있다. 무령왕릉은 널방을 벽돌로 쌓은 벽돌무덤이다. ① 무령왕릉은 중국 남조의 영향을 받았다. ③은 칠지도 등, ④는 고인돌 등, ⑤는 서울 석촌동 고분 등과 관련이 있다.

10 제시된 그림은 돌무지덧널무덤의 구조를 나타낸 것이다. 돌무지덧널무덤은 구조상 벽화를 그릴 수 없으며, 도굴이 어려워 껴묻거리가 많이 남아 있다.

11 로마, 서아시아를 통틀어 서역이라고 한다. 신라 고분에서 서역과의 교류를 알려 주는 금제 장식 보검, 유리그릇 등이 발굴되었다.

12 김해 대성동 고분은 금관가야의 무덤이고, 일본의 스에키는 가야 토기의 영향을 받았다. 따라서 제시된 자료를 통해 가야의 교류 내용을 알 수 있다.

13 ㈎에는 고구려에서 일본으로 전파된 문화가 들어가야 한다. 고구려의 담징은 일본에 종이와 먹의 제조 방법을 전하였다. ①, ④는 백제, ②는 가야, ③은 신라의 문화 전파에 해당한다.

14 ① 백제 무령왕릉이 중국 남조의 영향을 받아 벽돌무덤으로 만들어졌다.

학교 시험에 잘 나오는 서술형 문제

1 **예시답안** 그림 속 인물의 크기가 다른 것은 신분의 차이를 나타낸 것으로, 당시 신분의 차이가 있었음을 알 수 있다.

구분	채점 기준
상	그림을 근거로 들어 신분 차이가 있었음을 서술한 경우
하	근거 없이 신분 차이가 있었다고만 서술한 경우

2 **예시답안** 삼국 시대에 도교는 산천 숭배와 불로장생을 추구하는 신선 사상과 결합하여 귀족 사회를 중심으로 유행하였다.

구분	채점 기준
상	도교의 사상적 특징과 귀족 사회를 중심으로 유행하였음을 모두 서술한 경우
하	도교의 사상적 특징과 귀족 사회를 중심으로 유행한 사실 중 한 가지만 서술한 경우

3 **예시답안** 삼국 불상과 일본 불상의 자세와 형태가 유사한 점을 통해 삼국 문화가 일본에 영향을 주었음을 알 수 있다.

구분	채점 기준
상	두 불상을 비교하여 삼국 문화가 일본 문화에 영향을 주었다고 서술한 경우
하	삼국 문화가 일본 문화에 영향을 주었다고만 서술한 경우

쏙 쏙 마무리 문제

36~39쪽

01 ⑤	02 ②	03 ①	04 ⑤	05 ④	06 ②	07 ⑤	08 ⑤
09 ②	10 ④	11 ③	12 ②	13 ③	14 ⑤	15 ①	16 ④
17 ⑤	18 ④	19 ⑤	20 ④	21 ①	22 ④	23 ⑤	

01 제시된 주먹도끼와 슴베찌르개는 구석기 시대의 유물이다. 구석기 시대 사람들은 사냥, 채집, 고기잡이 등으로 식량을 획득하였다.

02 밑줄 친 '이 시대'는 신석기 시대이다. 신석기 시대 사람들은 가락바퀴를 이용해 실을 뽑고 뼈바늘로 옷을 지어 입었다. ①, ③, ⑤는 청동기 시대, ④는 구석기 시대의 생활 모습에 해당한다.

03 비파형 동검과 고인돌은 청동기 시대의 유물이다. 청동기 시대에 농업 생산량이 증가하고 청동제 무기의 사용으로 정복 전쟁이 활발해졌다. 이러한 상황에서 계급이 형성되어 지배층의 무덤인 고인돌이 만들어지기도 하였다.

04 제시된 자료는 고조선의 건국 이야기이다. 고조선은 청동기 문화를 바탕으로 건국된 우리나라 최초의 국가이다. ①은 옥저, ②는 부여, ③은 삼한, ④는 고구려 등과 관련이 있다.

05 위만 왕조 시기의 고조선은 한층 발전된 철기 문화를 바탕으로 농업을 발전시켰다. 또한 중국의 한과 한반도 남부의 여러 나라 사이에서 중계 무역을 하며 많은 이익을 얻었다. ㄱ은 신라, ㄷ은 신석기 시대에 대한 설명이다.

06 만주와 한반도에 철기가 보급되면서 철제 농기구의 사용으로 농업 생산량이 증가하였고, 철제 무기를 사용하면서 부족 간 전쟁이 활발해졌다. 강한 부족이 주변 부족을 정복하거나 연합하는 과정에서 만주와 한반도에 여러 나라가 생겨났다. 당시에는 널무덤과 독무덤을 만들었다. ② 족장(군장)은 청동기 시대에 등장하였다.

07 ⑷는 부여이다. 부여는 왕 아래에 가축의 이름을 딴 마가, 우가, 저가, 구가 등이 있어, 이들이 각자의 지역을 독자적으로 다스렸다. ①은 고구려, ②, ③, ④는 고조선에 대한 설명이다.

08 제시된 자료는 고구려의 서옥제와 관련이 있다. 고구려에서는 혼인한 뒤 신랑이 신부의 집에서 일정 기간 거주하는 서옥제라는 결혼 풍습이 있었으며, 10월에는 동맹이라는 제천 행사가 열렸다. ①은 고조선, ②는 삼한, ③은 청동기 시대, ④는 신석기 시대와 관련이 있다.

09 제시된 자료에서 해마다 10월에 무천이라는 제천 행사를 지내는 것을 통해 ㈀은 동예임을 알 수 있다. 동예에는 족외혼의 풍습이 있었다. ①, ③은 신라, ④는 고구려, ⑤는 삼한에 대한 설명이다.

10 밑줄 친 '이 나라'는 민며느리제가 시행된 옥저이다. 옥저에서는 가족 공동 무덤을 만들었다. ①은 고조선, ②는 삼한, ③은 고구려에서 볼 수 있는 모습이다. ⑤ 신석기 시대에 빗살무늬 토기를 만들었다.

11 제시된 글에서 제정 분리 사회이고 천군이 소도를 다스린 점, 목지국 지배자가 대표를 맡은 점 등을 통해 삼한에 해당하는 내용임을 알 수 있다.

12 ㈀은 고구려이다. 고구려는 태조왕 때 옥저를 정복하였다. ①, ⑤는 신라, ③은 동예, ④는 백제에 해당하는 내용이다.

13 제시된 글은 백제의 관등제 정비와 관련이 있다. 백제는 마한의 소국에서 출발하였으며, 부여와 고구려에서 내려온 세력이 한강 유역의 토착 세력과 연합하여 건국하였다. ①, ②, ④는 고구려, ⑤는 신라에 대한 설명이다.

14 삼국은 왕위 세습, 영토 확장, 관등제 정비, 지방 행정 구역 정비, 율령 반포, 불교 수용 등을 통해 중앙 집권 체제를 확립해 나갔다.

15 지도는 고구려가 전성기를 이룬 5세기경의 한반도 형세이다. 5세기 광개토 대왕은 영토를 크게 확보하였고, 뒤를 이은 장수왕은 남진 정책을 추진하였다. 이에 신라와 백제는 나제 동맹을 맺어 고구려에 대응하였다. ②, ③은 4세기, ④는 3세기, ⑤는 6세기경의 일이다.

16 밑줄 친 '왕'은 고구려의 광개토 대왕이다. ④ 장수왕이 백제의 수도 한성을 함락하여 한강 유역 전체를 차지하였다.

17 '왕'의 호칭을 처음 사용한 왕은 지증왕이다. 지증왕은 '신라'라는 국호를 사용하였다. ① 책화는 동예의 풍습이다. ② 고구려 고국천왕이 진대법을 실시하였다. ③은 백제의 무령왕, ④는 백제의 성왕이 실시한 정책이다.

18 가야는 중앙 집권 국가로 성장하지 못하고 연맹 왕국 단계에 머물렀으며, 전기에는 김해의 금관가야가 연맹을 주도하였다가 후기에는 고령의 대가야가 맹주가 되었다. ㄱ은 신라, ㄷ은 고구려에 대한 설명이다.

19 탑은 부처님의 사리를 모시는 곳으로, 불교와 관련이 있다. 삼국은 왕실 주도로 불교를 수용하였다. 불교를 받아들이면서 불교 예술도 함께 발달하여 거대한 사원을 건립하였고, 탑을 세웠다.

20 ㈀은 도교이다. 백제의 산수무늬 벽돌에는 도교의 신선 사상이 나타나 있어 당시 귀족 사회에 도교가 유행하였음을 보여 준다.

21 밑줄 친 '이 학문'은 유학이다. 백제는 오경박사를 두어 유교 경전을 가르쳤다.

22 무령왕릉은 중국 남조의 벽돌무덤 양식으로 축조된 것으로, 당시 백제와 중국 남조 사이에 문물 교류가 있었음을 알려 준다. ①, ②는 고조선과 관련이 있다. ③ 무령왕은 백제가 한강 유역을 상실한 이후에 집권하여 백제 중흥의 발판을 마련하였다. ⑤ 백제는 일본에 선진 문물을 전파하였는데, 이는 아스카 문화 발달에 영향을 주었다.

23 백제의 아직기와 왕인은 일본에 한문, 논어, 천자문을 전해 주었다. ①은 가야, ②, ④는 고구려, ③은 신라의 문화 전파와 관련이 있다.

Ⅱ 남북국 시대의 전개

01 신라의 삼국 통일과 발해의 건국

꼼꼼 개념 문제

44쪽

대표 자료 확인하기 ① 고구려 ② 백제 ③ 매소성

한눈에 정리하기 ① 양제 ② 을지문덕 ③ 안시성
④ 김춘추 ⑤ 계백 ⑥ 평양성 ⑦ 대조영

1 돌궐 **2** (1) 천리장성 (2) 살수 대첩 (3) 연개소문 **3** (1) ✕ (2) ○
(3) ✕ (4) ✕ **4** ㄱ, ㄴ **5** (1) – ㉣ (2) – ㉡ (3) – ㉠ (4) – ㉢
6 (1) 말갈 (2) 백강 (3) 안동도호부

탄탄 시험 문제

45~47쪽

01 ① **02** ⑤ **03** ④ **04** ⑤ **05** ④ **06** ④ **07** ③ **08** ①
09 ⑤ **10** ④ **11** ③ **12** ④ **13** ⑤ **14** ⑤

01 지도는 6세기 후반의 동아시아 정세를 나타낸 것이다. 6세기 후반 수가 중국 대륙을 통일하자 고구려는 돌궐과 손을 잡았고, 남쪽의 백제, 왜와 연결을 꾀하였다. 신라는 고구려와 백제의 잦은 공격에 맞서기 위해 수와 손을 잡았다. ②는 4세기경, ③, ⑤는 5세기경의 일이다. ④는 지도의 정세가 형성된 이후의 일이다.

02 제시된 자료는 을지문덕이 수의 장군에게 보낸 시로, 밑줄 친 '전쟁'은 수가 고구려를 침입하여 일어난 전쟁이다. 이 전쟁에서 을지문덕은 살수 대첩으로 수의 별동대를 격파하였다. ①은 황산벌 전투, ②는 당의 고구려 침입에 대한 설명이다. ③ 고구려가 승리하였다. ④는 매소성 전투에 대한 설명이다.

03 제시된 글은 연개소문에 대한 설명이다. 연개소문은 정변을 일으켜 보장왕을 세우고 대막리지가 되어 권력을 장악하였으며, 당과 신라에 강경한 정책을 펼쳤다.

04 지도는 고구려와 당의 전쟁을 나타낸 것이다. 연개소문이 정변으로 집권하고 당에 강경한 대외 정책을 펼치자 당 태종이 고구려를 침입하였다. ①, ②, ④는 고구려와 수의 전쟁과 관련이 있다. ③ 지배층의 내분은 고구려 멸망 배경 중 하나이다.

05 고구려는 산성을 이용한 방어 체계, 요동 지방의 철광 지대 확보, 뛰어난 제련 기술 등을 원동력으로 하여 수·당의 침입을 막아냈다.

06 ㈐ 수 문제가 30만 군대를 동원하여 고구려를 침입하였으나 실패하였다. ㈎ 수 양제가 다시 고구려를 침입하였으나 살수 대첩에서 패하였다. ㈐ 연개소문이 집권한 이후 당 태종이 고구려를 침입하여 ㈏ 안시성 싸움이 일어났다. 따라서 일어난 순서대로 나열하면 '㈐ – ㈎ – ㈐ – ㈏'이다.

07 밑줄 친 '왕'은 의자왕이다. 의자왕은 대야성을 함락하는 등 신라를 압박하였지만 결국 나당 연합군에 항복하여 백제의 마지막 왕이 되었다.

08 신라는 고구려에 군사적 도움을 요청하였다가 거절당하자 당에 동맹을 제의하여 나당 동맹을 성사시켰다. 이후 신라는 계백의 결사대를 황산벌에서 물리쳤다. ②, ⑤는 ㈏ 이후, ③, ④는 ㈎ 이전의 일이다.

09 백제 부흥 운동은 복신과 도침, 흑치상지가 주도하였으나 지도층의 분열과 백강 전투 패배로 실패하였다. ㄱ, ㄴ은 고구려 부흥 운동에 대한 설명이다.

10 제시된 내용은 모두 고구려 부흥 운동과 관련이 있다. 고구려가 멸망한 이후 검모잠, 고연무 등이 부흥 운동을 벌였으나, 지도층의 분열로 실패하였다.

11 지도는 나당 전쟁의 전개를 나타낸 것이다. ③은 나당 전쟁 이전의 일이다. 당 태종 시기에 고구려를 침입한 당군이 요동성, 백암성 등을 차례로 무너뜨렸다.

12 당은 고구려의 옛 땅에 안동도호부, 백제의 옛 땅에 웅진도독부, 신라에 계림도독부를 설치하였다.

13 ㄱ. 삼국 통일 이후에 발해가 건국되었다. ㄴ. 신라는 삼국을 통일하면서 대동강 이남 지역만 차지하였다.

14 ㉠은 발해이다. 발해의 주민은 고구려 유민과 말갈인으로 구성되었다. ① 발해는 대조영이 건국하였다. ②, ④는 고구려에 대한 설명이다. ③ 고구려 유민이 지배층의 핵심을 이루었다.

학교 시험에 잘 나오는 서술형 문제

1 (1) 을지문덕
(2) **예시답안** 고구려는 산성을 이용한 방어 체계를 갖추었으며, 요동 지방의 철광 지대를 확보하여 철이 풍부하였고, 우수한 제련 기술을 이용하여 뛰어난 철제 무기와 갑옷 등을 만들었다.

구분	채점 기준
상	고구려 승리의 원동력을 세 가지 서술한 경우
중	고구려 승리의 원동력을 두 가지 서술한 경우
하	고구려 승리의 원동력을 한 가지만 서술한 경우

2 (1) 발해
(2) **예시답안** 발해는 고구려 유민이 지배층의 핵심이었으며, 발해의 왕은 일본에 보낸 외교 문서에 스스로 고려(고구려) 또는 고려 국왕이라고 하였다. 일본이 발해를 고려(고구려)라고 부르기도 하였다.

구분	채점 기준
상	발해의 고구려 계승 의식을 보여 주는 근거를 세 가지 서술한 경우
중	발해의 고구려 계승 의식을 보여 주는 근거를 두 가지 서술한 경우
하	발해의 고구려 계승 의식을 보여 주는 근거를 한 가지만 서술한 경우

02 남북국의 발전과 변화

꼼꼼 개념 문제
51쪽

대표 자료 확인하기 ① 5경 ② 9주

한눈에 정리하기 ① 문무왕 ② 문왕 ③ 집사부 ④ 10위
⑤ 원종과 애노의 난 ⑥ 후백제

1 (1) 무열왕 (2) 김흠돌 (3) 호족 (4) 선종 **2** (1) 시중(중시) (2) 관료전
(3) 5소경 **3** (1) ○ (2) × (3) ○ **4** (1) - ⓒ (2) - ㄱ (3) - ⓛ
5 (1) ㄱ (2) ㄴ (3) ㄷ **6** ㉠ 견훤 ㉡ 궁예

탄탄 시험 문제
52~55쪽

01 ④	02 ②	03 ②	04 ③	05 ④	06 ④	07 ①	08 ⑤
09 ②	10 ⑤	11 ⑤	12 ②	13 ⑤	14 ①	15 ②	16 ③
17 ③	18 ①	19 ②	20 ①	21 ②			

01 신라는 삼국을 통일한 이후 진골 귀족 세력을 숙청하고, 화백 회의의 기능과 상대등의 권한을 축소하여 전제 왕권을 확립하였다. ㄱ. 삼국 통일 이후 신라에서는 인구가 증가하였다. ㄷ은 삼국 통일 이전에 해당한다. 무열왕이 진골 출신으로 처음 왕위에 오른 이후 진골 신분이 왕위를 계승하였다.

02 ㉠ 무열왕(김춘추)은 진골 출신으로 처음 왕이 되었다. 그의 아들 ㉡ 문무왕은 고구려를 멸망시키고 나당 전쟁에서 승리하여 삼국 통일을 완성하였다.

03 신문왕은 관료전을 지급하고, 녹읍을 폐지하는 등 전제 왕권을 강화하였다. ① 경덕왕 때 녹읍이 부활하였다. ③은 신라 말, ④는 문무왕 시기의 일이다. ⑤는 발해의 지방 행정 조직에 대한 설명이다.

04 삼국 통일 후 신라의 중앙 정치는 왕의 직속 기관인 집사부와 그 장관인 시중(중시)을 중심으로 운영되었다. ①은 발해의 중앙 정치 조직에 대한 설명이다. ②, ④, ⑤ 통일 직후 신라에서 화백 회의의 기능과 상대등의 권한은 약화되었고, 시중(중시)의 권한은 강화되었다.

05 신라는 전국을 ㉠ 9주로 나누고 그 아래 군과 현을 설치하여 지방관을 파견하였다. 9주의 말단 행정 구역인 촌은 촌주가 관리하였다. ① 9서당은 왕실과 수도를 경비하였다. 9주는 10정이 경비하였다. ②는 발해에 대한 설명이다. ③ 9주는 옛 고구려와 백제의 땅에 설치되었다. ⑤는 5소경에 대한 설명이다.

06 신라의 촌락 문서는 촌주가 3년마다 작성하여 조세와 노동력 수취에 활용하였으며, 촌락의 인구, 토지의 넓이 등을 자세히 기록하였다.

07 ㉮는 국경 지역인 한주이다. ① 신라의 수도는 금성으로, 양주에 있었다.

08 제시된 글은 통일 신라의 중앙군을 설명한 것이다. 신라는 중앙군으로 9서당을 설치하였다. ① 5경은 발해의 정치적·군사적 요충지에 설치되었다. ② 9주는 통일 신라의 지방 행정 조직이다. ③ 10위는 발해의 중앙군이다. ④ 10정은 통일 신라의 지방군이다.

09 밑줄 친 '이 토지'는 관료전이다. 관료전을 받은 관리들은 해당 토지를 경작하는 농민에게 조세를 거둘 수 있었다. ①은 정전에 대한 설명이다. 신문왕이 관료전을 처음 지급하였다. ③ 관료전을 지급하여 귀족의 경제 기반이 약화되었다. ④, ⑤는 녹읍에 대한 설명이다.

10 ㉠은 발해 무왕이다. 무왕은 '인안'이라는 독자적인 연호를 사용하여 발해가 당과 대등함을 강조하였다. ①, ② 5소경과 녹읍은 통일 신라와 관련이 있다. ③ 선왕이 발해의 최대 영토를 확보하였다. ④ 문왕이 상경으로 도읍을 옮겼다.

11 ⑤ 장문휴를 보내 산둥 지방을 공격한 발해의 왕은 무왕이다.

12 지도는 9세기 전반 발해의 전성기를 나타낸 것이다. 발해는 선왕 때 최대 영토를 확보하였다. 이후 중국은 발해를 '바다 동쪽의 융성한 나라'라는 의미의 '해동성국'이라 불렀다. ①은 8세기 후반 문왕 때의 일이다. ③, ⑤는 통일 신라에 대한 설명이다. ④는 발해 멸망 이후의 일이다.

13 ㈎는 선왕, ㈏는 문왕, ㈐는 무왕 시기의 사실로, '㈐ - ㈏ - ㈎'의 순서로 일어났다.

14 ㈎는 6부를 아래에 둔 것으로 보아 정당성임을 알 수 있다. 정당성은 정책을 집행하였다. ②는 6부, ③은 중정대, ④는 문적원, ⑤는 주자감에 대한 설명이다.

15 ㄴ. 통일 신라는 전국을 9주로 나누고 지방관을 파견하였다. ㄹ. 발해는 당의 3성 6부 제도를 받아들였으나, 실정에 맞게 변형하여 운영하였다.

16 밑줄 친 '반란'은 김헌창의 난이다. 김헌창의 난이 일어난 9세기의 통일 신라는 소수의 진골 귀족이 권력을 독점하여 왕권이 약화되었다. ① 녹읍은 신문왕 때 폐지되었다가 경덕왕 때 부활하였다. ②는 발해에 대한 설명이다. ④ 혜공왕이 피살되면서 무열왕계 왕위 세습이 단절되었다. ⑤ 신라 말에는 지방에 대한 중앙 정부의 통제력이 약화되었다.

17 ③ 신라 말 중앙 정부가 주와 군에 세금을 독촉하면서 지방민의 불만이 폭발하여 봉기로 이어졌다.

18 밑줄 친 '반란'은 원종과 애노의 난으로 진성 여왕 시기에 일어났다. ② 원종과 애노의 난은 농민 봉기이다. ③ 원종과 애노의 난을 시작으로 봉기가 확대되었다. ④는 장보고 등과 관련이 있다. ⑤ 농민 봉기가 일어나면서 지방에 대한 중앙 정부의 통제력이 약화되었다.

19 밑줄 친 '이 세력'은 호족이다. 호족은 독자적으로 군사를 보유하고 이를 이용해 지방을 실질적으로 통치하였으며, 6두품 세력과 함께 새로운 사회 건설을 추구하였다. ②는 6두품 세력에 대한 설명이다.

20 제시된 화순 쌍봉사 철감 선사 탑은 승탑이다. 승탑은 선종 승려들이 스승의 사리를 모시기 위해 만든 것으로, 선종과 관련이 있다. 선종은 호족과 백성들의 환영을 받았다. ②는 유학과 관련이 있다. ③ 선종은 전통적인 권위를 부정하였다. ④는 교종, ⑤는 풍수지리설에 해당하는 설명이다.

21 ⑦는 후고구려, ⓝ는 후백제이다. 궁예가 건국한 후고구려는 국호를 마진으로 바꾸었고, 철원으로 도읍을 옮긴 후에는 다시 태봉으로 고쳤다. ①은 ⓝ 후백제, ③, ④는 ⑦ 후고구려에 대한 설명이다. ⑤ 후고구려와 후백제를 세운 궁예와 견훤은 호족 출신이었다.

학교 시험에 잘 나오는 서술형 문제

1 (1) 5소경
(2) **예시답안** 신라는 수도 금성(경주)이 국토의 동남쪽에 치우쳐 있는 약점을 보완하고, 지방 세력을 견제하기 위해 5소경을 설치하였다.

구분	채점 기준
상	5소경의 설치 목적을 두 가지 서술한 경우
하	5소경의 설치 목적을 한 가지만 서술한 경우

2 **예시답안** 발해는 정당성을 중심으로 3성을 운영하였으며, 6부의 명칭에 유교 덕목을 반영하였다.

구분	채점 기준
상	정당성 중심의 운영, 6부의 명칭에 유교 덕목 반영을 모두 서술한 경우
하	정당성 중심의 운영, 6부의 명칭에 유교 덕목 반영 중 한 가지만 서술한 경우

3 **예시답안** 풍수지리설이 경주(금성) 중심의 지리 개념에서 벗어나 지방의 중요성을 강조하였기 때문이다.

구분	채점 기준
상	경주(금성) 중심의 지리 개념 탈피, 지방의 중요성 강조를 모두 서술한 경우
하	경주(금성) 중심의 지리 개념 탈피, 지방의 중요성 강조 중 한 가지만 서술한 경우

03 남북국의 문화와 대외 관계

꼼꼼 개념 문제

58쪽

대표 자료 확인하기 ① 신라관 ② 울산항 ③ 신라도

한눈에 정리하기 ① 의상 ② 주자감 ③ 문왕 ④ 당항성 ⑤ 신라도

1 (1) ㄷ (2) ㄱ (3) ㄴ **2** (1) 석굴암 (2) 원효 (3) 모줄임 (4) 의상
3 (1) 상원사 동종 (2) 국학 (3) 3층 석탑 (4) 불국사 **4** ㉠ 당
㉡ 고구려 **5** (1) ✕ (2) ○ (3) ○ (4) ✕

탄탄 시험 문제

59~61쪽

01 ② **02** ③ **03** ② **04** ④ **05** ② **06** ③ **07** ① **08** ④
09 ④ **10** ⑤ **11** ④ **12** ⑤ **13** ④ **14** ① **15** ①

01 통일 신라는 유학을 정치 이념으로 삼았고, 독서삼품과를 실시하여 유교 경전의 이해 수준을 시험하였다. ①, ③, ④는 발해에 해당하는 설명이다. ⑤는 고구려에서 도교가 발달하였음을 보여 준다.

02 ⑦ 설총은 이두를 정리하여 유교 경전을 우리말로 쉽게 풀이하였다. ⓝ 김대문은 진골 출신으로 화랑의 전기를 모은 『화랑세기』를 저술하였다.

03 제시된 자료는 의상의 화엄 사상과 관련이 있다. 의상은 부석사를 비롯한 여러 사원을 건립하였다. ①은 김대문, ③은 장보고, ④는 원효, ⑤는 혜초의 활동이다.

04 제시된 경주 불국사 다보탑은 통일 신라의 석탑이다. 통일 신라에서는 수학적 계산을 적용하여 인공 석굴 사원인 석굴암을 만들었다. ①, ③은 통일 전 신라, ②는 고구려와 백제, ⑤는 고구려와 관련이 있다.

05 제시된 자료는 경주 불국사 3층 석탑이다. 이 탑은 통일 신라 시대에 제작되었으며, 이중 기단 위에 3층으로 제작되었다. ㄴ. 상경성의 절터 유적은 발해의 유적이다. ㄹ. 삼국 시대의 탑들도 남아 있다.

06 ③은 발해의 불교 발달과 관련된 설명이다. 발해의 불교는 왕실과 귀족의 후원을 받으며 융성하였는데, 특히 문왕은 스스로를 불교적 성왕이라 칭하며 불교를 적극 후원하였다.

07 제시된 영광탑과 석등은 발해에서 만들어졌다. 발해에서는 교육 기관인 주자감을 설치하여 유학을 가르쳤다. ②, ④, ⑤는 통일 신라, ③은 백제에 대한 설명이다.

08 발해의 유학자들은 일본으로 파견되었으며, 정혜 공주묘 묘지석의 내용을 통해 높은 수준으로 유학이 발전하였음을 알 수 있다. ㄱ, ㄷ은 통일 신라의 유학 발달에 대한 설명이다.

09 발해는 고구려 문화를 기반으로 당의 문화를 수용하여 융합적인 문화를 발전시켰다. ①, ②, ③, ⑤는 통일 신라와 관련이 있다.

10 상경성은 당의 장안성을 모방하여 건설한 계획도시로 이곳에서 고구려 문화의 전통을 이어받은 온돌 시설, 불상 등이 발견되었다.

11 제시된 자료는 당의 삼채 기법의 영향을 받은 발해의 삼채와 말갈 문화를 흡수한 말갈식 토기이다. 발해는 이처럼 주변의 다양한 문화를 받아들여 국제적인 문화를 발달시켰다. ①은 온돌 시설, 기와, 모줄임천장 구조 등을 통해 알 수 있다. ②는 영광탑, 이불병좌상 제작 등을 통해 알 수 있다. ③은 주자감, 정혜 공주·정효 공주 묘지석 등을 통해 알 수 있다. ⑤ 통일 신라에서 지방 사회를 중심으로 선종이 유행하여 승탑과 탑비가 발달하였다.

12 신라는 일본에 금속 제품과 모직물 등을 수출하였으며, 당과 일본 사이에서 중계 무역으로 이득을 보았다.

13 『왕오천축국전』은 통일 신라의 혜초가 인도와 중앙아시아를 순례한 후 저술한 것으로, 통일 신라와 서역의 교류를 보여 준다.

14 ㄷ. 고구려의 왕산악이 거문고를 만들었다. ㄹ. 통일 신라는 발해와 교류하였다.

15 ① 발해는 건국 초기 신라와 대립하였다가, 문왕 때 신라도를 개설하여 교류하기 시작하였다.

학교 시험에 잘 나오는 서술형 문제

1 (1) 원효
(2) **예시답안** 원효는 백성에게 어려운 불교 교리 대신 '나무아미타불'만 외우면 극락정토에 갈 수 있다고 가르쳐 불교의 대중화에 힘썼다.

구분	채점 기준
상	아미타 신앙을 기반으로 불교 대중화에 힘썼음을 모두 서술한 경우
하	불교 대중화에 힘썼다고만 서술한 경우

2 **예시답안** 발해 기와의 모양이 고구려 기와의 모양과 비슷한 것을 통해 발해 문화가 고구려 문화를 기반으로 발전하였음을 알 수 있다.

구분	채점 기준
상	기와 모양을 비교하여 발해 문화의 특징을 서술한 경우
하	발해 문화가 고구려 문화의 영향을 받았다고만 서술한 경우

3 **예시답안** 화엄 사상. 화엄 사상은 삼국 통일 직후 신라 사회를 통합하는 데 기여하였다.

구분	채점 기준
상	화엄 사상을 쓰고, 신라에 끼친 영향을 서술한 경우
중	신라에 끼친 영향만 서술한 경우
하	화엄 사상만 쓴 경우

쑥쑥 마무리 문제

01 ①	02 ①	03 ⑤	04 ④	05 ②	06 ⑤	07 ③	08 ①
09 ④	10 ①	11 ②	12 ④	13 ⑤	14 ④	15 ⑤	16 ③
17 ②	18 ⑤	19 ①	20 ②	21 ⑤	22 ⑤	23 ③	24 ①

01 589년 수가 중국을 통일하며 동아시아 국제 정세가 변동하였다. 수의 등장에 위협을 느낀 고구려는 돌궐, 백제, 왜와 연결을 꾀하였다.

02 제시된 글은 살수 대첩에 대한 설명이다. 수의 우중문이 고구려를 침입하였을 때 을지문덕이 이끄는 고구려군은 퇴각하는 수의 군대를 살수에서 크게 무찔렀다.

03 ㈎ 고구려는 살수 대첩에서 수에 승리를 거두었다. ㈏ 안시성의 성주와 백성들은 안시성 싸움에서 당군을 몰아냈다. ㈐ 고구려는 당의 공격에 대비하기 위해 천리장성을 쌓았다. ㈑ 수 문제는 30만 군대를 동원하여 고구려를 침략하였으나, 수군은 홍수, 전염병, 굶주림에 시달리다가 돌아갔다. ⑤ '㈑ - ㈎ - ㈐ - ㈏'의 순서로 일어났다.

04 나당 연합군이 백제와 고구려를 멸망시킨 이후 당이 한반도 지배 야심을 보이자, 신라와 고구려 부흥군이 당군을 선제공격하였다. 이후 신라가 매소성·기벌포 전투에서 당군을 격파하였다. ①, ③, ⑤는 나당 연합군의 평양성 함락 이전, ②는 매소성 전투 이후의 일이다.

05 검모잠은 한성에서 보장왕의 아들 안승을 왕으로 추대하여 고구려 부흥 운동을 전개하였다. ① 백강 전투는 백제 부흥 운동 과정에서 일어났다. ③ 연개소문이 대막리지가 된 것은 고구려 멸망 이전의 일이다. ④ 황산벌 전투는 백제 멸망 과정에서 일어난 전투이다. ⑤ 복신과 도침은 왕자 (부여)풍을 왕으로 맞아 주류성에서 백제 부흥 운동을 벌였다.

06 지도는 나당 전쟁의 전개를 나타낸 것이다. 나당 연합군이 고구려를 멸망시킨 이후 당은 한반도 전체를 지배하려고 하였다. 이에 신라는 당군을 매소성, 기벌포에서 격퇴하여 대동강 이남에서 당을 축출하였다.

07 ③ 신라는 삼국 통일로 대동강 이남 지역만 차지하였다.

08 밑줄 친 '그'는 대조영이다. 옛 고구려 장수 출신인 대조영은 당의 통제력이 약화된 틈을 타 고구려 유민과 말갈인 일부를 이끌고 발해를 건국하였다.

09 ㉠은 문무왕이다. 문무왕은 친당적인 진골 귀족을 축출하여 왕권을 강화하였다. ①은 무열왕, ②, ③은 신문왕에 대한 설명이다. ⑤ 주자감은 발해의 교육 기관이다.

10 제시된 글은 김흠돌의 난으로, 신문왕 때 일어났다. 신문왕은 국학을 설치하여 인재를 양성하였다. ②는 경덕왕, ③은 법흥왕, ④는 원성왕의 정책이다. ⑤는 발해에 대한 설명이다.

11 통일 이후 신라는 집사부를 중심으로 중앙 정치를 운영하고, 10여 개의 관청에 행정 업무를 담당하게 하여 왕권을 강화하였다. ㄴ, ㄹ은 발해에 대한 설명이다.

12 지도는 통일 신라의 지방 행정 조직을 나타낸 것이다. 통일 신라는 전국을 9주로 나누고 그 아래 군과 현을 두어 지방관을 파견하였으며, 촌락은 토착 세력인 촌주가 통치하도록 하였다. 수도 금성이 동남쪽으로 치우친 약점을 보완하고 지방 세력을 견제하기 위해 지방의 중요 거점에는 5소경을 두었으며, 5소경에는 고구려, 백제 출신 귀족을 옮겨 살게 하였다. ④는 발해의 지방 행정 조직에 대한 설명이다.

13 ㉠에 들어갈 토지는 녹읍이다. 녹읍은 관리에게 수조권 이외에도 조세와 노동력을 거둘 수 있는 권리를 지급하였다. ① 녹읍은 경덕왕 때 부활하였다. ②는 정전에 대한 설명이다. ③ 녹읍은 관리들에게 지급하였다. ④ 녹읍은 진골 귀족들의 경제적 기반이 되었다.

14 ㈐ 발해는 무왕 때 당의 산둥 지방을 공격하였고, ㈎ 문왕 때 상경으로 도읍을 옮겼으며, ㈏ 선왕이 최대 영토를 차지한 이후 중국에서 '해동성국'이라고 불렸다. 따라서 일어난 순서대로 나열하면 '㈐ – ㈎ – ㈏'이다.

15 ⑤ 발해는 당의 제도를 본떠 3성 6부를 조직하였는데, 6부의 명칭을 유교 덕목으로 바꾸어 사용하는 등 당의 제도를 자신의 실정에 맞게 바꾸어 사용하였다.

16 지도는 신라 말 사회가 혼란하였던 모습을 보여 준다. 당시 소수의 진골 귀족에게 권력이 집중되자 왕권이 약해지고 진골 귀족 세력이 분열하였다. ① 신라 말에는 중앙의 권력 다툼으로 왕권이 약화되었다. ②, ④는 통일 직후 신라 사회의 모습이다. ⑤ 신라 말 농민 봉기가 확산되면서 지방에 대한 중앙 정부의 통제력이 약화되었다.

17 ㉠은 호족이다. 신라 말에는 지방에서 독자적 세력을 형성한 호족이 새로운 지배 세력으로 성장하였다.

18 제시된 자료는 신라 말 유행한 선종의 영향을 받아 제작된 승탑이다. 따라서 밑줄 친 '이 시기'는 신라 말이다. 신라 말에는 풍수지리설이 확산되어 지방 호족의 사상적 기반이 되었다. ①은 7세기 신문왕 때의 일이다. ② 4세기 내물왕 때부터 지배자를 '마립간'이라 불렀으며, 6세기 지증왕 때 '왕'이라는 호칭을 사용하기 시작하였다. ③ 6세기 진흥왕 때 신라가 한강 유역을 차지하였다. ④는 고구려에 대한 설명이다.

19 ㈎ 견훤은 후백제를 건국하였으며, ㈏ 궁예는 후고구려를 건국하였다. 대조영은 발해를 건국하였다.

20 신라는 왕권 강화와 체제 안정을 위해 유학을 정치 이념으로 채택하고 발전시켰다. 원성왕 때는 독서삼품과를 시행하여 유교 경전의 이해 수준을 시험하였다. 유학이 발달하면서 많은 유학자가 배출되었는데, 최치원은 당의 빈공과에 합격하고 뛰어난 문장가로 활약하였으며, 설총은 이두를 정리하여 유교 경전을 우리말로 풀이하였다. ② 신라는 유학 교육 기관으로 국학을 설치하였다. 태학은 고구려의 교육 기관이다.

21 원효는 일심 사상을 바탕으로 화쟁 사상을 주장하여 종파 간 사상적 대립의 조화를 추구하였다. ①은 장보고, ②, ③은 의상, ④는 김대문에 대한 설명이다.

22 ㈎는 통일 신라, ㈏는 발해의 탑이다. 통일 신라는 불국사와 석굴암 등의 사원을 건립하였으며, 후기에는 선종이 유행하면서 승탑과 탑비를 많이 만들었다. 발해 문화는 고구려 문화를 기반으로 다양한 문화를 받아들여 국제성을 띠었다. ⑤ 통일 신라는 유학을 정치 이념으로 채택하였고, 발해도 유학을 통치 이념에 반영하였다.

23 정효 공주 묘는 당의 영향을 받아 벽돌무덤으로 만들어졌고, 내부 천장은 고구려의 양식을 계승하였다.

24 발해는 건국 초기에 당, 신라와 대립하였으며, 이후 당과 교류하면서 당의 산둥반도에 발해관이 설치되었다. 따라서 ㉠에 들어갈 나라는 당이다.

III 고려의 성립과 변천

01 고려의 건국과 정치 변화(1)

꼼꼼 개념 문제 72쪽

대표 자료 확인하기 ① 노비안검법 ② 식목도감 ③ 중추원

한눈에 정리하기 ① 북진 정책 ② 과거제 ③ 시무 28조

1 ㄴ, ㄷ **2** (1) 고구려 (2) 훈요 10조 **3** (1) ○ (2) × (3) ×
4 (1) – ㉡ (2) – ㉢ (3) – ㉠ (4) – ㉢ (5) – ㉣ **5** ㉠ 속현 ㉡ 소
6 (1) 공음전 (2) 음서

탄탄 시험 문제 73~75쪽

01 ⑤ **02** ④ **03** ⑤ **04** ① **05** ① **06** ② **07** ⑤ **08** ②
09 ④ **10** ⑤ **11** ⑤ **12** ① **13** ⑤ **14** ④ **15** ④

01 (가)에는 고려 건국(918) 이후, 고려의 후삼국 통일(936) 이전에 있었던 일이 들어가야 한다. 935년 신라의 경순왕은 나라를 유지하기 어렵다고 판단하여 고려에 나라를 넘겨주었다. ①은 900년, ②는 698년, ③은 901년, ④는 889년의 일로 모두 고려 건국 이전에 있었던 일이다.

02 고려는 후삼국을 통일하면서 신라와 후백제뿐만 아니라 거란에 멸망한 발해 유민까지 받아들여 민족의 재통합을 이루었다. 또한 고려의 건국과 후삼국 통일 과정에서 호족, 6두품 등이 참여하게 되어 신라에 비해 정치 참여 세력의 폭이 넓어졌다. ㄱ. 우리 민족 최초의 통일은 신라의 삼국 통일이다. ㄷ. 고려의 후삼국 통일은 외세의 간섭 없이 이루어졌다.

03 제시된 자료는 태조가 후대의 왕들에게 남긴 훈요 10조이다. ⑤ 광종은 스스로를 황제로 칭하고 '광덕', '준풍' 등의 연호를 사용하여 국가의 위상을 높였다.

04 제시된 자료는 태조의 북진 정책과 관련이 있다. 태조는 건국 직후부터 고구려 계승을 내세우며 고구려의 옛 땅을 되찾기 위해 북진 정책을 추진하였다. 그 결과 태조 말 고려의 영토는 청천강에서 영흥만에 이르는 지역까지 넓어졌다.

05 광종은 호족들이 불법적으로 노비로 삼은 사람들을 양인으로 해방하는 노비안검법을 시행하였다. 이를 통해 호족을 견제하고 왕권을 강화하려 하였다.

06 제시된 자료는 최승로가 성종에게 올린 시무 28조이다. 최승로는 시무 28조에서 지방관을 파견할 것을 주장하고, 불교 행사와 토착 신앙 행사의 억제 등을 요구하였다. 또한 통치의 근본이념으로 유교 정치사상을 제시하였다. ① 태조는 호족을 포섭하기 위해 호족에게 관직과 토지 등을 내려주었다.

③ 시무 28조는 광종이 과거제를 실시한 이후에 제안되었다. **④**는 태조의 훈요 10조에 대한 설명이다. **⑤** 광종은 위계질서를 세우기 위해 관리의 공복 색깔을 정하였다.

07 ①, ②는 어사대, ③은 도병마사와 식목도감, ④는 중서문하성에 대한 설명이다.

08 국왕의 비서 기관인 중추원은 군사 기밀을 다루고 왕의 명령을 전달하였다. ①은 관리의 비리를 살피고 정치의 잘잘못을 논의하였다. ③, ④는 고려의 독자적인 회의 기구이다. ⑤는 고려 시대 최고 관청으로, 국가의 정책을 논의하고 결정하였다.

09 고려는 전국을 5도와 양계, 경기로 나누어 다스렸다. 지방의 행정 실무는 각 고을의 향리가 담당하였다. ㄱ. 통일 신라는 지방 행정 제도를 9주 5소경으로 정비하였다. ㄷ. 군, 현은 지방관이 파견된 주현과 지방관이 파견되지 않은 속현으로 구분되었다.

10 고려는 일반 군현 외에도 향·부곡·소 등의 특수 행정 구역을 운영하였다. 이 지역의 주민들은 일반 군현의 주민에 비해 더 많은 세금을 부담하고 차별 대우를 받았다. ① 일반 행정 구역인 5도에는 안찰사가 파견되었다. ② 고려의 군, 현은 지방관이 파견된 주현과 파견되지 않은 속현으로 구분되었다. ③은 통일 신라의 촌, ④는 개경에 대한 설명이다.

11 지도의 빗금 친 지역은 고려의 양계이다. 양계는 군사 행정 구역으로 북계와 동계로 이루어졌다. 양계에는 병마사를 파견하여 관리하였다. ①은 5도에 대한 설명이다. ② 2군은 중앙군으로 궁궐과 왕실을 호위하였다. ③은 소에 대한 설명이다. ④ 수도 개경과 그 주변 지역을 묶어 경기라 하였다.

12 ㉠은 2군, ㉡은 6위이다. 고려의 중앙군은 궁궐과 왕실을 지키는 2군과 개경과 국경 지방을 방어하는 6위로 편성되었다.

13 고려의 관리 등용 제도는 과거와 음서가 대표적이었다. 시험으로 인재를 선발하는 과거에는 문관을 뽑는 제술과와 명경과, 기술관을 뽑는 잡과, 승려를 대상으로 하는 승과가 있었다. 과거는 원칙적으로 양인 이상이면 응시할 수 있었다. 한편, 왕족과 공신의 후손, 5품 이상 고위 관리의 자손은 과거를 거치지 않고 음서로 관리가 될 수 있었다. ⑤ 고려 시대에 무과는 거의 시행하지 않았고, 무예가 뛰어난 사람을 무관으로 임명하였다.

14 ㉠은 국자감이다. 성종 때 최고 교육 기관인 국자감이 개경에 설치되었다. ① 삼국 통일 이후 신라의 신문왕은 국학을 설치하여 유학을 보급하고 왕권을 뒷받침할 인재를 양성하였다. ② 고구려 소수림왕은 태학을 세워 인재를 양성하였다. ③은 고려 시대에 지방에 설치된 교육 기관이다. ⑤ 발해는 주자감을 설치하여 유학을 가르쳤다.

15 고려는 전시과 제도에 따라 관리를 18등급으로 나누어 곡식을 거둘 수 있는 전지와 땔감을 얻을 수 있는 시지의 수조권을 지급하였다. 또한 5품 이상의 고위 관리에게는 세습이 가능한 공음전을 주었다. ① 공음전은 세습이 가능하였다. ②는 전시과, ③은 녹읍, ⑤는 공음전에 대한 설명이다.

학교 시험에 잘 나오는 서술형 문제

1 (1) ㈜ 기인 제도, ㈁ 사심관 제도

(2) **예시답안** 태조는 기인 제도와 사심관 제도를 통해 지방 통치를 보완하고 호족을 포섭·견제하고자 하였다.

구분	채점 기준
상	지방 통치를 보완하고 호족을 포섭·견제하고자 했다는 목적을 모두 서술한 경우
하	위 내용 중 한 가지만 서술한 경우

2 (1) 최승로

(2) **예시답안** 성종은 시무 28조를 받아들여 유교를 국가 통치의 근본이념으로 삼았다. 또한 지방의 주요 거점인 12목에 관리를 파견하였으며, 불교와 토착 신앙 행사를 억제하여 재정 낭비를 줄이는 데에도 힘썼다.

구분	채점 기준
상	유교를 국가 통치의 근본이념으로 삼고, 12목에 관리를 파견하였으며, 불교와 토착 신앙 행사를 억제하였다는 내용을 모두 서술한 경우
중	위 내용 중 두 가지를 서술한 경우
하	위 내용 중 한 가지만 서술한 경우

02 고려의 건국과 정치 변화(2)

꼼꼼 개념 문제
78쪽

대표 자료 확인하기 ① 중방 ② 최충헌 ③ 이의민

한눈에 정리하기 ① 묘청 ② 의종 ③ 교정도감

1 (1) 이자겸 (2) 문벌 **2** (1) ✕ (2) ○ **3** ㉠ 풍수지리설 ㉡ 김부식
4 (1) – ㉢ (2) – ㉡ (3) – ㉠ (4) – ㉣ **5** 명학소 **6** 효심, 만적

탄탄 시험 문제
79~81쪽

01 ⑤	02 ③	03 ⑤	04 ④	05 ⑤	06 ④	07 ⑤	08 ⑤
09 ④	10 ①	11 ②	12 ④	13 ③	14 ④		

01 제시된 자료는 고려 시대 대표적 문벌인 경원 이씨와 왕실의 혼인 관계를 나타낸 것이다. 고려 전기의 지배층인 문벌은 과거와 음서로 주요 관직을 독점하며 세력을 확대하였다. ① 과거제는 광종 때 처음 실시되었다. ②는 936년의 일이다. ③ 백제의 무령왕은 22담로에 왕족을 파견하였다. ④는 신라 말의 일이다.

02 밑줄 친 '그'는 이자겸이다. 인종이 권력을 독점한 이자겸을 제거하려 하자 이자겸은 척준경과 함께 난을 일으켰다(이자겸의 난). ①은 태조, ②는 김부식, ④는 최승로, ⑤는 만적 등에 대한 설명이다.

03 경원 이씨 가문은 왕실과 혼인 관계를 통해 문벌 가문으로 성장하고 권력을 독점하였다. 이에 위협을 느낀 인종이 이자겸을 제거하려 하자, 이자겸은 척준경과 함께 반란을 일으켰다. 인종이 이자겸을 제거하면서 반란을 진압하였지만, 이 사건을 계기로 왕실의 권위가 하락하였고 문벌 귀족 사회가 동요하였다. ㄱ, ㄴ은 서경 천도 운동과 관련이 있다.

04 제시된 자료에서 서경으로 천도하자는 내용을 통해 묘청 등 서경 세력의 주장임을 알 수 있다. ④ 묘청, 정지상 등 서경 세력은 금을 정벌할 것을 주장하였다.

05 묘청은 풍수지리설을 근거로 서경 천도를 주장하였다.

06 고려 전기 무신은 문신에 비해 차별 대우를 받았다. 하급 군인들은 군인전을 제대로 지급받지 못하였고 각종 공사에 동원되어 불만이 커졌다. 이러한 상황에서 정중부, 이의방 등의 무신들은 무신 정변을 일으켰다. ㄱ, ㄷ은 서경 천도 운동의 배경과 관련이 있다.

07 제시된 자료에서 무신인 이소응을 문신 한뢰가 때렸다는 내용을 통해 고려 사회에서 무신들이 문신에 비해 차별을 받고 있었음을 알 수 있다. ① 통일 신라의 신문왕 때 녹읍이 폐지되었다가 8세기 중반 다시 부활하였다. ②, ④는 광종 때의 일이다. ③은 1135년의 일이다.

08 ㄱ. 무신 정권 초기에는 무신들의 권력 다툼으로 집권자가 자주 바뀌고 사회가 혼란하였다. ㄴ. 김헌창의 난은 822년 신라 말에 일어났다.

09 ④ 이자겸의 난 이후 왕실의 권위가 떨어지자 인종은 왕권 회복을 위해 윤언이 등 개혁 세력을 등용하였다.

10 ㉠은 교정도감, ㉡은 도방에 해당한다. 최충헌은 권력을 잡은 뒤 교정도감을 설치하여 중요한 정책을 결정하였다. 도방은 경대승이 신변 보호를 위해 조직한 사병 집단으로, 최씨 정권은 이를 확대하여 정권 유지에 활용하였다.

11 최우는 서방을 설치하여 능력 있는 문인들에게 정책을 자문하였다. 이 과정에서 이규보와 같은 문신이 등용되었다.

12 최우는 야별초를 조직하여 정권을 보호하는 군사적 기반으로 활용하였다. ①은 9서당, ②는 향·부곡·소, ③은 병마사, ⑤는 중추원에 해당한다.

13 ③ 무신 집권기에는 무신들 간의 권력 다툼으로 정치가 혼란하여 지방에 대한 정부의 통제력이 약화되었다. 이러한 상황에서 전국 각지의 농민과 천민들이 봉기하였다.

14 ㉠은 망이·망소이의 난이다. 특수 행정 구역인 공주 부근 명학소에서는 망이·망소이 형제가 정부의 지나친 조세 부과에 저항하여 봉기하였다.

학교 시험에 잘 나오는 서 술 형 문제

1 (1) 문벌
(2) **예시답안** 문벌은 과거와 음서를 통해 주요 관직을 독점하고, 왕실 및 유력 가문과 혼인하며 정치권력을 장악하였다.

구분	채점 기준
상	과거와 음서를 통해 주요 관직을 독점하고, 왕실 및 유력 가문과 혼인하며 정치권력을 장악하였다는 내용을 모두 서술한 경우
하	위 내용 중 한 가지만 서술한 경우

2 **예시답안** 무신 정변. 이자겸의 난과 서경 천도 운동 이후 정치 질서가 흔들리고 왕권이 약화되었다. 또한 문신 위주의 정치와 무신에 대한 차별 대우가 지속되었고, 하급 군인은 군인전을 제대로 지급받지 못하여 불만이 커졌다.

구분	채점 기준
상	무신 정변을 쓰고, 이자겸의 난과 서경 천도 운동 이후 왕권 약화, 문신 위주의 정치와 무신에 대한 차별 대우 지속, 하급 군인의 불만이 커졌다는 내용을 모두 서술한 경우
중	무신 정변의 배경만 서술한 경우
하	무신 정변만 쓴 경우

3 **예시답안** 만적의 봉기는 신분 차별을 극복하려 했다는 점에서 당시 하층민들의 사회의식이 성장하고 있었음을 보여 준다.

구분	채점 기준
상	만적의 봉기가 신분 차별을 극복하려 하였고, 당시 하층민의 사회의식이 성장하고 있었음을 보여 준다는 내용을 모두 서술한 경우
하	위 내용 중 한 가지만 서술한 경우

03 고려의 대외 관계

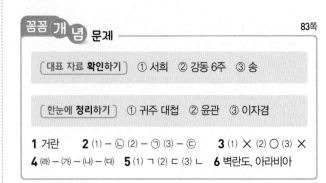

83쪽

꼼꼼 개 념 문제

대표 자료 확인하기 ① 서희 ② 강동 6주 ③ 송

한눈에 정리하기 ① 귀주 대첩 ② 윤관 ③ 이자겸

1 거란 **2** (1) - ㉡ (2) - ㉠ (3) - ㉢ **3** (1) ✕ (2) ◯ (3) ✕
4 (라) - (가) - (나) - (다) **5** (1) ㄱ (2) ㄷ (3) ㄴ **6** 벽란도, 아라비아

탄탄 시험 문제

84~85쪽

01 ④ **02** ② **03** ④ **04** ① **05** ⑤ **06** ⑤ **07** ④ **08** ③
09 ①

01 10세기 동아시아에서는 고려, 거란, 송을 중심으로 다원적인 국제 질서가 형성되었다. ④ 12세기 초 여진 부족 중 하나인 완옌부가 여러 여진 부족을 통합하였다.

02 고려가 송과 가깝게 지내자, 이에 반발하여 송에 대한 공격을 준비하던 거란은 먼저 고려를 침략하였다(993). 이에 서희는 거란 장수 소손녕과 외교 담판을 벌여 거란과 교류할 것을 약속하는 대신 강동 6주를 고려 영토로 인정받았다. 이후 거란은 강조의 정변을 구실로 다시 고려를 침략하였다(1010).

03 거란은 세 차례에 걸쳐 고려를 침략하였다. 1019년 거란의 3차 침입 당시 고려의 강감찬은 귀주에서 거란군을 크게 물리쳤다(귀주 대첩).

04 ㉠은 별무반, ㉡은 동북 9성에 해당한다. 윤관은 숙종 때 여진을 정벌하기 위하여 특수 부대인 별무반을 편성하였다. 이후 예종 때 별무반을 이끌고 여진 정벌에 나서 동북 9성을 쌓고 고려의 영토로 삼았다. 그러나 여진의 요구와 방어의 어려움으로 9성을 여진에 돌려주었다.

05 밑줄 친 '이 민족'은 여진이다. 12세기 완옌부를 중심으로 부족을 통합하면서 세력을 키운 여진은 금을 건국하고 고려에 사대 관계를 요구하였다. 한편, 여진은 고려에 말과 화살 등을 바치고 식량과 농기구 등 생활필수품을 받아 갔다. ㄱ. 태조는 건국 초 호족을 포섭하기 위해 유력한 호족과 혼인 관계를 맺었으며, 호족에게 관직과 토지, 왕씨 성 등을 내려 주었다. ㄴ. 거란은 강조의 정변을 구실로 1010년 고려를 침략하였다.

06 (다) 서희는 거란의 1차 침입 때 거란의 장수 소손녕과 외교 담판을 벌여 강동 6주를 고려 영토로 인정받았다(993). (라) 거란은 강조의 정변(1009)을 구실로 다시 고려를 침략하였다(1010). (가) 거란의 3차 침입 때에는 강감찬이 이끄는 고려군이 귀주에서 거란군을 거의 전멸시켰다(1019). (나) 이후 고려는 국경 지역에 천리장성을 쌓아 북방 민족의 침입에 대비하였다.

07 고려는 송과 가장 활발하게 교류하며 문화적·경제적인 실리를 추구하였다. 한편, 송은 고려와의 관계를 통해 거란, 여진 등 주변 민족을 견제하려 하였다. ㄱ. 고려는 송으로부터 비단, 약재, 서적 등 선진 문물을 주로 수입하였다. ㄷ. 고려는 거란과 세 차례의 전쟁 이후 거란에 정기적으로 사신을 파견하였다.

08 ㉠은 벽란도이다. 개경에서 가까운 예성강 입구에 위치한 벽란도는 일본, 송, 아라비아 상인 등이 왕래하며 국제 무역항으로 번성하였다.

09 ① 고려는 건국 초기부터 주변 국가와 활발하게 교류하였는데, 특히 송과 가장 활발하게 교류하였다. 고려 초에는 송에 사신, 학자 등을 보내 송의 선진 문물을 받아들이며 문화적·경제적인 실리를 추구하였다. 한편, 송은 고려와의 관계를 통해 거란, 여진 등 주변 민족을 견제하려 하였다.

학교 시험에 잘 나오는 서 술 형 문제

1 (1) 강동 6주
(2) **예시답안** 거란의 1차 침입 때 서희는 거란의 장수 소손녕과 외교 담판을 벌여 강동 6주를 고려의 영토로 인정받았다. 그 결과 고려의 영토가 압록강까지 확대되었다.

구분	채점 기준
상	거란의 1차 침입 때 서희가 외교 담판을 벌여 강동 6주를 고려 영토로 인정받았고, 그 결과 고려의 영토가 압록강까지 확대되었다는 내용을 모두 서술한 경우
하	위 내용 중 한 가지만 서술한 경우

2 (1) 송
(2) **예시답안** 고려는 사신, 학자 등을 보내 송의 선진 문물을 받아들이며 문화적·경제적인 실리를 추구하였다. 한편, 송은 고려와의 관계를 통해 거란, 여진 등 주변 민족을 견제하려 하였다.

구분	채점 기준
상	고려는 송과 교류하면서 문화적·경제적인 실리를 추구하였으며, 송은 고려와의 관계를 통해 주변 민족을 견제하려 하였다는 내용을 모두 서술한 경우
하	고려와 송의 목적 중 한 가지만 서술한 경우

04 몽골의 간섭과 고려의 개혁

꼼꼼 개념 문제 88쪽

대표 자료 확인하기 ① 귀주성 ② 김윤후

한눈에 정리하기 ① 쌍성총관부 ② 신진 사대부 ③ 위화도 회군

1 (1) 강화도 (2) 정동행성 (3) 전민변정도감 2 (1) ✕ (2) ○ (3) ○
3 (1) ㄷ (2) ㄱ (3) ㄴ 4 (1) - ㉠ (2) - ㉢ (3) - ㉡ 5 (1) 신진 사대부
(2) 몽골풍 6 삼별초

탄탄 시험 문제 89~91쪽

01 ② 02 ② 03 ① 04 ② 05 ⑤ 06 ④ 07 ① 08 ③
09 ③ 10 ② 11 ② 12 ③ 13 ⑤ 14 ②

01 몽골은 고려에 많은 공물을 요구하며 고려와 갈등을 빚었다. 이러한 상황에서 고려에 온 몽골 사신 저고여가 귀국하는 길에 살해되자 몽골은 이를 빌미로 고려에 침입하였다.

02 ② 별무반은 고려 숙종 때 여진 정벌을 위해 윤관의 건의로 편성되었다.

03 밑줄 친 '이것'은 팔만대장경이다. 최씨 정권은 부처의 힘에 기대어 몽골의 침입을 물리치고자 팔만대장경을 만들었다.

04 ㉠은 김윤후이다. 김윤후는 몽골의 2차 침입 당시 처인성 전투에서 처인 부곡민과 함께 몽골군 총사령관 살리타를 사살하며 큰 승리를 거두었다. 또한 충주성에서는 노비 문서를 불태워 노비들의 사기를 올렸다. ①은 박위, ③은 김부식 등, ④는 최충헌, ⑤는 묘청 등 서경 세력에 대한 설명이다.

05 ㈐ 몽골의 1차 침입에 맞서 충주성에서 관노비들이 활약하였다(1253). ㈑ 몽골과의 오랜 전쟁 끝에 당시 태자였던 원종은 쿠빌라이를 만나 강화를 맺었다(1259). ㈎ 다시 몽골에 저항하려고 했던 무신 정권이 내분으로 무너지자, 고려 정부는 개경으로 도읍을 옮겼다(1270). ㈒ 삼별초는 개경으로 돌아가는 데 반대하며 대몽 항쟁을 전개하였다(1270~1273).

06 강화도에서 진도, 제주도로 이동하며 대몽 항쟁을 전개한 군사 조직은 삼별초이다. 무신 정권의 군사적 기반이었던 삼별초는 고려 정부의 개경 환도에 반대하며 봉기하였다. ④는 별무반에 대한 설명이다. 별무반은 여진의 기병에 대항하기 위하여 편성된 기병 부대인 신기군을 중심으로 보병인 신보군과 승려로 구성된 항마군으로 편성되었다.

07 몽골과의 전쟁이 끝난 뒤 고려는 몽골(원)의 내정 간섭을 받았다. 고려 왕실의 호칭과 관직 이름이 제후국 수준으로 격이 낮아졌고, 고려 국왕은 원 황제로부터 '충(忠)' 자가 붙은 시호를 받았다. 또한 고려는 원에 금, 인삼 등 특산물을 조공으로 바쳤다.

한편, 원 간섭기에는 고려와 원의 문화 교류가 활발하게 이루어져 고려에서 변발, 몽골식 음식 등 몽골풍이 유행하였다. ① 원은 고려 국왕을 원의 공주와 혼인시키거나, 고려의 왕자들을 원에서 교육받게 하는 등 고려를 간접 지배하였다.

08 ㉠은 권문세족이다. 권문세족은 원 간섭기에 원의 세력에 기대어 권력을 유지한 세력이다. 이들은 주로 음서로 관직에 진출하여 높은 관직을 독점하였다.

09 원 간섭기에 새로운 지배층으로 등장한 권문세족은 음서를 이용하여 권력을 세습하였다. 또한 다른 사람의 토지와 노비를 빼앗아 대농장을 경영하였다. ㄱ. 신진 사대부는 성리학을 학문적 바탕으로 삼았다. ㄹ. 신라 말 6두품 세력은 골품제를 비판하며 유교 사상을 바탕으로 한 개혁을 주장하였다.

10 공민왕은 원의 간섭에서 벗어나 자주성을 회복하기 위해 개혁을 실시하였다. 그는 기철을 비롯한 친원 세력을 제거하고, 정방을 폐지하여 인사권을 장악하였다. 또한 고려 왕실의 호칭과 관청의 옛 제도를 복구하고 원의 풍습을 금지하였다. 원의 간섭을 물리친 뒤 공민왕은 전민변정도감을 설치하고 성균관을 개편하는 등 내정 개혁을 추진하였다. ② 공민왕의 개혁은 권문세족의 반발과 개혁 추진 세력 미약 등으로 실패하였다.

11 밑줄 친 '이들'은 신진 사대부이다. 신진 사대부는 대부분 하급 관리나 지방 향리의 자제였으며, 과거에 급제하여 관직에 진출하였다. ㄴ. 권문세족은 원과 연계하여 충선왕과 충목왕의 개혁 시도를 저지하였다. ㄹ. 신진 사대부는 원과 명이 교체되던 시기에 명과 화친할 것을 주장하였다.

12 ㈏ 명은 고려와 외교 관계를 맺은 후, 고려에 철령 이북의 땅을 요구하였다. ㈐ 우왕과 최영은 이러한 요구에 반발하여 요동을 공격하기로 결정하였다. ㈎ 우왕의 명령으로 군대를 이끌고 나선 이성계는 위화도에서 군대를 돌려 정치적, 군사적 실권을 잡았다. ㈑ 실권을 잡은 이성계는 급진파 사대부와 연계하여 과전법 실시 등의 개혁을 추진하였다.

13 제시된 지도는 무인 세력의 홍건적과 왜구 격퇴 과정을 나타낸 것이다. ⑤ 홍건적과 왜구를 격퇴하는 과정에서 큰 공을 세운 최영, 이성계 등은 신흥 무인 세력으로 성장하였다.

14 이성계와 신진 사대부는 과전법을 시행하여 토지 제도를 바로잡고 권문세족의 경제적 기반을 약화시켰다.

학교 시험에 잘 나오는 서 술 형 문제 ··········

1 ⑴ 전민변정도감
⑵ **예시답안** 공민왕은 전민변정도감을 통해 권문세족이 빼앗은 토지와 노비를 원래 주인에게 돌려주고, 억울하게 노비가 된 자를 양인으로 해방하고자 하였다.

구분	채점 기준
상	권문세족이 빼앗은 토지와 노비를 원래 주인에게 돌려주고, 억울하게 노비가 된 자를 양인으로 해방하고자 하였다는 내용을 모두 서술한 경우
하	위 내용 중 한 가지만 서술한 경우

2 ⑴ 위화도 회군
⑵ **예시답안** 우왕과 최영이 제거되고 이성계가 정치, 군사의 실권을 장악하였다.

구분	채점 기준
상	우왕과 최영이 제거되고, 이성계가 정치, 군사의 실권을 장악하였다는 내용을 모두 서술한 경우
하	위 내용 중 한 가지만 서술한 경우

3 **예시답안** 급진파는 새 왕조를 세워야 한다고 주장하였고, 온건파는 고려 전기의 제도를 회복해야 한다고 주장하였다.

구분	채점 기준
상	급진파와 온건파의 개혁 방법을 모두 서술한 경우
하	급진파와 온건파 중 한 세력의 개혁 방법만 서술한 경우

05 고려의 생활과 문화

꼼꼼 개념 문제

[대표 자료 확인하기] ① 의천 ② 지눌

[한눈에 정리하기] ① 김부식 ②『삼국유사』③『직지』

1 (1) × (2) ◯ (3) ◯ **2** (1) 최충 (2) 성리학 (3) 원 **3** 향도
4 (1) 유학 (2) 사략 **5** (1) ㄱ (2) ㄹ (3) ㄴ (4) ㄷ **6** 상감 청자

탄탄 시험 문제

01 ④ **02** ② **03** ④ **04** ④ **05** ⑤ **06** ② **07** ② **08** ①
09 ② **10** ① **11** ④ **12** ③ **13** ③ **14** ④

01 고려 시대에는 각자의 혈연이 중심이 되어 아들과 딸, 남편과 부인이 동등한 관계를 유지하였다. ④ 고려의 친족 용어는 부계와 모계를 구분하지 않았다.

02 ㉠은 매향 활동을 한 향도이다. 고려 시대 향도는 불교 신앙을 바탕으로 조직된 대규모 노동 조직이었다. ①은 삼한에서 제사장이 제사 의식을 주관하던 장소이다. ③은 신라에서 조직된 청소년 단체이다. ④는 신라의 화백 회의에 참석하는 귀족들의 대표이다. ⑤는 고구려 말기에 행정권과 군사권을 장악한 최고 관직이다.

03 고려 시대에 불교는 국가의 지원을 받아 크게 발전하였으나, 원 간섭기에는 불교계의 개혁 의지가 약해져 여러 폐단을 드러냈다. ㄱ은 성리학에 대한 설명이다. ㄷ. 고려는 정치와 교육 등에서 대부분 유학 사상을 따랐다.

04 밑줄 친 '이 사람'은 의천이다. 의천은 교단 통합 운동을 벌여 화엄종을 중심으로 교종을 통합하려 하였다. ①은 안향, ②는 최우 등 무신 정권, ③은 묘청 등, ⑤는 지눌에 대한 설명이다.

05 신라 말에 널리 퍼진 풍수지리설은 고려 시대에 도참사상과 결합하여 더욱 성행하였다.

06 고려 시대에는 정치와 교육 등에서 대부분 유학 사상을 따랐다. 당시에는 유학을 장려하고 발전시키기 위해 과거제를 실시하고 국자감과 향교를 설치하였다.

07 고려 후기에 안향은 성리학을 고려에 처음 소개하였다. 신진 사대부가 성리학을 개혁 사상으로 수용하면서 성리학이 새로운 지도 이념으로 자리 잡았다. ㄴ은 도교, ㄹ은 불교에 대한 설명이다.

08 『삼국유사』는 처음으로 단군의 건국 이야기를 기록하였으며, 『제왕운기』는 단군 조선을 우리 역사상 최초의 국가로 기록하였다. 따라서 두 책 모두 단군에 대해 서술하였다는 공통점을 갖는다. ②는 『동명왕편』, ③, ④는 『삼국사기』, ⑤는 『사략』에 대한 설명이다.

09 ② 고려 후기에 원의 영향을 받아 황주 성불사 응진전과 같은 다포 양식의 건물이 지어졌다.

10 제시된 문화유산은 배흘림기둥과 주심포 양식을 갖춘 영주 부석사 무량수전이다. ㄷ은 황주 성불사 응진전, ㄹ은 신라의 불국사에 대한 설명이다.

11 제시된 자료는 고려 시대 상감 청자이다. 12세기경 독창적인 상감법으로 상감 청자가 제작되었다. ④ 고려 후기에는 아미타불도, 관음보살도 등 지배층의 평안과 극락왕생을 기원하는 불화가 제작되었다.

12 고려청자는 11세기 맑고 투명한 빛깔의 순청자로 만들어졌으나 12세기 중반부터는 상감법을 사용해 고려만의 독특한 상감 청자로 발전하였다. ③ 고려 말에는 청자 제작 기법에 새로운 기법을 응용한 분청사기가 제작되었다.

13 제시된 내용에 해당하는 문화유산은 팔만대장경이다. 최우는 부처의 힘에 기대어 몽골을 물리치기 위해 팔만대장경판을 조판하였다. 합천 해인사에 보관되어 있는 팔만대장경판은 보존 상태가 뛰어나 고려 목판 인쇄술의 높은 수준을 보여 준다.

14 1377년 간행된 『직지』는 현존하는 가장 오래된 금속 활자 인쇄본으로 공인되고 있다. ①은 『삼국사기』, ②는 초조대장경 목판, ③은 영주 부석사 무량수전 등, ⑤는 국자감에 해당한다.

학교 시험에 잘 나오는 서술형 문제

1 [예시답안] 『삼국사기』는 설화, 신화 등 옛 기록의 신비한 내용을 축소한 반면, 삼국유사는 민간에 전해지는 전설, 신화 등 『삼국사기』에 빠진 내용까지 수록되어 있다.

구분	채점 기준
상	『삼국사기』와 『삼국유사』의 서술 방식을 비교하여 서술한 경우
하	『삼국사기』와 『삼국유사』 중 한 책의 서술 방식만 서술한 경우

2 (1) 지눌

(2) [예시답안] 지눌은 수선사를 중심으로 불교 개혁 운동을 전개하였다. 또한 선종을 중심으로 교종을 포용하는 선교 일치를 주장하였다.

구분	채점 기준
상	수선사를 중심으로 불교 개혁 운동을 전개하고, 선교 일치를 주장하였다는 내용을 모두 서술한 경우
하	위 내용 중 한 가지만 서술한 경우

3 [예시답안] 고려 전기의 호족들은 자신들의 힘을 과시하고자 인체 표현이 과장된 대형 석불을 만들었다. 또한 호족의 후원을 받아 지역적 특색이 반영된 불상이 제작되었다.

구분	채점 기준
상	인체 표현이 과장된 대형 석불과 호족의 후원으로 지역적 특색이 반영된 불상이 제작되었다는 내용을 모두 서술한 경우
하	위 내용 중 한 가지만 서술한 경우

쏙쏙 마무리 문제

100~103쪽

01 ④	02 ①	03 ②	04 ①	05 ②	06 ①	07 ③	08 ④
09 ⑤	10 ④	11 ②	12 ③	13 ④	14 ⑤	15 ⑤	16 ①
17 ⑤	18 ⑤	19 ⑤	20 ③	21 ②	22 ④	23 ②	24 ②

01 고려 태조는 건국 초부터 고구려 계승을 표방하며 고구려의 옛 땅을 되찾기 위해 북진 정책을 추진하였다. 한편, 태조는 후대 왕들에게 민생 안정 정책, 중요하게 생각한 사상 등이 담긴 훈요 10조를 남겼다. ㄱ. 광종은 스스로를 황제로 칭하고 '광덕', '준풍' 등의 연호를 사용하여 국가의 위상을 높였다. ㄷ. 궁예는 미륵불을 자처하며 왕권을 강화하기 위해 호족을 탄압하였다.

02 제시된 대화는 태조가 실시한 사심관 제도와 기인 제도에 대한 것이다. 태조는 사심관 제도와 기인 제도로 호족을 견제·포섭하여 지방 통치를 보완하고자 하였다.

03 밑줄 친 '이 왕'은 고려의 성종이다. 성종은 주요 지역에 12목을 설치하고 지방관을 파견하는 등 통치 체제를 정비하였다. ①, ⑤는 광종, ③은 신라 법흥왕, ④는 신라 내물왕에 대한 설명이다.

04 고려의 중앙군은 궁궐과 왕실을 지키는 2군과 개경과 국경 지방을 방어하는 6위로 편성되었다. ① 지방군은 주현군과 주진군으로 이루어졌다.

05 고려는 5도 아래에 군, 현을 설치하고 지방관을 파견하였다. 군, 현은 지방관이 파견된 주현과 파견되지 않은 속현으로 나뉘었다. ① 일반 행정 구역인 5도에는 안찰사가 파견되었다. ③ 양계는 북계와 동계를 가리킨다. ④ 향·부곡·소는 특수 행정 구역이었다. ⑤ 수도인 개경과 서경, 동경을 3경이라고 하였다.

06 ㉠은 문벌이다. 고려의 중앙 지배층은 과거와 음서로 주요 관직을 독점하고 왕실과 혼인을 통해 세력을 확대하며 문벌을 형성하였다.

07 ㈎는 묘청, 정지상 등 서경 세력, ㈏는 김부식 등 개경 세력에 해당한다. 서경 세력은 서경 천도와 금을 정벌할 것을 주장하였다. 반면 개경 세력은 서경 천도 주장에 반대하며 금에 사대할 것을 주장하였다. ③ 김부식은 금에 대한 사대를 통한 고려의 안정을 중시하였다.

08 제시된 자료는 무신 정권 초기 지배자의 변천을 보여 준다. 무신 정변 이후 정권을 장악한 무신들은 회의 기구인 중방을 통해 권력을 행사하였다. ①, ⑤는 최씨 정권 성립 이후의 일이다. ② 묘청의 난은 무신 정변 이전에 일어났다. ③은 통일 신라 시기의 일이다.

09 무신 집권기에는 김사미와 효심, 망이·망소이 형제 등의 농민과 전주 관노비 등 천민이 전국 각지에서 봉기하였다. ⑤ 이의민은 천민 출신이었으나 무신 집권기에 최고 권력자 자리까지 오르기도 하였다.

10 ㈎는 거란이다. 거란은 건국 초부터 북진 정책을 추진한 고려와 충돌하였다. ① 고려 초부터 대부분의 여진족은 고려에 특산품을 바치며 고려를 부모의 나라로 섬겼다. ② 고려는 송과 가장 활발하게 교류하였다. ③은 여진에 대한 설명이다. ⑤ 송은 서해안의 바닷길을 통해 고려와 교류하였다.

11 세 차례에 걸쳐 거란의 침입을 격퇴한 고려는 나성과 천리장성을 쌓아 북방 민족의 침입에 대비하였다. ② 고려는 여진을 정벌하고 동북 지방에 9성을 쌓았다.

12 12세기 들어 세력을 키운 여진은 고려와 자주 충돌하였다. 이에 윤관은 숙종 때 여진을 정벌하기 위하여 특수 부대인 별무반 편성을 건의하였다. ①은 주현군, ②는 강감찬 등, ④는 김부식이 이끈 관군, ⑤는 삼별초에 대한 설명이다.

13 고려는 건국 초기부터 개방적인 대외 정책을 펼쳐 여러 나라와 교류하였다. 특히 송과 가장 활발하게 교류하면서 문화적·경제적인 실리를 추구하였다. 이 시기에 개경에서 가까운 예성강 입구의 벽란도가 국제 무역항으로 번성하였다. ㄱ. 고려는 여진에서 말, 무기류 등을 수입하였다. ㄷ. 고려는 아라비아 상인과의 교류를 통해 '코리아'라는 이름으로 서방 세계에 알려졌다.

14 ⑤ 고려 정부가 개경으로 환도하자, 삼별초는 이에 반대하며 봉기하였다. 그러나 고려와 몽골 연합군의 공격으로 결국 진압되었다.

15 원 간섭기에는 고려 왕실의 호칭이 제후국 수준으로 격이 낮아졌다. '폐하'를 '전하'로, '태자'를 '세자'로 고쳤으며, 국왕은 원 황제에게 충성을 의미하는 '충(忠)' 자가 붙은 시호를 받았다. 또한 고려는 조공의 명목으로 원에 특산물과 공녀 등을 바쳤다. ㄱ. 신진 사대부는 위화도 회군 이후 고려 사회의 개혁 방법을 둘러싸고 분열하였다. ㄴ. 망이·망소이 형제가 봉기한 것은 1176년의 일로 원 간섭기 이전이다.

16 반원 정책을 시행하여 친원 세력을 제거한 왕은 공민왕이다. ①은 의종에 대한 설명이다.

17 밑줄 친 '이들'은 신진 사대부이다. 신진 사대부는 공민왕의 개혁 과정에서 크게 성장하였고, 성리학을 기반으로 도덕과 명분을 중시하였다. ①, ②, ④는 권문세족, ③은 문벌에 대한 설명이다.

18 위화도 회군 이후 정권을 잡은 이성계는 급진파 사대부와 함께 문란해진 조세 제도와 토지 제도를 바로잡기 위해 과전법을 실시하였다.

19 고려 시대에는 아들과 딸, 남편과 부인이 평등한 관계를 유지하였다. 여성도 호주가 될 수 있었고, 호적에는 태어난 순서대로 적어 남녀 간에 차별을 두지 않았다. ㄴ, ㄹ. 고려 시대에는 딸과 아들이 제사의 의무를 동등하게 부담하였고, 여성도 이혼을 요구할 수 있었다.

20 ㉠은 불교 신앙, ㉡은 향리에 해당한다. 고려 시대의 향도는 불교 신앙을 바탕으로 조직된 노동 조직이다. 향도는 향리를 중심으로 운영되었다.

21 ②는 유학(유교)의 발달과 관련이 있다. 고려는 정치과 교육 등에서 대부분 유학 사상을 따랐다. 그리하여 개경에 국자감, 지방의 주요 지역에 향교를 두고 유교 경전과 역사서를 가르쳤다.

22 ①은 고려 전기에 편찬되었지만, 지금은 전하지 않는다. ②는 고려가 고구려를 계승하였다는 의식이 담겨 있다. ③은 지금까지 전하는 가장 오래된 역사서로 김부식이 편찬하였다. ⑤는 단군 조선을 우리 역사상 최초의 국가로 기록하였다.

23 제시된 글은 성리학에 대한 설명이다. 성리학은 고려 말 안향이 원으로부터 도입하였다. 신진 사대부는 성리학을 개혁 사상으로 수용하여 이를 토대로 불교계의 폐단을 비판하였다. 이에 따라 정계에서는 불교의 위상이 낮아지고 성리학이 지도 이념으로 자리 잡았다. ㄴ은 풍수지리설, ㄹ은 고려 중기의 유학 발달과 관련이 있다.

24 ② 원의 영향을 받은 석탑은 개성 경천사지 10층 석탑이 대표적이다. 월정사 8각 9층 석탑은 고려 전기의 대표적인 다각 다층탑이다.

정답과 해설

I 선사 문화와 고대 국가의 형성(1회)

4~9쪽

100점 도전! 실전 문제

01 ①	02 ①	03 ②	04 ③	05 ⑤	06 ②	07 ③	08 ①
09 ①	10 ⑤	11 ③	12 ②	13 ②	14 ④	15 ④	16 ①
17 ①	18 ②	19 ⑤	20 ④	21 ③	22 ①	23 ②	24 ④
25 ②	26 ①	27 ③	28 ⑤	29 ②	30 ④	31 ④	

01 ㉠에 들어갈 말은 구석기이다. 구석기 시대 사람들은 채집, 사냥과 고기잡이를 통해 식량을 마련하며 이동 생활을 하였다. ②, ③은 신석기 시대, ④는 철기 시대, ⑤는 청동기 시대에 대한 설명이다.

02 제시된 자료의 가락바퀴는 신석기 시대에 실을 뽑던 도구이다. 따라서 밑줄 친 '이 시대'는 신석기 시대이다. 신석기 시대에는 농경과 목축을 시작하면서 인류의 생활이 크게 변하기 시작하였다. ②는 철기 시대, ③, ⑤는 청동기 시대, ④는 구석기 시대에 대한 설명이다.

03 ㈎는 구석기 시대, ㈏는 신석기 시대의 유물이다. 구석기 시대에는 뗀석기를 사용하였다. 신석기 시대에는 빗살무늬 토기 등을 만들어 곡식을 저장하고 음식을 조리하는 데 이용하였고, 농경과 목축이 시작되면서 강가나 바닷가에 움집을 짓고 살았다. 구석기 시대와 신석기 시대는 평등 사회였다. ② 신석기 시대에 애니미즘, 토테미즘과 같은 신앙이 발생하였다.

04 ㈎는 비파형 동검, ㈏는 세형 동검이다. 세형 동검은 청동기 시대 후기부터 초기 철기 시대에 주로 한반도에서 발견되어 한국식 동검이라고 불린다. ① ㈎는 비파형 동검이다. ② 비파형 동검은 청동기 시대에 만들어졌다. ④ 비파형 동검과 탁자식 고인돌의 분포 범위를 통해 고조선의 문화 범위를 알 수 있다. ⑤ 청동 검은 전쟁에 사용된 무기였다.

05 고조선은 기원전 4세기경에 '왕' 칭호를 사용하기 시작하였고, 기원전 108년 한에 왕검성이 함락되어 멸망하였다. 이 사이인 ㈎ 시기에는 기원전 2세기경에 위만이 준왕을 몰아내고 집권하였다. ①, ②, ③은 고구려에서 있었던 일이다. ④ 기원전 5세기경 철기 문화를 수용하였다.

06 제시된 법률은 고조선의 「8조법」 중 일부이다. 고조선을 건국한 단군왕검의 단군은 제사장, 왕검은 정치적 우두머리를 의미하는데, 이를 통해 고조선이 제정일치 사회임을 알 수 있다. ①은 고구려, ③은 신석기 시대, ④는 동예, ⑤는 삼한에 대한 설명이다.

07 제시된 자료는 영고를 개최한 것을 통해 부여와 관련이 있음을 알 수 있다. 부여는 왕 아래에 가축의 이름을 딴 마가, 우가, 저가, 구가 등이 있어, 이들이 각자의 영역을 독자적으로 다스렸고, 나라의 중대사는 회의를 통해 결정하였다. ①은 동예, ②는 백제, ④는 고구려, ⑤는 옥저에 대한 설명이다.

08 제시된 글은 고구려 서옥제와 관련이 있다. ① 무천은 동예의 제천 행사이다. 고구려는 동맹을 거행하였다.

09 제시된 글은 동예에 대한 설명이다. 동예는 한반도 동해안의 비옥한 지역에서 성립하여 농경이 발달하였으며, 책화와 족외혼의 풍습이 있었다.

10 지도의 ㈎는 부여이다. 부여는 연맹 왕국으로 왕과 가(加)들이 나라의 중요한 일을 의논하여 결정하였다. 부여에는 엄격한 법이 있었고, 왕이나 귀족이 죽으면 사람을 함께 묻는 순장의 풍습이 있었으며, 소의 발굽 모양으로 길흉을 점치기도 하였다. ⑤는 고구려의 건국에 대한 설명이다.

11 지도의 ㈏는 옥저, ㈐는 동예이다. 동예에는 타 부족의 경계를 침범하면 배상하게 하는 책화의 풍습이 있었다. ①은 고구려, ②, ④는 삼한, ⑤는 부여와 고구려에 해당한다.

12 제시된 자료는 삼한에 제사장인 천군과 정치적으로 독립된 소도가 있었음을 보여 준다. 이를 통해 삼한이 제정 분리 사회였음을 유추할 수 있다. ① 삼한은 연맹 왕국으로 발전하지 못하였다. ③ 고구려, 백제, 신라가 중앙 집권을 강화하면서 관등제를 정비하였다. ④는 동예, ⑤는 부여에 대한 설명이다.

13 고구려는 1세기 후반 태조왕 때 동해안으로 나아가 옥저를 정복하였고, 요동 지방으로의 진출을 꾀하였다. ①, ③은 소수림왕, ④, ⑤는 장수왕에 대한 설명이다.

14 백제의 초기 무덤인 석촌동 3호분이 고구려의 초기 무덤인 장군총과 유사한 것을 통해 백제의 건국 세력이 고구려의 영향을 받았음을 짐작할 수 있다.

15 밑줄 친 '이 왕'은 내물왕이다. 내물왕은 왕의 칭호로 대군장이라는 뜻의 '마립간'을 사용하였다. ①, ②는 법흥왕, ③은 지증왕, ⑤는 진흥왕의 업적이다.

16 고구려는 수도와 지방을 5부 체제로 정비하였고, 수상인 대대로와 10여 등급의 관리를 두었다. ㄷ은 신라, ㄹ은 백제의 정치 체제에 대한 설명이다.

17 제시된 내용은 모두 4세기경에 집권한 근초고왕의 업적이다. 근초고왕은 남쪽으로는 마한의 남은 세력을 복속시켜 남해안까지 진출하였다. 그리고 가야의 여러 나라에 영향력을 행사하였으며, 중국 동진과 왜를 잇는 해상 교역을 활발히 전개하였다. 북쪽으로는 고구려를 공격하여 고국원왕을 전사시키고 황해도 일부 지역까지 영토를 넓혔다.

18 지도는 5세기경 한반도 형세를 나타낸 것이다. 이 시기 백제는 고구려 장수왕의 공격으로 수도 한성을 빼앗기고 개로왕이 전사하였다. ①은 1세기 후반, ③은 3세기경, ④, ⑤는 6세기경에 있었던 일이다.

19 ㉠은 모두 고구려 광개토 대왕을 가리킨다. 광개토 대왕은 한강 이북의 땅을 차지하였다. ①, ②는 소수림왕, ③은 고국천왕, ④는 장수왕의 업적이다.

20 백제는 성왕 때 웅진(공주)에서 사비(부여)로 도읍을 옮겼다. 성왕은 부여 계승 의식을 내세워 국호를 '남부여'로 바꾸었다. ① 백제는 침류왕 때 불교를 수용하였다. ②는 성왕 집권 이전 시기의 일이다. ③은 무령왕 시기의 일이다. ⑤는 신라 내물왕 시기의 일이다.

21 ㈎는 신라 내물왕 시기, ㈏는 법흥왕 시기의 상황이다. ㈎, ㈏ 사이 시기에 지증왕은 신라를 공식 국호로 정하였다. ①은 ㈎ 이전의 일이다. ② 위만은 고조선의 왕이다. ④, ⑤는 ㈏ 이후 의 일이다.

22 신라의 법흥왕은 병부를 설치하여 군사 지휘권을 체계화하고 율령을 반포하였다. ㄷ은 고구려의 소수림왕, ㄹ은 지증왕의 업적이다.

23 제시된 비석은 단양 신라 적성비로, 진흥왕이 적성 지역을 점령하고 세운 비석이다. 6세기 진흥왕은 백제 성왕과 연합하여 고구려가 장악하였던 한강 상류를 차지하고, 다시 백제로부터 한강 하류의 지역까지 빼앗았다. 북쪽으로는 고구려 영토인 함경도 남부까지 진출하였다. 한편, 진흥왕은 화랑도를 국가 조직으로 재편하여 인재를 양성하였고, 황룡사를 지어 신라의 국력을 과시하였다. ②는 법흥왕의 업적이다.

24 지도는 전기 가야 연맹에서 후기 가야 연맹으로 중심지가 이동한 것을 보여 준다. 낙동강 유역의 변한 지역에서는 여러 가야가 세워져 연맹을 이루었는데, 전기에는 김해의 금관가야가 연맹을 주도하였고, 후기에는 고령의 대가야가 맹주가 되었다. ①, ③은 고구려, ②, ⑤는 신라와 관련이 있다.

25 가야 연맹은 중앙 집권 국가로 성장하지 못하고 연맹 왕국 단계에 머물렀다. ① 가야 연맹은 백제와 신라 사이에 위치하였다. ③은 삼한에 대한 설명이다. ④ 전기 가야 연맹의 맹주인 금관가야는 신라 법흥왕에 멸망당하였고, 후기 가야 연맹의 맹주인 대가야는 신라 진흥왕에 멸망당하였다. ⑤는 고구려에 대한 설명이다.

26 금동 연가 7년명 여래 입상, 황룡사 등 사찰(사원)은 모두 불교의 발달과 함께 만들어졌다. 삼국은 왕권을 강화하고 중앙 집권 체제를 정비하는 과정에서 불교를 받아들여 백성의 사상을 통합하고자 하였다. 따라서 제시된 내용은 모두 불교의 발달과 관련이 있다.

27 ㄱ. 불교가 왕의 권위를 뒷받침해 주었기 때문에 삼국의 왕실은 불교를 적극 받아들였다. ㄹ. 왕실에서 수용한 불교는 점차 백성에게 확산되었다.

28 제시된 자료는 도교와 관련이 있다. 사신도는 도교의 수호신이고, 백제의 산수무늬 벽돌에는 도교의 이상향이 새겨져 있다. ⑤는 불교와 관련이 있다. 삼국의 왕들은 중앙 집권 체제를 강화하기 위해 적극적으로 불교를 수용하였다.

29 제시된 대화에서 '이 사상'은 태학에서 가르치고, 백제 오경박사가 교육을 담당한 유학이다. 신라의 임신서기석에는 두 청년이 유교 경전 학습에 힘쓸 것을 약속한 내용이 기록되어 있어 당시 유학이 발달하였음을 보여 준다.

30 제시된 고분 양식은 굴식 돌방무덤이다. 굴식 돌방무덤의 천장과 벽에는 다양한 인물과 풍속, 사신도 등이 그려져 있다. ①, ③은 벽돌무덤, ②, ⑤는 돌무지덧널무덤에 대한 설명이다.

31 신라는 일본에 배 만드는 기술과 둑 쌓는 기술을 전파하였다. ①, ⑤는 가야, ②는 백제, ③은 고구려의 문화 전파와 관련이 있다.

서술형 문제

1 예시답안 고조선은 농업을 기반으로 한 제정일치 사회였고, 홍익인간의 건국 이념을 가졌으며, 집단 간의 연맹으로 성립하였고, 동물을 숭상하였다.

구분	채점 기준
상	농업 사회, 제정일치, 홍익인간의 건국 이념, 집단 간 연맹, 동물 숭상 중 세 가지를 서술한 경우
중	위 내용 중 두 가지를 서술한 경우
하	위 내용 중 한 가지만 서술한 경우

2 예시답안 진흥왕. 신라는 한강 유역을 확보하여 황해를 통해 중국과 직접 교역할 수 있게 되었다.

구분	채점 기준
상	진흥왕을 쓰고, 한강 유역 차지의 의의를 서술한 경우
중	한강 유역 차지의 의의만 서술한 경우
하	진흥왕만 쓴 경우

3 예시답안 제시된 벽화의 화풍과 그림 속 부인의 옷차림새가 비슷하다는 점을 통해 고구려 벽화가 일본 벽화 기법에 영향을 주었음을 알 수 있다.

구분	채점 기준
상	두 그림을 비교하여 고구려 벽화가 일본 벽화 기법에 영향을 주었다고 서술한 경우
하	고구려 벽화가 일본 벽화 기법에 영향을 주었다고만 서술한 경우

I 선사 문화와 고대 국가의 형성(2회)

100점 도전! 실전 문제

01 ③	02 ②	03 ③	04 ①	05 ⑤	06 ②	07 ②	08 ④
09 ②	10 ⑤	11 ③	12 ④	13 ②	14 ①	15 ④	16 ③
17 ④	18 ③	19 ②	20 ④	21 ④	22 ②	23 ①	24 ③
25 ①	26 ④	27 ②	28 ①	29 ④	30 ④	31 ①	

01 지도는 구석기 시대의 유적지를 나타낸 것이다. 구석기 시대 사람들은 이동 생활을 하면서 동굴이나 바위 그늘에 거주하였다. ①은 철기 시대, ②, ④는 신석기 시대, ⑤는 청동기 시대에 대한 설명이다.

02 제시된 자료는 전곡리 지역의 주먹도끼 내용을 통해 구석기 시대와 관련이 있음을 알 수 있다. 구석기 시대에는 여러 도구를 사용하여 사냥이나 채집을 하며 이동 생활을 하였다. ①, ④는 청동기 시대, ③, ⑤는 신석기 시대와 관련이 있다.

03 제시된 자료는 신석기 시대의 유물이다. 신석기 시대 사람들은 빗살무늬 토기 등을 만들어 음식을 조리하고 저장하는 데 이용하였다. ① 백제의 무령왕릉이 벽돌무덤으로 만들어졌다. ②는 청동기 시대, ④는 청동기와 철기 시대, ⑤는 철기 시대에 볼 수 있는 모습이다.

04 제시된 자료는 청동기 시대에 지배층의 무덤으로 만들어진 고인돌이다. 청동기 시대에는 잡곡을 재배하고 일부 지역에 벼농사가 보급되었다. 농기구는 나무와 돌로 만든 것이 사용되었다. 당시에는 집단 간 전쟁이 활발해지면서 족장(군장) 세력이 등장하였으며, 농사와 전쟁에 유리한 나지막한 언덕에 마을이 형성되었다. ① 청동기 시대에는 계급이 발생하였다.

05 고조선을 건국한 단군왕검의 명칭을 통해 고조선이 제정일치 사회였음을 알 수 있다. 고조선은 기원전 5세기경 철기를 받아들였고, 기원전 2세기경 위만이 집권한 이후 본격적으로 철기 문화를 수용하였다. 고조선에는 상, 대부, 장군 등의 관직이 있었다. ⑤ 영고는 부여에서 12월에 개최한 제천 행사이다.

06 고조선의 「8조법」 내용을 통해 당시 계급이 존재하였으며, 개인의 생명(노동력)을 중시하였음을 알 수 있다. ㄴ. 고조선은 농업을 기반으로 하였다. ㄹ. 고조선의 법률을 통해 사유 재산을 인정하였음을 알 수 있다.

07 고조선은 ㈎ 위만이 집권한 이후 ㈐ 한과 한반도 나라들 사이에서 중계 무역을 전개하여 이익을 얻었다. 그러나 ㈑ 한에 왕검성을 함락당하며 멸망하였다.

08 철기가 보급되면서 철제 농기구가 제작되어 농업 생산량이 증가하고 인구가 늘어났다.

09 제시된 자료의 마가, 우가, 저가, 구가는 부여의 관리들이다. 부여는 매년 12월에 영고라는 제천 행사를 열어 하늘에 제사지내고, 죄수를 풀어 주기도 하였다. ①은 삼한의 변한, ③은 동예, ④는 옥저, ⑤는 고구려에 대한 설명이다.

10 제시된 글은 고구려의 서옥제에 대한 설명으로, 밑줄 친 '이 나라'는 고구려이다. 고구려는 제가 회의를 통해 국가의 중요한 일을 결정하였다. ①은 삼한, ②는 동예, ③은 부여, ④는 고조선에 대한 설명이다.

11 제시된 자료는 옥저의 민며느리제를 보여 준다. 한반도 북부의 동해안 지역에 위치하였던 옥저는 토지가 비옥하여 농경이 발달하였고, 소금과 해산물이 풍부하였다. ① 옥저는 군장이 지배하였다. ②는 고구려, ④는 신석기 시대, ⑤는 삼한에 대한 설명이다.

12 천군이 다스리는 소도가 있다는 내용을 통해 ㉠은 삼한임을 알 수 있다. 삼한은 5월과 10월 하늘에 제사를 지냈다. ①, ③, ⑤는 고구려에 대한 설명이다. ② 고조선 멸망 이후 한의 군현이 설치되었다.

13 농사가 발달하였고, 특산물로 단궁, 과하마, 반어피가 유명하다는 내용을 통해 제시된 글의 '이 나라'는 동예임을 알 수 있다. 동예에는 다른 부족의 경계를 침범하면 노비나 소, 말로 보상하는 책화, 같은 씨족끼리 혼인하지 않는 족외혼의 풍습이 있었다. ㄴ. 서옥제는 고구려의 혼인 풍습이다. ㄹ. 가족 공동 무덤은 옥저의 장례 풍습이다.

14 고구려는 1세기 후반 태조왕 때 동해안으로 나아가 옥저를 정복하였다. ②는 소수림왕, ③은 미천왕, ④는 고국천왕, ⑤는 광개토 대왕의 업적이다.

15 고구려는 소수림왕 때 율령을 반포하였고, 신라는 법흥왕 때 율령을 반포하고 백관의 공복 제도를 실시하였다.

16 제시된 자료는 신라의 골품제를 나타낸 것이다. 신라는 이벌찬 이하 17등급의 관리들이 중앙 정치를 담당하였다. ①, ②는 백제에 대한 설명이다. ④ 신라는 건국 초기에 김씨, 박씨, 석씨가 번갈아 왕위를 차지하다가 내물왕 때부터 김씨가 왕위를 세습하였다. ⑤는 고구려에 대한 설명이다.

17 밑줄 친 '왕'은 백제의 근초고왕이다. 백제 근초고왕은 마한의 남은 세력을 정복하여 남해안까지 진출하였고, 가야에 영향력을 행사하였다. ①은 신라의 법흥왕, ②는 신라의 진흥왕, ③은 백제의 고이왕, ⑤는 백제의 무령왕과 관련이 있다.

18 신라는 고구려 광개토 대왕의 도움을 받아 왜군을 격퇴한 것을 계기로 고구려의 정치적 간섭을 받았다. 경주 호우총에서 출토된 청동 그릇에 광개토 대왕의 이름이 새겨져 있어 두 나라의 관계를 짐작하게 한다.

19 장수왕은 국내성에 기반을 두고 있던 귀족 세력을 약화하고, 왕권을 강화하기 위해 수도를 평양으로 옮겼다. ①은 소수림왕의 업적이다. ③은 백제에 대한 설명이다. ④는 광개토 대왕, ⑤는 고국천왕의 업적이다.

20 성왕은 사비 천도, 남조와 교류, 중앙에 실무 관청 22부 설치, 수도 5부·지방 5방의 체제 정비 등을 통해 중흥을 꾀하였다. ④ 6세기 초 무령왕이 22담로에 왕족을 파견하여 지방에 대한 통제를 강화하였다.

21 6세기초 지증왕은 나라 이름을 신라로 확정하고 왕호를 '왕'으로 바꾸었으며, 복속시킨 지역에 지방관을 파견하였다. 또한 농업 생산성을 높이기 위해 우경을 보급하고 수도에 시장을 개설하였다. ④는 내물왕과 관련이 있다.

22 제시된 자료에서 불교를 공인하였다는 내용을 통해 ㉠에 들어갈 왕은 법흥왕임을 알 수 있다. 법흥왕은 김해의 금관가야를 정복하고, 그 지배층을 수용하였다. ①은 지증왕, ③은 고구려 장수왕, ④는 내물왕, ⑤는 진흥왕의 정책이다.

23 지도는 6세기경 신라 진흥왕이 최대 영토를 확보한 시기를 보여 준다. 진흥왕은 고령의 대가야를 포함한 가야 연맹을 정복하였다. ②, ⑤는 법흥왕, ③, ④는 지증왕의 업적이다.

24 가야는 각 소국이 독자적 권력을 유지하여 중앙 집권 국가로 성장하지 못하고 연맹 왕국 단계에서 멸망하였다. ① 가야 연맹은 한반도의 남쪽에 위치하였다. ② 가야는 중국 남조에 사신을 파견하는 등 중국과 교역하였다. ④ 전기에는 금관가야가 맹주가 되었고, 후기에는 대가야가 맹주가 되었다. ⑤는 초기 신라에 해당하는 설명이다.

25 제시된 불상은 고구려의 금동 연가 7년명 여래 입상이다. 고구려에서는 굴식 돌방무덤에 고분 벽화를 남겼다. ②는 백제, ③은 일본, ④, ⑤는 신라에 대한 설명이다.

26 침류왕이 전진에서 수용하고, 법흥왕이 공인한 ㉠ 종교는 불교이다. 불교의 '왕은 곧 부처'라는 사상은 왕의 권위를 뒷받침하였다. ① 백제가 일본에 불교를 전파하였다. ②는 유학, ③, ⑤는 도교에 대한 설명이다.

27 고구려의 태학에서 유학을 가르쳤고, 신라 임신서기석에 유교 경전을 공부한 내용이 기록되어 있다. 따라서 제시된 자료는 삼국의 유학(유교) 발달과 관련이 있다. 백제는 오경박사를 두어 유교 경전을 가르쳤다.

28 제시된 글은 도교에 대한 설명이다. 백제의 산수무늬 벽돌에는 산과 나무, 구름 등 자연과 더불어 살려는 도교의 이상이 담겨 있다. ②는 신라 진흥왕이 적성 지역을 점령한 후 세운 비석이다. ③ 탑은 부처의 사리를 모신 것으로 불교와 관련이 있다. ④ 첨성대는 신라에서 천문을 관측한 기구로 추측된다. ⑤ 고인돌은 청동기 시대에 지배층의 무덤으로 만들어졌다.

29 (가)는 굴식 돌방무덤, (나)는 돌무지덧널무덤의 구조이다. ④는 벽돌무덤에 대한 설명이다. 백제 무령왕릉은 중국 남조의 영향을 받아 벽돌무덤으로 만들어졌다.

30 고구려는 중국으로부터 불교와 도교 등을 받아들였고, 고구려 왕산악은 중국 악기를 개조하여 거문고를 만들었다. ㄱ. 고구려와 신라는 초원길과 비단길을 통해 서역과 교류하였다. ㄷ. 고구려는 중국과 직접 교류하였다.

31 (가)는 가야가 일본에 문화를 전파한 것을 나타낸다. 가야 토기의 영향을 받아 일본에서 스에키가 제작되었다. ②는 신라, ③은 백제, ④, ⑤는 고구려가 일본에 문화를 전파한 내용에 해당한다.

 서 술 형 문제

1 예시답안 소수림왕은 불교를 받아들여 나라의 사상을 하나로 통합하였고, 교육 기관인 태학을 세워 인재를 양성하였으며, 율령을 반포하여 통치 조직을 정비하였다.

구분	채점 기준
상	불교 수용, 태학 설립, 율령 반포를 모두 서술한 경우
중	위 내용 중 두 가지를 서술한 경우
하	위 내용 중 한 가지만 서술한 경우

2 (1) 성왕
(2) 예시답안 신라는 관산성 전투를 통해 한강 유역을 확보하였다. 이로써 황해를 통해 중국과 직접 교류할 수 있게 되었다.

구분	채점 기준
상	신라의 한강 유역 차지, 중국과 직접 교류 가능을 모두 서술한 경우
하	위 내용 중 한 가지만 서술한 경우

3 예시답안 불교로 사상을 통일하여 다양한 집단을 통합할 수 있었고, 불교의 '왕은 곧 부처'라는 사상 등이 왕실의 권위를 높여 주었기 때문이다.

구분	채점 기준
상	사상 통합과 왕권 강화를 모두 서술한 경우
하	사상 통합과 왕권 강화 중 한 가지만 서술한 경우

Ⅱ. 남북국 시대의 전개(1회)

100점 도전! 실전 문제

01 ⑤	02 ①	03 ⑤	04 ④	05 ③	06 ④	07 ④	08 ①
09 ①	10 ③	11 ④	12 ⑤	13 ②	14 ⑤	15 ④	16 ⑤
17 ⑤	18 ③	19 ④	20 ③	21 ②			

01 (가) 이후 을지문덕은 수 양제의 명령을 받은 우중문의 군대를 살수에서 크게 무찔렀다(살수 대첩). 이후 수는 무리한 고구려 원정으로 국력을 소모하여 멸망하였다. ①, ②, ③, ④는 모두 (나) 이후의 일이다.

02 당 태종이 즉위한 후 고구려를 압박하자, 고구려는 당의 공격에 대비하기 위해 북쪽의 부여성에서 남쪽의 비사성까지 천리 장성을 쌓았다.

03 7세기경 당 태종이 고구려를 침입하여 요동성과 백암성을 함락하고 안시성을 공격하였으나 안시성의 성주와 백성들이 당군을 격퇴하였다. ① 나제 동맹은 5세기경에 체결되었다. ② 6세기 후반에 고구려와 돌궐이 결탁하였다. ③ 백강 전투는 백제가 멸망한 이후 부흥 운동 과정에서 일어났다. ④는 연개소문 정변 이전의 일이다.

04 (라) 백제가 기벌포에서 소정방이 이끈 당의 군대에 패하고 나서 나당 연합군이 백제를 멸망시켰다. 이후 (가) 나당 연합군에게 멸망한 고구려는 (다) 부흥 운동을 벌이기도 하였다. (나) 당이 한반도 전체를 지배하려 하자 신라가 매소성·기벌포 전투에서 당군을 몰아냈다.

05 제시된 내용은 모두 백제 부흥 운동에서 있었던 일들이다. 복신과 도침은 왜에 있던 왕자 (부여)풍을 왕으로 맞이하여 주류성에서 백제 부흥을 꾀하였고, 흑치상지는 임존성에서 군사를 일으켜 백제 부흥 운동을 벌였다.

06 ㉠은 발해이다. 발해의 주민은 고구려 유민과 말갈인으로 구성되었다. ①은 후고구려, ②, ③은 고구려, ⑤는 백제에 대한 설명이다.

07 밑줄 친 '이 왕'은 삼국 통일을 완성한 문무왕이다. 문무왕은 고구려를 멸망시키고 나당 전쟁을 승리로 이끌었다. 그는 부처의 힘으로 왜구의 침입을 막고자 감은사를 짓기 시작하였고, 그 절은 신문왕이 완성하여 감은사라 불렀다. ①, ③은 신문왕, ②는 무열왕, ⑤는 발해의 무왕에 대한 설명이다.

08 ㉠ 왕은 김흠돌의 난을 진압한 신문왕이다. 신문왕은 국학을 설치하여 유학을 보급하고 인재를 양성하였다. ②는 법흥왕, ③은 진흥왕, ④는 문무왕, ⑤는 성덕왕의 업적이다.

09 신라는 삼국을 통일한 이후 군사 조직으로 9서당 10정을 두었다. ① 이 시기에는 진골 출신인 무열왕의 직계 자손들이 왕위를 독점하였다.

10 지도는 통일 신라의 지방 행정 조직인 9주 5소경을 나타낸 것이다. ③ 지방군인 10정은 각 주에 한정씩 배치되었으나 한주에는 2정이 배치되었다.

11 신문왕은 관리들에게 관료전을 지급하고, 귀족의 중요한 경제 기반이었던 녹읍을 폐지하였다.

12 (가)는 무왕, (나)는 선왕 시기의 일이다. ⑤는 발해가 멸망한 이후의 일이다. 발해가 멸망한 후 왕자 대광현을 비롯한 유민 일부는 고려로 망명하였다.

13 제시된 자료는 발해의 중앙 정치 조직을 나타낸 것이다. 발해는 3성 6부를 두었는데, 3성은 정당성을 중심으로 운영되었고, 6부의 명칭에 유교 덕목을 사용하였다. ㄴ. 중정대는 관리의 비리를 감찰하였고, 주자감에서 유학을 교육하였다. ㄹ. 발해는 당의 제도를 받아들였으나 운영 방식과 기구의 명칭에서 독자성을 보였다.

14 자료는 신라 말 진성 여왕 시기에 적고적의 봉기가 일어났음을 보여 준다. 이 시기 지방에서는 귀족들이 반란을 일으켰다. ① 녹읍이 부활하였다. ② 왕권이 약화되었다. ③ 지방에 대한 중앙 정부의 통제력이 약화되어 호족 세력이 성장하였다. ④는 발해가 전성기를 이룬 시기의 일이다.

15 신라 말 유행한 풍수지리설은 수도인 경주 중심의 지리 개념에서 벗어나 다른 지방의 중요성을 강조하였다. ① 호족들은 풍수지리설을 환영하였다. ② 국학에서는 유교를 가르쳤다. ③, ⑤는 불교와 관련이 있다.

16 ㉠은 호족이다. 호족은 신라 말 6두품과 함께 새로운 사회를 건설하려고 하였으며, 군사력을 이용해 지방을 실질적으로 통치하였다. ㄱ. 녹읍은 진골 귀족의 경제적 기반이었다. ㄴ은 6두품과 관련이 있다.

17 삼국 통일 이후 신라는 왕권 강화와 체제의 안정을 위해 유학을 정치 이념으로 삼았는데, 원성왕은 독서삼품과를 시행하여 경전의 이해 수준을 평가하였다. 유학에 대한 이해가 깊어지면서 최치원과 같은 유학자가 배출되었다. ㄱ. 오경박사는 백제의 유학 교육을 담당하였다. ㄴ. 주자감은 발해의 교육 기관이다. 통일 신라는 국학을 설치하여 유학을 가르쳤다.

18 제시된 글은 통일 신라의 원효에 대한 설명이다. 원효는 일심 사상을 바탕으로 한 화쟁 사상을 주장하여 종파 간 사상적 대립의 조화를 추구하였다.

19 제시된 석굴암 본존상과 성덕 대왕 신종은 모두 통일 신라의 문화유산이다. ④는 발해에 대한 설명이다. 발해는 당의 장안성을 모방하여 상경성에 외성과 내성을 두고 주작대로를 설치하였다.

20 정효 공주 묘는 당의 영향을 받아 벽돌무덤으로 만들었지만, 내부의 천장은 고구려 양식을 계승하였다. ① 천마총에서 천마도가 발굴되었다. ② 정효 공주 묘의 천장 구조는 고구려의 영향을 받았다. ④ 경주 불국사 3층 석탑에서 『무구정광대다라니경』이 나왔다. ⑤ 발해의 상경성 유적에서 고구려의 영향을 받은 온돌 유적이 발견되었다.

21 발해인들이 당에 자주 왕래하면서 당의 산둥반도에 발해인이 숙소로 이용할 수 있는 발해관이 설치되었다.

서술형 문제

1 예시답안 고구려, 백제, 왜, 돌궐을 연결하는 남북 세력과 신라와 수·당을 연결하는 동서 세력이 대립하였다.

구분	채점 기준
상	남북 세력과 동서 세력에 해당하는 국가를 모두 서술한 경우
하	남북 세력과 동서 세력에 해당하는 국가를 일부만 서술한 경우

2 예시답안 신라의 삼국 통일은 고구려·백제 유민과 함께 당군을 격퇴한 자주적 통일이었으며, 우리 민족을 최초로 통일하여 새로운 민족 문화 발전의 기반을 마련하였다.

구분	채점 기준
상	자주적 통일, 새로운 민족 문화 발전의 기반 마련을 모두 서술한 경우
하	자주적 통일, 새로운 민족 문화 발전의 기반 마련 중 한 가지만 서술한 경우

3 (1) 진성 여왕

(2) 예시답안 농민 생활이 어려운 상황에서 정부가 지방에 세금을 독촉하자 지방 농민의 불만이 폭발하여 봉기를 일으켰다.

구분	채점 기준
상	농민 생활이 어려운 상황에서 정부의 세금 독촉이 계기가 되었다고 서술한 경우
하	정부의 세금 독촉이 계기가 되었다고만 서술한 경우

Ⅱ 남북국 시대의 전개(2회)

100점 도전! 실전 문제
22~25쪽

01 ③	02 ②	03 ④	04 ⑤	05 ⑤	06 ④	07 ④	08 ②
09 ④	10 ②	11 ⑤	12 ①	13 ③	14 ④	15 ②	16 ④
17 ②	18 ②	19 ①	20 ④	21 ③			

01 6세기 후반 수가 중국을 통일하자 신라는 고구려와 백제의 잦은 공격에 맞서기 위해 수에 도움을 요청하였다. 그 결과 6세기 후반에서 7세기 초 동아시아에서는 고구려, 백제, 왜, 돌궐을 연결하는 남북 세력과 신라와 수·당을 연결하는 동서 세력이 대립하였다.

02 수 양제의 침입 때 을지문덕이 이끄는 고구려군은 수의 군대를 살수에서 크게 물리쳤는데, 이를 살수 대첩이라고 한다.

03 연개소문은 천리장성을 쌓는 과정에서 성장하여 정변을 일으키고 권력을 장악하였다. 이후 당군이 고구려군을 공격하였지만 안시성에서 성주와 백성들이 당군을 격퇴하였다. ①, ⑤는 ㉮ 이전, ②, ③은 ㉯ 이후의 일이다.

04 제시된 내용은 고구려의 우수한 군사력을 보여 준다. 고구려는 산성을 이용한 방어 체제, 우수한 전투력, 요동 지방의 철광 지대 확보와 뛰어난 제련 기술 등을 바탕으로 수와 당의 침입을 막아냈다.

05 제시된 대화는 고구려 부흥 운동 과정에서 있었던 일들이다. 고연무는 요동 지방에서 당군과 싸웠고, 검모잠은 보장왕의 아들 안승을 왕으로 받들어 한성에서 부흥 운동을 벌였다. 그러나 지도층이 분열하여 안승이 검모잠을 죽이고 신라에 망명함으로써 고구려의 부흥 운동은 실패하였다.

06 신라의 삼국 통일은 그 과정에서 외세인 당을 끌어들였다는 한계가 있다. 그러나 고구려, 백제 유민과 함께 당을 물리쳤고, 우리 민족을 최초로 통일하여 삼국 문화가 융합할 수 있는 토대가 마련되었다는 점에서 의의가 있다. ④ 신라는 통일 과정에서 옛 고구려 영토 대부분을 상실하여 대동강 이남 지역만 차지하였다.

07 무열왕은 왕의 비서 기구인 집사부를 독립시켜 그 장관인 시중의 역할을 강화하였다. ① 상대등의 역할을 약화하였다. ②는 6세기 법흥왕 때의 일이다. ③은 발해의 지방 행정 조직 정비에 대한 설명이다. ⑤ 신문왕은 관료전을 지급하고 녹읍을 폐지하였다.

08 밑줄 친 '이 왕'은 신문왕이다. 신문왕은 진골 귀족을 제압한 뒤 왕권을 강화하였다. 이 과정에서 국학을 설치하여 유학을 보급하고 왕권을 뒷받침할 인재를 양성하였다. ① 10위는 발해의 중앙군이다. ③은 경덕왕, ④는 성덕왕, ⑤는 법흥왕에 대한 설명이다.

09 통일 신라는 전국을 9주로 나누고 그 아래 군·현을 설치하였으며, 주요 지방에 5소경을 설치하여 지방 정치와 문화의 중심지로 삼았다. ㄱ, ㄷ은 발해의 지방 행정 조직에 대한 설명이다.

10 제시된 자료는 신라 정부가 세금을 수취하기 위해 작성한 촌락 문서이다. ② 신라 촌락 문서는 촌주가 직접 3년마다 작성하였다.

11 신문왕이 관료에게 관료전을 지급하였고, 성덕왕이 백성에게 정전을 지급하였다. 신문왕 때 국학을 세워 유학 사상을 보급하면서 6두품 관료들이 행정 실무를 담당하고, 국왕의 정치적 조언자로 왕권을 뒷받침하였다.

12 밑줄 친 '이 왕'은 문왕이다. 무왕의 뒤를 이은 문왕은 수도를 중경에서 상경으로 옮기고 일본, 신라에 사신을 보냈다. ②, ④는 무왕 통치 시기, ③은 선왕 이후 시기, ⑤는 선왕 통치 시기에 해당한다.

13 ㉠은 발해이다. 유득공은 발해와 통일 신라를 남북국이라 불렀다. 발해는 6부의 명칭에 유교 덕목을 사용하였다. ①은 신라에 대한 설명이다. ② 발해는 당의 정치 기구를 수용하였으나 운영과 명칭에서 독자성을 보였다. ④, ⑤는 통일 신라에 대한 설명이다.

14 제시된 자료는 혜공왕이 피살당한 사실을 보여 준다. 혜공왕이 피살당한 것은 신라 말이다. 이 시기에는 소수의 진골 귀족이 권력을 독점하여 왕권이 약화되었다. ① 경덕왕 때 녹읍이 부활하였다. ② 농민의 생활은 악화되었다. ③, ⑤는 통일 직후 신라 사회의 모습이다.

15 밑줄 친 '이들'은 호족이다. 호족은 풍수지리설을 수용하여 경주(금성) 중심의 지리 개념을 비판하고 지방의 중요성을 강조하였다.

16 ㉮는 후고구려이다. 후고구려는 궁예가 경기도와 황해도 일대의 호족들을 규합하고 송악에 도읍하여 세운 나라이다. 고구려 부흥을 내세웠으며 국호를 마진과 태봉 등으로 변경하였다. ④는 발해에 대한 설명이다. 발해는 요충지에 5경을 두어 넓은 영토를 효과적으로 다스렸다.

17 통일 신라는 국학에서 유학을 교육하였다. ①은 백제, ③은 통일 전 신라, ④는 발해의 유학 발달, ⑤는 선종의 발달과 관련이 있다.

18 ㉮는 경주 불국사 3층 석탑, ㉯는 경주 불국사 다보탑으로, 모두 통일 신라의 석탑이다. 통일 신라의 석탑은 주로 이중 기단 위에 3층으로 쌓은 양식이 유행하였는데, 경주 불국사 3층 석탑이 대표적이다. ①은 승탑과 탑비, ③은 경주 불국사 3층 석탑, ④는 발해 석등과 관련이 있다. ⑤ ㉮, ㉯는 모두 불국사에 건립되었다.

19 ㉮ 원효는 일심 사상을 바탕으로 화쟁 사상을 주장하였고, ㉯ 의상은 화엄 사상을 주장하여 통일 신라의 사회 통합에 기여하였다. 혜초는 인도와 서역을 순례하고 『왕오천축국전』을 저술하였다.

20 발해 기와가 고구려 기와와 비슷하고, 발해 성터에서 고구려에서 발달한 온돌 유적이 발견된 것을 통해 발해 문화가 고구려 문화를 기반으로 발전하였음을 알 수 있다.

21 통일 신라의 원성왕릉에서 발견된 무인석에 서역인의 모습이 있는 것과 통일 신라의 승려 혜초가 인도와 중앙아시아를 순례하고 쓴 『왕오천축국전』은 모두 통일 신라가 서역과 교역하였음을 보여 준다.

서술형 문제

1 (1) 대조영
(2) **예시답안** 발해는 고구려 유민이 중심이 되어 세운 나라이며 일본에 보낸 외교 문서에 스스로 '고려(고구려)'라고 표현할 만큼 고구려 계승 의식을 분명히 나타냈다.

구분	채점 기준
상	주요 건국 세력이 고구려 유민인 사실과 외교 문서에 '고려(고구려)'라고 표현한 사실을 모두 서술한 경우
하	위 내용 중 한 가지만 서술한 경우

2 (1) ㉮ 선종, ㉯ 풍수지리설(풍수지리 사상)
(2) **예시답안** 선종과 풍수지리설은 지방 호족의 환영을 받았으며, 이들이 새로운 사회를 건설하는 사상적 기반이 되었다.

구분	채점 기준
상	선종과 풍수지리설이 호족에게 호응을 얻어 새로운 사회 건설의 사상적 기반이 되었다고 서술한 경우
하	선종과 풍수지리설이 새로운 사회 건설의 사상적 기반이 되었다고만 서술한 경우

100점 도전! 실전 문제　　28~33쪽

01 ④	02 ⑤	03 ①	04 ④	05 ④	06 ⑤	07 ③	08 ②
09 ②	10 ⑤	11 ③	12 ②	13 ④	14 ⑤	15 ③	16 ①
17 ③	18 ④	19 ①	20 ③	21 ⑤	22 ②	23 ①	24 ④
25 ④	26 ②	27 ②	28 ④	29 ③	30 ⑤	31 ④	32 ③

01 ④ 궁예가 미륵불을 자처하고 호족을 탄압하자, 호족은 궁예를 내쫓고 왕건을 국왕으로 세웠다.

02 제시된 자료는 태조가 남긴 훈요 10조이다. 태조는 건국 초부터 고구려 계승을 내세우며 고구려의 옛 영토를 회복하기 위해 북진 정책을 추진하였다. 그 결과 태조 말 고려의 영토는 청천강에서 영흥만에 이르는 지역까지 확대되었다. ①은 광종, ②는 최충헌, ③은 통일 신라의 신문왕, ④는 발해의 무왕에 대한 설명이다.

03 광종은 노비안검법을 실시하여 호족을 견제하였다. 또한 과거제를 실시하여 유교적 지식과 능력을 지닌 인재를 선발하였다. ㄷ은 태조, ㄹ은 공민왕과 관련이 있다.

04 밑줄 친 '이 인물'은 최승로이다. 성종은 최승로의 시무 28조를 수용하여 유교 정치 이념을 바탕으로 통치 체제를 정비하였다.

05 광종은 노비안검법을 실시하여 호족이 불법으로 차지한 노비를 양인으로 해방하였다. ①, ②, ⑤는 광종, ③은 성종에 대한 설명이다.

06 제시된 글은 고려의 회의 기구인 도병마사와 식목도감에 대한 설명이다. 도병마사는 주로 국방과 군사 문제를 논의하였고, 식목도감에서는 제도와 시행 규칙을 제정하였다. ㄱ. 삼사는 국가 재정의 출납과 회계를 담당하였다. ㄴ. 어사대는 관리의 비리를 살피고 정치의 잘잘못을 논하는 역할을 담당하였다.

07 ㈎는 중서문하성, ㈏는 중추원이다. 중서문하성의 낭사와 어사대의 관리는 대간으로 불렸는데, 이들은 정치의 잘잘못을 논하고 관리의 비리를 감찰하였다. ①은 어사대, ②는 삼사, ④는 중서문하성, ⑤는 도병마사와 식목도감에 대한 설명이다.

08 제시된 지도는 고려의 지방 행정 조직을 보여 준다. ② 통일 신라는 주요 지방에 5소경을 설치하여 수도 금성이 동남쪽에 치우친 점을 보완하였다.

09 고려의 관리 등용 제도는 과거제와 음서가 대표적이었다. 과거제에는 문관을 뽑는 제술과와 명경과, 기술관을 뽑는 잡과, 승려를 대상으로 하는 승과가 있었다. ㄴ. 고려에서는 왕족과 공신의 후손, 5품 이상 고위 관리의 자손이 음서로 관리가 될 수 있었다. ㄹ. 음서의 혜택을 받은 사람들도 과거 급제를 명예로 생각하였기 때문에 음서로 관직에 나가더라도 과거에 응시하는 경우가 있었다.

10 ⑤ 문벌은 주로 음서를 통해 고위 관직을 차지하였다.

11 ㉠은 묘청이다. 묘청은 풍수지리설을 내세워 서경 천도를 추진하였다. 또한 왕이 황제 칭호와 연호를 사용할 것을 건의하고 고려가 금과 사대 관계를 맺은 사실을 비판하며 금을 정벌할 것을 주장하였다. ①은 최충헌, ②, ④는 이자겸, ⑤는 김부식에 대한 설명이다.

12 제시된 자료에서 무신인 이소응을 문신 한뢰가 때렸다는 내용을 통해 고려 사회에서 무신들이 문신에 비해 차별을 받고 있었음을 알 수 있다. 고려 시대에 무신은 문신에 비해 정치적, 경제적 차별을 받았다. 문벌의 권력 독점과 무신에 대한 차별이 심화되자 정중부, 이의방 등은 정변을 일으켜 문신을 제거하고 의종을 폐위하였다(무신 정변, 1170).

13 ㈎는 최우이다. 최충헌에 이어 권력을 차지한 최우는 서방을 설치하여 능력 있는 문인들에게 정책을 자문하였다. 이 과정에서 이규보와 같은 문신이 등용되었다.

14 제시된 자료는 사노비였던 만적이 노비들을 모아놓고 신분 해방을 주장하며 내세운 연설문이다. 무신 집권기에는 이의민과 같은 천민 출신의 무신 집권자가 등장하면서 신분 상승에 대한 백성의 기대감이 커져 갔다. 이러한 상황에서 전국 각지의 농민과 천민이 봉기하였다. ㄱ, ㄹ은 무신 정권 성립 이전의 일이다.

15 ㉠은 거란, ㉡은 송에 해당한다. 고려는 건국 초부터 북진 정책을 추진하여 거란을 견제하는 한편, 송과 우호적인 관계를 맺었다.

16 ㈎는 강동 6주이다. 거란의 1차 침입 때 서희는 거란 장수 소손녕과 담판을 벌여 강동 6주를 획득하였다. ②는 귀주, ③, ⑤는 동북 9성, ④는 개경에 대한 설명이다.

17 ㈏ 서희는 거란의 1차 침입 때 거란 장수 소손녕과 담판을 벌여 강동 6주를 고려의 영토로 인정받았다. ㈎ 이후 거란이 강조의 정변을 구실로 침략하자 양규 등이 활약하여 거란군을 물리쳤다. ㈑ 거란의 3차 침입 때에는 강감찬이 이끄는 고려군이 귀주에서 거란군을 격퇴하였다. ㈐ 이후 고려는 개경에 나성을 쌓고 국경 지역에 천리장성을 쌓아 북방 민족의 침입에 대비하였다.

18 12세기 초 부족을 통일한 여진이 고려 국경을 자주 침범하자 숙종은 윤관의 건의를 받아들여 여진을 상대하기 위한 별무반을 편성하였다. ①은 발해의 중앙군, ②, ③은 고려의 지방군이다. ⑤는 고려 정부의 개경 환도에 반대하며 대몽 항쟁을 전개하였다.

19 ① 당항성은 통일 신라 시기의 무역항이다. 고려 시대에는 개경과 가까운 거리에 있었던 벽란도가 국제 무역항으로 번성하였다.

20 몽골의 1차 침입 이후 최씨 정권은 수도를 강화도로 옮기고 장기 항전을 준비하였다. 이후 몽골은 고려를 다시 침략하였지만, 처인성 전투에서 패배하여 돌아갔다. 이후에도 몽골은 고려를 여러 차례 침략하였고 당시 태자였던 원종은 쿠빌라이를 만나 강화를 체결하였다.

정답과 해설 **27**

21 몽골의 2차 침입 때 처인성에서 김윤후와 처인 부곡민이 몽골군 총사령관 살리타를 사살하였다. ㄱ. 박서는 몽골의 1차 침입 당시 귀주성에서 활약하였다. ㄴ. 최영, 이성계 등 신흥 무인 세력은 홍건적과 왜구의 격퇴 과정에서 성장하였다.

22 ㉠은 진도, ㉡은 제주도에 해당한다. 무신 정권의 군사적 기반이었던 삼별초는 근거지를 강화도에서 진도로 옮기며 대몽 항쟁을 전개하였다. 고려와 몽골 연합군의 공격으로 진도가 함락되자 이들은 다시 제주도로 근거지를 옮겨 항전을 계속하였지만 결국 진압되었다.

23 원 간섭기에는 왕의 호칭과 관직 이름이 제후국 수준으로 격이 낮아지고, 원이 고려의 영토를 일부 지배하였다. 또한 고려의 왕자들은 원에서 성장하며 교육을 받았다. 한편 고려에서는 몽골식 복장과 음식 등이 유행하였다. ① 최씨 정권기에 최충헌은 교정도감을 설치하여 국가의 주요 정책을 결정하였다.

24 ㉠은 권문세족이다. 원 간섭기에는 원의 세력을 배경으로 권세를 누리는 사람들이 등장하였다. 이들은 주로 음서로 관직에 진출하여 고위 관직을 독점하였고, 이전의 세력과 더불어 새로운 지배 세력인 권문세족을 형성하였다. ①, ②, ⑤는 신진 사대부, ③은 무신에 대한 설명이다.

25 ④ 신진 사대부는 불교의 폐단을 비판하고 성리학을 새로운 사회 건설을 위한 이념으로 삼았다.

26 지도가 나타내는 사건은 위화도 회군이다. 이성계는 요동 정벌을 두고 우왕과 대립하였으나 우왕의 명령으로 군대를 이끌고 나섰다. 그러나 이성계는 위화도에서 군대를 돌려 정치, 군사의 실권을 잡았다. ② 명이 철령 이북의 땅을 요구하자 우왕과 최영은 요동 정벌을 추진하였다.

27 고려에서 아들과 딸, 남편과 부인은 평등한 관계를 유지하였다. 친가와 외가의 상을 애도하는 기간을 동등하게 하였으며, 딸과 아들은 재산을 균등하게 상속받았다. 한편, 혼인 제도는 대체로 신랑이 신부 집에 가서 혼인식을 치렀으며, 여성도 호주가 될 수 있었다. ② 친손자와 외손자 모두 음서의 대상이 되었다.

28 ㉠은 지눌이다. 무신 집권기에 지눌은 불교의 세속화를 비판하며 수선사를 중심으로 불교 개혁 운동을 전개하였다.

29 고려는 정치와 교육 등에서 대부분 유학 사상을 따랐다. 과거제를 실시하여 유교적 소양을 갖춘 인재를 선발하였고 개경에는 국자감, 지방의 주요 지역에는 향교를 두어 유교 경전과 역사서를 가르쳤다. 또한 유학자들이 세운 사립 학교가 번성하였으며, 김부식은 유교의 합리주의 사관에 따라 『삼국사기』를 저술하였다.

30 『사략』에는 성리학을 수용하면서 정통 의식과 대의명분을 강조하는 사관이 적용되었다. ①은 『삼국사기』, ②는 『삼국유사』, ③은 「동명왕편」, ④는 『제왕운기』와 관련이 있다.

31 ④ 경주 감은사지 동서 3층 석탑은 통일 신라 시대의 문화유산이다.

32 ③ 우리 고유의 음악인 속악(향악)은 신라 시대에 전래된 당악의 영향을 받으며 발달하였다.

서술형 문제

1 **예시답안** 광종. 광종은 노비안검법을 실시하여 호족을 견제하고 왕권을 강화하였다. 또한, 공복 색깔을 정하여 관리의 위계질서를 세웠고, '광덕', '준풍' 등의 연호를 사용하여 국가의 위상을 높였다.

구분	채점 기준
상	광종을 쓰고, 광종의 정책을 두 가지 서술한 경우
중	광종을 쓰고, 광종의 정책을 한 가지만 서술한 경우
하	광종만 쓰거나, 광종의 정책을 한 가지만 서술한 경우

2 (1) 공민왕
(2) **예시답안** 기철을 비롯한 친원 세력을 제거하고, 고려의 내정을 간섭하는 핵심 기구인 정동행성이문소를 폐지하였다. 또한 고려 왕실의 호칭과 관청의 옛 제도를 복구하였다.

구분	채점 기준
상	공민왕의 반원 정책을 세 가지 서술한 경우
중	공민왕의 반원 정책을 두 가지 서술한 경우
하	공민왕의 반원 정책을 한 가지만 서술한 경우

3 **예시답안** 만적. 무신 집권자 중 천민 출신도 있어 신분 상승에 대한 백성의 기대감이 커졌다.

구분	채점 기준
상	만적을 쓰고, 신분 상승에 대한 백성의 기대감이 커졌다는 내용을 서술한 경우
하	만적만 쓰거나 신분 상승에 대한 백성의 기대감이 커졌다는 내용만 서술한 경우

100점 도전! 실전 문제 34~39쪽

01 ①	02 ②	03 ①	04 ①	05 ②	06 ③	07 ②	08 ③
09 ⑤	10 ①	11 ⑤	12 ④	13 ③	14 ①	15 ①	16 ⑤
17 ②	18 ⑤	19 ①	20 ②	21 ⑤	22 ⑤	23 ③	24 ④
25 ⑤	26 ⑤	27 ④	28 ③	29 ③	30 ③	31 ④	32 ⑤

01 ⑺ 태봉의 궁예가 왕권을 강화하기 위해 호족을 탄압하자, 호족은 궁예를 내쫓고 왕건을 국왕으로 세웠다. 왕건은 나라 이름을 '고려'라 고치고 이듬해 송악으로 도읍을 옮겼다. ⑷ 고려는 고창 전투에서 승리하며 후백제와의 싸움에서 주도권을 잡았다. 그러던 중 후백제에서 내분이 일어나 견훤이 고려에 투항해 왔다. ⑶ 신라의 경순왕도 나라를 유지하기 어렵다고 판단하여 고려에 나라를 넘겨주었다. ⑷ 이후 고려는 후백제를 공격하여 후삼국을 통일하였다.

02 태조는 고려 건국 직후부터 북진 정책을 추진하였다. 고구려를 계승하여 나라 이름을 고려라 하고, 서경을 북진 정책의 전진 기지로 삼아 영토를 확장하였다. 그 결과 태조 말 고려의 영토는 청천강에서 영흥만에 이르는 지역까지 넓어졌다.

03 ① 삼국 통일 후 신라의 신문왕은 관리에게 관료전을 지급하였다.

04 제시된 자료는 최승로가 성종에게 올린 시무 28조이다. 성종은 시무 28조를 수용하여 유교 정치사상을 통치의 근본이념으로 삼았다. 또한 지방에 12목을 설치하고, 당과 송의 제도를 참고하여 2성 6부의 중앙 관제를 정비하였다. ㄷ은 광종, ㄹ은 태조에 대한 설명이다.

05 밑줄 친 '이 왕'은 광종이다. 광종은 호족을 견제하고 왕권을 강화하기 위한 정책을 추진하였다. 그는 노비안검법을 실시하여 호족이 불법으로 차지한 노비를 양인으로 해방하였다. 또한 과거제를 실시하여 유교적 학식과 능력을 갖춘 관리를 선발하였다. ①, ③, ⑤는 태조, ④는 통일 신라 원성왕에 대한 설명이다.

06 ㉠은 중서문하성, ㉡은 어사대에 해당한다. 중서문하성은 최고 관청으로 국가의 정책을 논의하여 결정하였고, 어사대는 관리의 비리를 살피는 역할을 하였다.

07 고려는 일반 행정 구역인 5도에 안찰사를 파견하였다. 지방의 행정 실무는 각 고을의 향리가 담당하였다. ㄴ. 고려 시대의 군, 현은 지방관이 파견된 주현과 지방관이 파견되지 않은 속현으로 구분되었다. ㄹ. 통일 이후 신라는 전국을 9주로 나누고 그 아래 군과 현을 두었다.

08 ③ 고려 시대에 무과는 거의 시행되지 않았고, 무예가 뛰어난 사람을 무관으로 임명하였다.

09 ⑺는 이자겸이다. 이자겸은 왕실과의 거듭된 혼인 관계를 통해 막강한 권력을 행사하면서 왕권을 위협하였다. 이에 위협을 느낀 인종이 이자겸을 제거하려 하자, 이자겸은 스스로 왕이 되기 위해 척준경과 함께 반란을 일으켰다. ①은 최우, ②는 최충헌, ③은 서희, ④는 최승로에 대한 설명이다.

10 ⑺는 정지상, 묘청 등 서경 세력이다. ① 서경 세력은 황제 칭호와 독자적 연호를 사용할 것, 금을 정벌하고 서경으로 천도할 것을 주장하였다.

11 ⑷ 문벌 출신의 대표적 인물인 이자겸은 딸들을 예종, 인종과 혼인시키며 막강한 권세를 누렸다. 이에 위협을 느낀 인종이 이자겸을 제거하려 하자 이자겸의 반격으로 실패하였다(이자겸의 난, 1126). ⑷ 묘청, 정지상 등 서경 세력은 풍수지리설을 근거로 하여 서경으로 수도를 옮기자고 주장하였다. 그러나 김부식을 비롯한 개경 세력은 서경 천도에 반대하였다. 이에 묘청 등이 서경에서 난을 일으켰다(서경 천도 운동, 1135). ⑺ 무신에 대한 차별이 심해지자, 정중부와 이의방 등의 무신들은 의종의 보현원 행차를 이용하여 무신 정변을 일으켰다(무신 정변, 1170). ⑷ 무신 정권기에 개경에서 사노비였던 만적이 신분 해방을 목표로 봉기를 시도하였으나 사전에 발각되면서 실패하였다(만적의 난, 1198).

12 고려 무신은 문신에 비해 차별을 받았다. 과거에서 무과는 거의 시행되지 않았고, 무신은 관직 승진에 제한이 있었으며 군대의 최고 지휘관도 문신이 맡았다. 결국 정중부, 이의방 등의 무신들은 오랫동안 받아 온 차별 대우와 문신 위주의 정치에 반발하여 1170년 무신 정변을 일으켰다.

13 ③ 무신 정권 초기에 무신들은 중방을 통해 정책을 결정하였다. 최충헌이 집권한 이후에는 교정도감이 최고 권력 기구의 역할을 하였다.

14 만적과 전주 관노비는 모두 천민층에 속하였다. ② 경주, 서경, 담양에서는 고려 왕조를 부정하고 신라, 고구려, 백제의 부흥을 내세운 삼국 부흥 운동이 일어났다. ③ 무신 정변으로 무신들이 정권을 장악하자 김보당, 조위총 등의 문신들이 반란을 일으켰다. ④는 김사미·효심의 난, ⑤는 망이·망소이의 난에 대한 설명이다.

15 거란은 고려를 세 차례에 걸쳐 침입하였다. 1차 침입 때에는 서희가 거란 장수와 외교 담판을 벌여 강동 6주를 고려의 영토로 인정받았다. 2차 침입 때에는 양규 등의 활약으로 거란군을 물리쳤고, 3차 침입 때에는 강감찬이 이끄는 고려군이 귀주에서 거란군을 거의 전멸시켰다. 이후 고려는 북방 민족의 침입에 대비하기 위해 나성과 천리장성을 쌓았다. ① 무신 정권의 군사적 기반이었던 삼별초는 고려 정부의 개경 환도에 반대하며 대몽 항쟁을 전개하였다.

16 밑줄 친 '이 민족'은 여진이다. 여진은 12세기에 완옌부가 여진을 통일하며 세력이 강성해져 고려의 국경을 침략하였다. 이에 윤관은 별무반을 조직하여 여진을 정벌하고 동북 9성을 쌓았다. 이후 여진은 세력을 키워 금을 세우고 고려에 사대 관계를 요구하였다. ㄱ은 거란, ㄴ은 송에 대한 설명이다.

17 밑줄 친 '이곳'은 벽란도이다. 벽란도는 고려 시대에 번성하였던 국제 무역항이다. ①, ④는 통일 신라 시기의 무역항이다. ③은 가장 오랜 기간 발해의 수도였던 곳이다. ⑤ 장보고는 청해진을 설치하여 당과 일본을 잇는 중계 무역을 전개하였다.

18 ⊙은 거란, ⓒ은 송, ⓒ은 일본이다. ⑤ 고려는 아라비아 상인과의 교류를 통해 '코리아'라는 이름으로 서방 세계에 알려졌다.

19 ⊙은 박서, ⓒ은 김윤후에 해당한다. 몽골의 1차 침입 때 박서가 귀주성에서, 2차 침입 때 김윤후가 처인성 전투에서 활약하였다.

20 무신 정권의 군사적 기반이었던 삼별초는 고려 정부의 개경 환도에 반대하며 봉기하였다. ②는 별무반에 대한 설명이다.

21 ㈎ 시기는 원 간섭기에 해당한다. ⑤ 이성계는 1388년 위화도 회군으로 권력을 장악하였다.

22 공민왕은 신돈을 등용하여 전민변정도감을 설치하였다. 이를 통해 권문세족의 세력 기반을 약화시키고 국가 재정을 확충하였다.

23 공민왕은 정동행성이문소 폐지, 몽골의 풍습 금지, 쌍성총관부 공격 등 반원 정책을 시행하였고, 전민변정도감 설치, 성균관 개편 등 내정 개혁을 추진하였다. ③ 최우는 서방을 설치하여 문신을 등용하였고 국가의 중요 정책을 자문하였다.

24 ㈎는 신진 사대부이다. 신진 사대부는 공민왕의 개혁 과정에서 크게 성장하여 독자적인 세력을 형성하였다. ④는 권문세족에 대한 설명이다.

25 고려에서는 아들과 딸, 남편과 부인이 평등한 관계를 유지하였다. ⑤ 친가와 외가의 상을 애도하는 기간에 차등을 두지 않았다.

26 ㄱ, ㄴ. 향도는 불교 신앙을 바탕으로 조직된 대규모 노동 조직으로, 향리를 중심으로 운영되었다.

27 ⊙은 도교에 해당한다. 도교는 불로장생과 현세의 복을 구하는 종교이다. 삼국 시대에 전래된 도교는 고려 시대에 왕실을 비롯한 지배층에서 유행하였다. ①, ③은 풍수지리설, ②는 불교, ⑤는 성리학에 대한 설명이다.

28 고려는 정치와 교육 등에서 대부분 유학 사상을 따랐다. 과거제를 실시하여 유교적 소양을 갖춘 인재를 관리로 등용하였으며, 개경에는 국자감, 지방의 주요 지역에는 향교를 두어 유교 경전과 역사서를 가르쳤다.

29 ⊙은 『삼국유사』이다. 일연이 편찬한 『삼국유사』는 처음으로 단군의 건국 이야기를 기록하였다.

30 고려 후기에는 개성 경천사지 10층 석탑처럼 원의 영향을 받은 석탑이 제작되었다.

31 최우는 부처의 힘으로 몽골의 침입을 물리치기 위해 팔만대장경을 제작하였다.

32 고려 후기에는 원의 영향을 받아 황주 성불사 응진전과 같은 다포 양식의 건물이 지어졌다. 한편 12세기 이후에 상감법을 사용하여 제작된 상감 청자는 고려를 대표하는 공예품이다. ㄱ, ㄴ. 『무구정광대다라니경』과 석굴암은 통일 신라 시대에 제작되었다.

서술형 문제

1 **예시답안** 원 간섭기에 고려는 원이 설치한 정동행성을 통해 내정 간섭을 받았다. 또한 원은 고려에 동녕부, 쌍성총관부, 탐라총관부를 설치하여 고려의 영토 일부를 직접 지배하였다. 원은 조공이라는 명목으로 공녀와 환관을 데려 갔고 금, 인삼, 매 등 특산물을 거두어 갔다.

구분	채점 기준
상	원 간섭기 고려의 사회 변화를 세 가지 서술한 경우
중	원 간섭기 고려의 사회 변화를 두 가지 서술한 경우
하	원 간섭기 고려의 사회 변화를 한 가지만 서술한 경우

2 **예시답안** 고려의 혼인 제도는 일부일처제가 일반적이었고, 대체로 신부 집에서 혼인식을 치르고 자녀를 낳아 키웠다. 또한 남성과 여성 모두 이혼과 재혼이 가능하였다.

구분	채점 기준
상	일부일처제가 일반적이었고, 신부 집에서 혼인식을 치르고 자녀를 낳아 키웠으며, 남성과 여성 모두 이혼과 재혼이 가능하였다는 내용을 모두 서술한 경우
중	위 내용 중 두 가지를 서술한 경우
하	위 내용 중 한 가지만 서술한 경우

3 **예시답안** 영주 부석사 무량수전은 배흘림기둥을 갖추었으며 기둥과 기둥 사이에 공포를 두는 주심포 양식으로 지어졌다.

구분	채점 기준
상	배흘림기둥과 주심포 양식을 갖추었다는 내용을 모두 서술한 경우
하	위 내용 중 한 가지만 서술한 경우

한·끝·시·리·즈   필수 개념과 시험 대비를 한 권으로 끝! 역사 공부의 진리입니다.

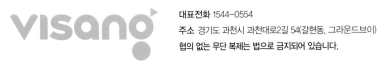

대표전화 1544-0554
주소 경기도 과천시 과천대로2길 54(갈현동, 그라운드브이)
협의 없는 무단 복제는 법으로 금지되어 있습니다.

비상 누리집에서 더 많은 정보를 확인해 보세요,
http://book.visang.com/

15개정 교육과정

한끝

시험 대비 문제집

중등 역사

2·1

책 속의 가접 별책 (특허 제 0557442호)
'시험 대비 문제집'은 본책에서 쉽게 분리할 수 있도록 제작되었으므로
유통 과정에서 분리될 수 있으나 파본이 아닌 정상제품입니다.

한 권으로 끝내기

한끝

시험 전 한끝

중등 **역사 ②**-1

주제 ① 만주와 한반도의 선사 문화

(1) 만주와 한반도의 구석기 시대

시작	약 70만 년 전으로 추측
유적	평안남도 상원의 검은모루 동굴, 경기도 연천 전곡리, 충남 공주 석장리 등
경제, 사회	사냥·채집·고기잡이로 식량 획득, 무리·이동 생활, 동굴·바위 그늘·강가의 막집 등에 거주, 평등 사회
도구	• 뗀석기: 초기 다양한 석기 제작(주먹도끼, 긁개 등) → 후기 정교한 도구 제작(슴베찌르개 등) • 동물 뼈로 만든 도구 사용
종교, 예술	시체 매장, 동물의 뼈나 뿔을 이용한 예술품 제작(사냥의 성공, 풍요로운 식량 획득, 무리의 번성 등 기원)

(2) 만주와 한반도의 신석기 시대

시작	약 1만 년 전부터 시작
경제, 사회	사냥과 채집, 농경과 목축 시작, 정착 생활(움집에 거주), 마을 형성, 평등 사회
도구	• 간석기: 돌낫, 돌보습, 갈돌과 갈판, 화살촉 등 • 토기: 빗살무늬 토기, 덧무늬 토기 등을 만들어 음식 조리와 식량 저장에 이용 • 가락바퀴, 뼈바늘: 옷이나 그물 제작
종교	애니미즘·토테미즘 발생, 영혼이나 조상 숭배
예술	조개껍데기·동물의 뼈와 이빨로 장신구 제작, 종교와 관련된 예술품 제작

1 구석기 시대에 사용된 도구만을 [보기]에서 있는 대로 골라 기호를 쓰시오.

┤ 보기 ├
ㄱ. 긁개　　　　　　ㄴ. 가락바퀴　　　　　ㄷ. 주먹도끼
ㄹ. 슴베찌르개　　　ㅁ. 갈돌과 갈판　　　　ㅂ. 빗살무늬 토기

2 ㉠에 들어갈 내용을 쓰시오.

만주와 한반도의 신석기 시대 사람들은 (㉠)과 목축을 시작하였다. (㉠)과 목축이 시작되면서 신석기 시대 사람들은 정착 생활을 하였다.

3 신석기 시대에 대한 설명으로 옳지 <u>않은</u> 것은?

① 간석기를 만들었다.　　　　　　② 계급이 발생하였다.
③ 움집에 거주하였다.　　　　　　④ 빗살무늬 토기를 사용하였다.
⑤ 애니미즘과 같은 신앙이 발생하였다.

[정답] 1 ㄱ, ㄷ, ㄹ 2 농경 3 ②

주제 ② 만주와 한반도의 청동기 문화와 고조선

(1) 만주와 한반도의 청동기 문화

시기	기원전 2000년경~기원전 1500년경부터 만주에 보급, 점차 한반도 전역으로 확산
도구	• 청동기: 청동은 재료가 귀하고 다루기 어려움 → 지배층의 장신구 · 제사용 도구 · 무기(청동 검) 등 제작 → 독자적 문화권 형성 • 기타: 생활 도구와 농기구는 돌 · 나무로 제작(반달 돌칼 등), 민무늬 토기 · 미송리식 토기 사용
사회 모습	잡곡 재배, 벼농사 보급, 사유 재산의 개념 등장, 빈부 차이와 계급 발생, 족장(군장) 등장, 지배층의 무덤으로 고인돌 제작, 농사와 전쟁에 유리한 지역에 마을 형성(방어 시설을 갖춤)

(2) 고조선의 건국과 발전

건국	• 건국: 만주와 한반도의 서북부에서 청동기 문화를 바탕으로 단군왕검이 건국(기원전 2333) • 건국 이야기: 농업 사회, 홍익인간의 건국 이념, 제정일치 사회, 동물 숭상, 집단 간의 연맹으로 성립된 특징 등이 드러남
발전	• 철기 수용과 발전: 기원전 5세기경 철기 문화 수용, 기원전 4세기경 '왕' 칭호 사용 • 위만의 집권(기원전 2세기경): 본격적으로 철기 문화 수용, 중국의 한과 한반도 나라들 사이에서 중계 무역 전개
사회	• 계층 분화: 왕을 비롯한 지배층(상, 대부, 장군 등), 피지배층으로 분열 • 「8조법」 제정: 계급 · 농경 사회, 개인의 생명(노동력)과 재산 중시, 사유 재산 인정 등이 드러남
멸망	한의 고조선 공격 → 지배층의 분열로 왕검성 함락 · 멸망(기원전 108)

---

1 청동기 시대에 대한 설명으로 옳지 않은 것은?

① 평등 사회였다.　　　　　　② 고인돌을 만들었다.

③ 벼농사가 시작되었다.　　　④ 청동 검을 제작하였다.

⑤ 사유 재산이 인정되었다.

---

2 ㉠, ㉡에 들어갈 인물을 각각 쓰시오.

> 고조선은 『동국통감』에 따르면 기원전 2333년에 (㉠)이 건국하였다. 기원전 2세기 경에는 (㉡)이 왕위를 차지하고 한과 한반도 나라들 사이에서 중계 무역을 전개하였다.

---

3 고조선 사회에 해당하는 사실만을 [보기]에서 있는 대로 골라 기호를 쓰시오.

┤ 보기 ├

ㄱ. 농업 사회　　　　ㄴ. 평등 사회　　　　ㄷ. 서옥제 풍습

ㄹ. 사유 재산 인정　　ㅁ. 가족 공동 무덤 제작　　ㅂ. 홍익인간의 건국 이념

주제 ③ 여러 나라의 성장

(1) **철기의 보급**: 철제 농기구 제작(→ 농업 생산량 증가, 인구 증가), 철제 무기 사용(→ 전쟁 증가), 중국과 활발한 교류(한반도에서 명도전 발견)

(2) **철기 문화를 바탕으로 세워진 여러 나라**

부여	· 성립: 만주 쑹화강 일대의 넓은 평야 지역에서 성립 · 정치: 연맹 왕국 → 왕이 중앙 지배, 가(加, 마가 · 우가 · 저가 · 구가 등)들이 각자의 영역 지배 · 풍속: 엄격한 법 제정, 순장 풍습, 소의 발굽 모양으로 길흉을 점침, 영고 거행
고구려	· 성립: 압록강 중류 일대에 성립, 부여에서 이주한 주몽 집단과 압록강 유역의 토착 세력이 건국 · 정치: 연맹 왕국 → 왕과 5부의 대가가 국가 운영, 제가 회의에서 국가의 중대사 결정 · 풍속: 서옥제, 동맹 거행, 말타기 · 활쏘기 등 무예 중시

옥저	· 성립: 한반도 동해안의 비옥한 지역에서 성립	민며느리제, 가족 공동 무덤 제작
동예	· 정치: 군장(읍군, 삼로)이 각 지역 지배	족외혼, 책화, 무천 거행

삼한	· 성립: 한반도 남부 지역에서 마한, 진한, 변한이 연맹체로 발전 · 정치: 제정 분리 → 군장(신지, 읍차)이 소국 지배, 제사장(천군)이 소도 지배 · 풍속: 5월과 10월에 제천 행사 개최

1 ㉠, ㉡에 들어갈 제천 행사를 각각 쓰시오.

부여	고구려	동예	삼한
㉠	동맹	㉡	5월, 10월에 제천 행사 개최

2 ㉠, ㉡에 들어갈 혼인 풍습을 각각 쓰시오.

> 고구려에는 혼인할 때 신랑이 신부 집으로 가 뒤편에 지은 사위집에 살다가 자식이 장성하면 아내를 데리고 자기 집으로 돌아가는 (㉠)의 풍습이 있었다. 옥저에는 신랑이 될 집안이 혼인을 약속한 여자아이를 데려와 키우다 아이가 자라면 남자가 여자의 집에 예물을 주고 혼인을 청하는 (㉡)의 풍습이 있었다.

3 다음에서 설명하는 나라를 쓰시오.

① 제가 회의에서 국가의 중대사를 결정하였다. (   )
② 가족 공동 무덤을 만드는 장례 풍습이 있었다. (   )
③ 왕 아래 가(加)들이 각자의 영역을 지배하였다. (   )
④ 군장이 소국을 지배하고 천군이 소도를 지배하였다. (   )
⑤ 다른 부족의 경계를 침범하면 배상하게 하는 책화의 풍습이 있었다. (   )

정답 1. ㉠ 영고 ㉡ 무천 2. ㉠ 서옥제 ㉡ 민며느리제 3. ① 고구려 ② 옥저 ③ 부여 ④ 삼한 ⑤ 동예

주제 ④ 고구려의 성립과 발전

(1) 고구려의 성장
① 초기: 국내성 천도(1세기 초) → 태조왕 때 옥저 정복, 요동 진출 도모
② 고국천왕: 수도와 지방을 5부 체제로 정비, 지방관 파견, 진대법 시행, 왕위 세습 시작
③ 체제 정비: 관등제 정비(수상 대대로, 10여 등급으로 정비)

(2) 고구려의 발전

미천왕(4세기 초)	낙랑군 점령
소수림왕(4세기)	불교 수용(사상 통합), 태학 설립(인재 양성), 율령 반포
광개토 대왕 (4세기 말~5세기 초)	한강 이북의 땅 차지, 신라에 침입한 왜군 격퇴, 만주와 요동 지역 대부분 확보, '영락' 연호 사용, '태왕' 자처
장수왕(5세기)	평양 천도, 남진 정책(→ 한강 유역 전체 차지), 중국 남북조·몽골의 유연 등과 대등한 외교 전개(→ 다원적인 국제 질서 성립)

(3) 고구려의 천하관: 5세기 동북아시아의 강국으로 성장 → 고구려 왕이 '하늘의 자손'이라는 자부심을 바탕으로 고구려가 세계의 중심이라는 독자적 천하관 표방

1 다음 업적을 가진 왕을 [보기]에서 골라 기호를 쓰시오.

┤보기├
ㄱ. 태조왕　　　　ㄴ. 고국천왕　　　　ㄷ. 소수림왕

① 옥저를 정복하고 요동으로 진출을 도모하였다. (　　)
② 수도와 지방을 5부 체제로 정비하고 진대법을 시행하였다. (　　)
③ 불교를 수용하고 태학을 설립하였으며, 율령을 반포하였다. (　　)

2 다음에서 설명하는 왕을 쓰시오.

> 백제를 공격하여 한강 이북 지역을 차지하였으며, 북쪽으로도 진출하여 거란과 후연을 격파하고 만주와 요동 지역 대부분을 차지하였다.

3 장수왕에 대한 설명으로 옳은 것은?
① 낙랑군을 멸망시켰다.　　② 국내성으로 도읍을 옮겼다.
③ 한강 유역 전체를 차지하였다.　　④ 영락이라는 연호를 사용하였다.
⑤ 신라에 침입한 왜군을 격퇴하였다.

주제 ⑤ 백제의 발전과 중흥 노력

(1) 백제의 성립과 발전

① 성립: 부여와 고구려에서 내려온 세력이 한강 유역의 토착 세력과 연합하여 건국(기원전 18)

② 발전

고이왕(3세기 중반)	관등제 정비(수상 상좌평, 16관등), 목지국 병합
근초고왕(4세기)	마한 지역 대부분 정복, 가야의 여러 나라에 영향력 행사, 중국 동진과 왜를 잇는 해상 교역 전개, 고구려 공격(→ 황해도 일부 차지, 고국원왕 격퇴)
침류왕(4세기)	중국 동진으로부터 불교 수용

(2) 백제의 중흥 노력

① 배경: 장수왕의 공격으로 한강 유역을 상실하고 웅진(공주)으로 천도(475), 무역 침체, 왕권 약화

② 중흥 노력(5세기 후반~6세기)

동성왕	중국 남조와 외교 관계 회복, 신라와 혼인 동맹 체결
무령왕	농업 생산 독려, 지방에 22담로 설치(왕족 파견), 활발한 대외 활동으로 국가 위상 회복
성왕	사비(부여) 천도, 국호를 '남부여'로 개칭, 중앙에 실무 관청 22부 설치, 수도 5부 · 지방 5방으로 정비, 중국 남조와 교류, 왜에 선진 문물 전파, 한강 유역 일시 회복(→ 관산성 전투에서 전사)

1 다음 업적을 가진 왕을 쓰시오.

> • 마한 지역 대부분을 정복하였다.
> • 중국의 동진과 왜를 잇는 해상 무역을 전개하였다.
> • 고구려를 공격하여 황해도 일부를 차지하고 고국원왕을 전사시켰다.

2 ㉠, ㉡에 들어갈 지역을 각각 쓰시오.

> 5세기에 백제는 고구려에 수도 한성이 함락되어 한강 유역을 상실하고 수도를 (㉠) (으)로 옮겼다. 이후 성왕은 (㉡)로 수도를 옮기고 체제를 재정비하였다.

3 백제 성왕의 업적만을 [보기]에서 있는 대로 골라 기호를 쓰시오.

> ┤보기├
> ㄱ. 한강 유역 일시 회복　　　　　 ㄴ. 국호를 남부여로 개칭
> ㄷ. 지방의 22담로에 왕족 파견　　 ㄹ. 중앙에 실무 관청 22부 설치

정답 | 1 근초고왕 2 ㉠ 웅진(공주) ㉡ 사비(부여) 3 ㄱ, ㄴ, ㄹ

주제⑥ 신라와 가야의 성립과 발전

(1) 신라의 성립과 발전
① 성립: 진한의 소국인 사로국에서 시작
② 발전

내물왕(4세기)	김씨의 왕위 세습 확립, 왕호를 '마립간'으로 변경
지증왕(6세기)	국호를 '신라'로 확정, 왕호를 '왕'으로 개편, 순장 금지, 소를 이용한 경작 장려, 영토 확장 (경상도 북부로 진출, 우산국 정복)
법흥왕(6세기)	병부 설치, 율령 반포, 관리의 등급을 17등급으로 확정, 백관 공복의 제도 실시, 불교 공인, 상대등 설치, '태왕' 자처, 연호 '건원' 사용, 금관가야 병합(532)
진흥왕(6세기)	화랑도를 국가적 조직으로 재편, 한강 유역 모두 차지(553), 대가야 정복(562), 함경도 남부까지 진출 → 정복한 지역에 4개의 순수비와 단양 신라 적성비 건립

(2) 가야의 성립과 발전
① 성립: 변한 지역에서 여러 가야가 연맹 형성
② 맹주의 변천

금관가야(전기)	풍부한 철광 보유, 우수한 철기 제작, 해상 교역 발달, 토기 제작 기술 발달
대가야(후기)	비옥한 토지와 질 좋은 철 생산을 토대로 발달, 세력 확장(합천 지역 정복, 섬진강 일대로 진출), 국제적 고립 탈피 도모(중국 남조에 사신 파견, 왜와 교류)

③ 가야 연맹의 멸망: 각 소국이 독자적 권력을 유지, 백제와 신라 사이에 위치 → 중앙 집권 국가로 성장하지 못하고 멸망(금관가야가 법흥왕에 항복, 대가야가 진흥왕에 복속함)

1 다음 왕호를 처음 사용한 신라의 왕을 각각 쓰시오.

① 마립간 (   )   ② 왕 (   )

2 신라 법흥왕과 진흥왕의 업적을 [보기]에서 골라 기호를 쓰시오.

┤보기├
ㄱ. 불교 공인   ㄴ. 율령 반포
ㄷ. 대가야 정복   ㄹ. 한강 유역 모두 차지

① 법흥왕 (   )   ② 진흥왕 (   )

3 다음에서 설명하는 나라를 쓰시오.

> 고령을 기반으로 성장하였으며, 후기 가야 연맹의 맹주가 되어 연맹을 이끌었다. 합천 지역을 정복하고 섬진강 일대로 진출하며 세력을 확장하였다.

정답 1 ① 내물왕 ② 지증왕 2 ① ㄱ, ㄴ ② ㄷ, ㄹ 3 대가야

주제 7 삼국의 다양한 문화

(1) 불교

① 수용과 발전: 중앙 집권 체제 강화를 위해 왕실에서 적극 수용 → 왕실의 보호 아래 국가적 종교로 발전, 점차 백성에게 확산

② 불교 예술: 불교의 발달과 함께 사찰, 탑, 불상 등 제작

사찰	신라 황룡사, 백제 미륵사 등
탑	· 백제: 익산 미륵사지 석탑, 부여 정림사지 5층 석탑 등 · 신라: 황룡사 9층 목탑, 경주 분황사 모전 석탑 등
불상	금동 연가 7년명 여래 입상(고구려), 서산 용현리 마애 여래 삼존상(백제), 경주 배동 석조 여래 삼존 입상(신라), 미륵보살 반가 사유상 등 제작

(2) 도교

① 특징: 신선 사상(산천 숭배, 불로장생 추구)과 결합 → 귀족 사회를 중심으로 유행

② 문화유산: 고구려 고분 벽화의 사신도, 백제의 산수무늬 벽돌, 백제 금동 대향로 등 제작

(3) 유학: 고구려 태학에서 유교 경전 교육, 백제에서 오경박사가 유학 교육, 신라 임신서기석에 유교 경전을 공부한 내용 기록

(4) 역사서: 고구려의 『신집』 5권, 백제의 『서기』, 신라의 『국사』 편찬

(5) 천문학: 고구려 고분의 별자리 그림, 신라의 첨성대 제작

(6) 공예: 금속 공예 발달(백제 금동 대향로, 신라의 금관과 장신구 등)

---

1 다음 종교나 사상과 관련이 있는 문화유산을 [보기]에서 골라 기호를 쓰시오.

┤ 보기 ├

ㄱ. ↑ 익산 미륵사지 석탑

ㄴ. ↑ 산수무늬 벽돌

ㄷ. ↑ 임신서기석

ㄹ. ↑ 금동 연가 7년명 여래 입상

① 도교 (   )   ② 불교 (   )   ③ 유교 (   )

2 밑줄 친 '이 종교'를 쓰시오.

삼국의 왕실이 중앙 집권 체제를 강화하기 위해 수용한 <u>이 종교</u>는 왕실의 보호 아래 국가적 종교로 발전하였다. <u>이 종교</u>가 발달하면서 많은 사찰, 탑, 불상이 만들어졌다.

주제 ⑧ 삼국과 가야인의 생활 모습

(1) **삼국 시대의 신분제:** 왕족을 비롯한 귀족, 평민, 천민으로 구분(신라의 골품제가 대표적)

(2) **삼국의 의식주:** 신분에 따라 차이를 둠

구분	의	식	주
귀족	비단옷과 각종 장신구 착용	쌀밥, 고기, 가축, 과일, 해산물 등 섭취	기와집에 거주
평민	거친 베·동물 가죽으로 만든 옷 착용	조, 기장, 보리, 콩 등 섭취	움집, 귀틀집, 초가집에 거주

(3) **삼국과 가야의 고분 문화:** 껴묻거리와 벽화 등으로 당시의 생활 모습을 유추함

고구려	초기 돌무지무덤 → 굴식 돌방무덤 제작(벽화를 그림)
백제	계단식 돌무지무덤(한성 시기) → 굴식 돌방무덤(웅진·사비 시기), 중국의 영향을 받아 벽돌무덤 제작(무령왕릉, 웅진 시기)
신라	돌무지덧널무덤(벽화가 없음, 많은 껴묻거리 보존) → 6세기 말 이후 굴식 돌방무덤을 주로 제작
가야	돌덧널무덤 제작

1 ㉠에 들어갈 신분을 쓰시오.

> 삼국은 왕족을 비롯한 (㉠), 평민, 천민으로 신분을 구분하였다. (㉠)들은 비단옷을 입고 각종 장신구로 치장하였으며, 쌀밥, 고기, 가축, 과일 등을 주로 먹고 기와집에 거주하였다.

2 다음에서 설명하는 고분 양식을 [보기]에서 골라 기호를 쓰시오.

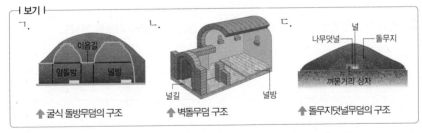

① 삼국에서 모두 제작하였으며, 널방의 벽과 천장에 벽화가 남아 있다. ( )

② 중국 남조의 양식으로 축조되었으며, 백제의 무령왕릉이 대표적이다. ( )

③ 신라 초기에 주로 만들어졌으며, 도굴이 어려운 구조여서 많은 껴묻거리가 보존되어 있다. ( )

주제 ⑨ 삼국과 가야의 대외 교류

(1) 삼국의 문화 교류

① 중국과의 교역

고구려	북중국 나라들과 교류 → 왕산악의 거문고 제작, 수·당의 궁중에서 고구려 음악과 무용 사용
백제	중국의 동진, 남조와 교류
신라	한강 유역 차지 이후 중국과 직접 교류

② 서역과의 교류: 초원길, 비단길(사막길) 이용

고구려	고분 벽화에 서역 계통의 인물 등장, 서역의 궁전 벽화에서 고구려 사신으로 추정되는 사람 발견
신라	고분에서 서역과의 교류를 알려 주는 유리그릇, 금제 장식 보검 등 발견

(2) 가야의 문화 교류: 중국, 북방 초원 지대의 민족, 왜와 교류

(3) 삼국과 가야 문화의 일본 전파: 일본 아스카 문화의 성립과 발전에 기여

고구려	승려 혜자가 쇼토쿠 태자의 스승이 됨, 담징이 종이와 먹의 제조 방법 전파, 고구려 수산리 고분 벽화가 일본의 다카마쓰 고분 벽화에 영향을 줌
백제	일본에 불교 전파, 백제의 오경박사가 일본에서 활약, 아직기와 왕인은 한문·논어·천자문 전파
신라	배 만드는 기술과 둑 쌓는 기술 전파
가야	철로 만든 갑옷 수출, 토기 제작 기술 전파(→ 일본 스에키의 바탕이 됨)

1 밑줄 친 '이 나라'를 쓰시오.

> 이 나라는 주로 북중국의 나라들과 교류하였다. 왕산악은 중국의 악기를 개조하여 거문고를 만들었고, 수와 당의 궁중에서 이 나라의 음악과 무용으로 연회의 흥을 돋우기도 하였다.

2 백제가 일본에 전파한 문화만을 [보기]에서 있는 대로 골라 기호를 쓰시오.

> ┤보기├
> ㄱ. 불교
> ㄴ. 한문, 논어, 천자문
> ㄷ. 종이와 먹의 제조 방법
> ㄹ. 배 만드는 기술과 둑 쌓는 기술

3 ㉠에 들어갈 문화를 쓰시오.

> 고구려, 백제, 신라의 문화가 일본에 전파되어 일본 (㉠) 문화의 성립과 발전에 기여하였다.

정답 1. 고구려 2. ㄱ, ㄴ 3. 아스카

고구려와 수·당의 전쟁

(1) **6세기 후반~7세기 초 동아시아의 정세:** 고구려, 백제, 왜, 돌궐을 연결하는 남북 세력과 신라, 수·당을 연결하는 동서 세력이 대립

(2) **수·당의 고구려 침입과 격퇴**

① 고구려와 수의 전쟁

수 문제	수가 고구려에 복속 요구 → 고구려가 수의 요구를 거절하고 요서 지방 선제공격 → 수 문제가 30만 군대를 동원해 고구려 침략 → 수군이 홍수·전염병·굶주림에 시달리다가 돌아감
수 양제	요동성 공격 실패 → 수의 우중문이 30만 명의 별동대로 평양 공격 → 을지문덕이 살수 대첩에서 수군 격퇴(612)

② 고구려와 당의 전쟁

배경	고구려 연개소문의 정변 → 당과 신라에 강경한 대외 정책 전개
과정	당 태종이 연개소문의 정변을 구실로 고구려 침입 → 요동성·백암성 함락, 안시성 공격 → 안시성의 성주와 백성들이 당군 격퇴(안시성 싸움, 645)

③ **고구려가 수·당의 침략을 막아낸 원동력:** 산성을 이용한 방어 체계, 요동 지방의 철광 지대 확보, 뛰어난 제련 기술(강력한 철제 무기와 갑옷 제작) 등

1 ㉠, ㉡에 들어갈 나라를 각각 쓰시오.

> 6세기 후반에서 7세기 초 동아시아에서는 돌궐, 고구려, (㉠), 왜를 연결하는 남북 세력과 (㉡), 수·당을 연결하는 동서 세력이 대립하였다.

2 (가)~(라)를 일어난 순서대로 나열하시오.

> (가) 고구려 연개소문이 정변을 일으켰다.
> (나) 안시성의 성주와 백성들이 당군을 격퇴하였다.
> (다) 수 문제가 30만 군대를 동원하여 고구려를 침략하였다.
> (라) 을지문덕이 이끄는 고구려군이 살수 대첩에서 승리를 거두었다.

3 다음에서 설명하는 전투를 쓰시오.

> 수의 장군 우중문이 30만 명의 별동대를 이끌고 고구려의 평양을 공격하였다. 을지문덕은 수의 군대를 평양성 쪽으로 유인하여 적의 힘을 뺀 후 후퇴하는 수의 군대가 살수를 반쯤 건넜을 때 총공격하여 수군을 거의 전멸시켰다.

주제⑪ 신라의 삼국 통일과 발해의 건국

(1) 신라의 삼국 통일

① 나당 동맹 체결: 백제가 신라의 여러 성 함락 → 신라 김춘추가 고구려에 군사적 도움 요청·실패 → 김춘추의 제의로 나당 동맹 체결(648)

② 백제, 고구려의 멸망과 부흥 운동

구분	백제	고구려
멸망 과정	백제가 기벌포에서 소정방이 이끈 당군에게 패배, 계백의 결사대가 황산벌 전투에서 패배 → 나당 연합군의 사비성 함락(660)	연개소문 사후 아들 간 권력 다툼으로 정치 혼란 → 나당 연합군의 평양성 함락(668)
부흥 운동	복신과 도침, 흑치상지가 주도 → 백강 전투 패배, 나당 연합군의 주류성 함락(663)	고연무, 검모잠 주도 → 지도층의 분열로 실패

③ 나당 전쟁: 당이 한반도에 웅진도독부·안동도호부·계림도독부 설치 → 나당 전쟁(신라가 매소성·기벌포 전투에서 당군 격파) → 삼국 통일 완성(676)

④ 삼국 통일의 한계와 의의

한계	통일 과정에서 외세(당)를 끌어들임, 대동강 이남 지역만 차지
의의	자주적 통일, 우리 민족 최초의 통일(→ 새로운 민족 문화 발전의 기반 마련)

(2) 발해의 건국: 대조영이 지린성 동모산 근처에 도읍하고 건국(→ 남북국 시대 전개), 고구려 유민과 말갈인이 주민 구성, 고구려 계승 의식 표방

1 ㉠, ㉡에 들어갈 인물을 각각 쓰시오.

> 백제와 고구려가 멸망한 이후 부흥 운동이 전개되었다. 백제에서는 (㉠)가 임존성에서 군사를 일으켰고, 고구려에서는 (㉡)이 안승을 왕으로 추대하였다.

2 (가)~(라)를 일어난 순서대로 나열하시오.

> (가) 백제 멸망   (나) 고구려 멸망   (다) 기벌포 전투   (라) 나당 동맹 체결

3 발해에 대한 설명으로 옳은 것은?

① 김춘추가 건국하였다.
② 안동도호부를 설치하였다.
③ 고구려 계승을 표방하였다.
④ 나당 연합군에게 멸망하였다.
⑤ 복신과 도침이 부흥 운동을 벌였다.

정답 1. ㉠ 흑치상지 ㉡ 검모잠 2. (라)-(가)-(나)-(다) 3. ③

주제 ⑫ 통일 신라의 발전

(1) 왕권의 강화

무열왕 (김춘추)	최초의 진골 출신 왕(이후 무열왕계 직계 자손들이 왕위 계승), 집사부 독립, 시중의 역할 강화, 귀족 회의의 기능 축소(상대등의 권한 약화)
문무왕	삼국 통일 완성, 삼국의 백성 통합, 친당적인 진골 귀족 축출
신문왕	진골 귀족 세력 숙청(김흠돌의 난 진압), 국학 설치, 통치 제도 정비 → 전제 왕권 확립

(2) 통치 제도 정비: 신문왕 주도

중앙 정치 조직	집사부 중심 운영, 시중(중시)의 권한 강화, 10여 개의 관청 설치(행정 업무 담당), 화백 회의의 기능과 상대등의 권한 축소
지방 행정 조직	• 9주: 전국을 9주로 나누고 그 아래 군·현 설치(지방관 파견), 촌은 토착 세력인 촌주가 관리 (촌락 문서 작성) • 5소경: 수도인 금성이 동남쪽에 치우친 약점 보완, 지방 세력 견제 목적 → 주요 거점에 설치 (지방 정치와 문화의 중심지로 삼음, 옛 가야·고구려·백제 출신 귀족을 옮겨 살게 함)
신라	9서당(중앙군, 왕실과 수도 경비), 10정(지방군, 9주에 1정씩 배치·한주에 2정 배치)

(3) 토지 제도 정비: 신문왕의 관료전 지급·녹읍 폐지, 성덕왕의 정전 지급

1 다음 업적을 가진 신라의 왕을 [보기]에서 골라 기호를 쓰시오.

┤ 보기 ├
ㄱ. 무열왕　　　　　ㄴ. 문무왕　　　　　ㄷ. 신문왕

① 진골 출신으로 처음 왕위에 올랐으며, 집사부를 독립시켰다. (　　　)
② 김흠돌의 난을 진압하고 국학을 설치하여 인재를 양성하였다. (　　　)
③ 고구려를 멸망시키고 나당 전쟁을 승리로 이끌어 삼국 통일을 완성하였다. (　　　)

2 ㉠, ㉡에 들어갈 행정 구역을 각각 쓰시오.

통일 신라는 전국을 (　㉠　)로 나누고 그 아래 군과 현을 설치하여 지방관을 파견하였다. 수도 금성(경주)이 동남쪽에 치우친 약점을 보완하고 지방 세력을 견제하기 위해 주요 거점에는 (　㉡　)을 설치하고 지방 정치와 문화의 중심지로 삼았다.

3 ㉠, ㉡에 들어갈 토지를 각각 쓰시오.

신문왕은 관리들에게 (　㉠　)을 지급하여 해당 토지에서 조세를 거둘 수 있는 권리를 주었고, 성덕왕은 백성에게 (　㉡　)을 지급하고 세금을 걷었다.

주제 ⑬ 발해의 발전

(1) 발해의 발전과 멸망

① 발해의 발전

무왕(8세기)	북만주 일대 장악, 돌궐·일본과 친선 관계 형성, 장문휴를 보내 당의 산둥 지방 공격
문왕(8세기)	상경(상경 용천부) 천도, 당과 친선 관계 형성, 신라도 개설, 일본에 사신 파견
선왕(9세기)	연해주와 요동 지방까지 영토 확장(최대 영토 확보), 전성기 이룩 → 이후 중국에서 발해를 '해동성국'이라 부름

② 발해의 멸망: 9세기 말 지배층의 권력 다툼으로 권력 약화 → 거란의 침략으로 멸망(926)

(2) 발해의 통치 제도

중앙 정치 조직	·3성: 정당성·선조성·중대성으로 구성 → 정당성을 중심으로 운영 ·6부: 행정 실무 담당, 유교 덕목을 명칭으로 사용
지방 행정 조직	·5경: 정치적·군사적 요충지에 설치, 여러 교통망으로 연결 ·15부 62주: 지방 행정 중심지에 설치, 주 아래 현 설치(지방관 파견) ·촌락: 대부분 말갈인으로 구성, 말갈 족장이 지배
군사 제도	10위(중앙군, 왕궁과 수도 경비), 지방군(전략적 요충지나 국경 지역에 설치, 지방관이 지휘)

1 발해 문왕의 업적만을 [보기]에서 있는 대로 골라 기호를 쓰시오.

┤ 보기 ├
ㄱ. 당의 산둥 지방 공격   ㄴ. 상경(상경 용천부) 천도
ㄷ. 당과 친선 관계 형성, 신라도 개설   ㄹ. 연해주와 요동 지방까지 영토 확장

2 ㉠, ㉡에 들어갈 내용을 각각 쓰시오.

발해의 중앙 정치 조직은 당의 제도를 본떠 3성 6부로 조직하였는데, 3성은 정책을 집행하는 (㉠)을 중심으로 운영하였고, 6부의 명칭에는 (㉡) 덕목을 사용하는 등 당과 다른 독자성을 보였다.

3 다음 괄호 안의 단어 중 알맞은 말을 골라 순서대로 쓰시오.

발해는 넓은 영토를 다스리기 위해 정치적·군사적으로 중요한 지역에 (5경, 9주)을/를 두고 여러 교통망으로 연결하였다. 중앙군으로는 (10위, 9서당)을/를 두어 왕궁과 수도를 경비하게 하였다.

주제 14 신라의 분열과 후삼국의 성립

(1) 신라 말의 상황

① 정치적 동요: 왕위 쟁탈전 심화, 지방 귀족의 반란(김헌창의 난, 장보고의 난 등)

② 농민 봉기의 발생

배경	귀족의 대토지 소유 확대 및 농민 수탈, 재정 부족, 흉년 · 자연재해 · 전염병 발생 등으로 농민 생활 악화 → 중앙 정부가 지방에 세금 독촉 → 지방 농민의 불만 폭발
내용	원종과 애노의 난(사벌주, 889)을 시작으로 농민 봉기 확대

③ 호족의 성장과 6두품의 사회 비판

호족	지방에서 독자적 군사 보유, 세금 수취, 성주나 장군 자처 → 지방을 실질적으로 지배
6두품	골품제의 모순으로 역할 축소 → 당에 유학 · 학문과 종교 활동에 몰두 · 사회 개혁안 제시(수용 되지 않음) → 정치를 멀리하거나 호족과 함께 새로운 사회 건설 추구

④ 새로운 사상의 유행: 선종과 풍수지리설이 호족이 새로운 사회를 건설하는 사상적 기반 마련

선종	인간의 마음에 내재된 깨달음을 얻는다는 실천적인 경향이 강함, 전통적인 권위 부정
풍수지리설	신라 말 도선이 보급, 경주(금성) 중심의 지리 개념 탈피, 지방의 중요성 강조

(2) 후삼국의 성립: 신라는 경주 부근의 경상도 일대만 지배

후백제	견훤이 건국(900), 완산주에 도읍, 백제 부흥 표방
후고구려	궁예가 건국(901), 송악(개성)에 도읍, 고구려 부흥 표방, 철원 천도, 국호를 마진 · 태봉 등으로 변경

---

1 다음에서 설명하는 세력을 쓰시오.

> 신라 말에 성장한 지방 세력이다. 대부분 촌주 출신으로, 촌락 주위에 성을 쌓고 성주나 장군을 자처하였으며, 독자적 군사를 보유하고 실질적으로 지방을 통치하였다.

2 다음에서 설명하는 인물을 [보기]에서 골라 기호를 쓰시오.

┌ 보기 ┐

ㄱ. 궁예   ㄴ. 김헌창   ㄷ. 장보고   ㄹ. 원종과 애노

① 중앙 정부의 세금 독촉에 반발하여 농민 봉기를 일으켰다. (   )

② 경기도와 황해도 일대의 호족들을 규합하여 후고구려를 세웠다. (   )

③ 청해진을 기반으로 군사력을 확대하여 왕위 계승 분쟁에 개입하였다. (   )

④ 웅주 도독으로, 아버지 김주원이 왕이 되지 못한 것에 불만을 품고 난을 일으켰다.

(   )

정답 1 호족 2 ① ㄹ ② ㄱ ③ ㄷ ④ ㄴ

주제⑮ 통일 신라의 문화

(1) 유학

　① 배경: 왕권 강화와 체제 안정을 위해 유학을 정치 이념으로 채택

　② 내용: 국학 설치, 원성왕 때 독서삼품과 시행 → 유학자 배출(강수, 설총, 최치원, 김대문 등)

(2) 불교

　① 승려의 활동(교종 중심)

원효	· 화쟁 사상: 일심 사상을 바탕으로 종파 간 사상적 대립의 조화 추구 · 불교의 대중화: 아미타 신앙을 전파하여 불교의 대중화에 기여
의상	화엄 사상 주장, 신라 화엄종 개창, 부석사 등 사원 건립

　② 선종의 확산: 신라 말 당에서 유입되어 지방 사회 중심으로 확산

　③ 불교 예술의 발달

사원	불국사(불교의 이상 세계 표현), 석굴암(인공 석굴 사원, 중앙에 본존상 설치) 등 건립
탑	이중 기단 위에 3층으로 쌓는 석탑 유행(경주 불국사 3층 석탑 등)
승탑, 탑비	신라 말 선종의 유행으로 발달
범종	상원사 동종, 성덕 대왕 신종 등 제작

(3) 기술의 발달: 제지술과 목판 인쇄술 발달(『무구정광대다라니경』 제작), 금속 공예 발달

---

1 다음에서 설명하는 제도를 쓰시오.

> 통일 신라의 원성왕 때 시행한 제도로, 국학 학생의 유교 경전 이해 수준을 시험하여 상·중·하로 등급을 매기고 이 성적을 관리 등용에 참고하였다.

2 다음 승려의 활동 내용을 [보기]에서 골라 기호를 쓰시오.

> **보기**
> ㄱ. 부석사 건립　　　　　ㄴ. 화쟁 사상 주장
> ㄷ. 신라 화엄종 개창　　　ㄹ. 아미타 신앙 전파

① 원효 (　　　)　　　　② 의상 (　　　)

3 다음 괄호 안의 단어 중 알맞은 말을 골라 순서대로 쓰시오.

> 통일 신라에서는 불교 예술이 발달하였다. 인공 석굴 사원인 (석굴암, 불국사)이/가 건축되었고, (경주 불국사 다보탑, 경주 감은사지 동서 3층 석탑)과 같이 이중 기단 위에 3층으로 쌓은 석탑이 많이 만들어졌다.

주제 16 발해의 문화

(1) 유학과 불교의 발달

유학	유학을 통치 이념에 반영, 주자감에서 유학 교육, 발해의 유학자들이 당의 빈공과에 다수 합격, 정혜 공주·정효 공주 묘지석에 유교 경전 인용
불교	왕실과 귀족의 후원을 받으며 융성, 상경성과 중경성 일대의 절터 유적 발견, 이불병좌상·석등·영광탑 등 제작

(2) 융합적인 발해 문화: 고구려 문화를 기반으로 당 문화 수용, 말갈의 토착 문화 흡수

① **상경성:** 당의 장안성을 모방하여 건설(외성과 내성, 주작대로 건설), 고구려 문화의 영향을 받은 온돌 시설·불상·기와 등 발견

② **고분**

정혜 공주 묘	고구려 고분 양식 계승(굴식 돌방무덤, 모줄임천장 구조)
정효 공주 묘	당의 영향을 받아 벽돌무덤으로 제작, 내부 천장은 고구려 양식 계승

③ **공예:** 당의 당삼채를 받아들여 독자적인 발해 자기로 발전시킴

④ **말갈족의 문화유산:** 말갈족의 문화가 일반 백성들에게 영향을 줌(흙무덤, 말갈식 토기 등 제작)

1 발해의 문화유산만을 [보기]에서 있는 대로 골라 기호를 쓰시오.

┌ 보기 ┤

ㄱ. ↑ 석등   ㄴ. ↑ 영광탑   ㄷ. ↑ 경주 불국사 다보탑   ㄹ. ↑ 경주 불국사 3층 석탑

2 ㉠, ㉡에 들어갈 나라를 각각 쓰시오.

발해 문화는 (㉠) 문화를 기반으로 (㉡)의 문화를 수용하여 발달하였다. 상경성은 (㉡)의 장안성을 모방하여 외성과 내성, 주작대로를 건설하였으며, 이 유적에서는 (㉠) 문화의 영향을 받은 온돌 시설, 불상, 기와 등이 발견되었다.

정답 1 ㄱ, ㄴ 2 ㉠ 고구려 ㉡ 당

주제 ⑰ 남북국의 교류

(1) 통일 신라의 대외 교류

① 국제 교류

당	사신·유학생·승려 왕래, 문물 교류 활발 → 산둥반도 일대에 신라인 거주지(신라방), 감독관청(신라소), 사원(신라원), 숙박 시설(신라관) 설치
일본	신라가 일본과 당 사이에서 중계 무역 전개, 유교·불교 문화 전파, 무역 전개
서역	혜초가 인도와 중앙아시아를 순례하고 『왕오천축국전』 저술

② 국제 무역항: 울산항, 당항성 등 번성

③ 장보고의 활약: 법화원 건립, 청해진 설치(당과 신라·일본을 연결하는 해상 무역 장악)

(2) 발해의 대외 교류

① 특징: 교통로를 정비하여 주변 나라와 교류

② 주변국과의 교류

당	문왕 때 친선 관계 형성, 선진 문물 적극 수용, 산둥반도에 발해인 숙소(발해관) 설치, 승려와 유학생 파견, 말·모피·철·인삼 등 수출, 비단·서적 등 수입
일본	건국 초기 당과 신라를 견제하기 위해 교류, 모피·인삼 등 수출, 비단·귀금속 등 수입
신라	건국 초기 대립 → 신라도를 개설하여 교류
기타	초원길을 따라 거란 등 유목 민족과 교역

1 당과 신라의 교류를 보여 주는 사례로 옳은 것은?

① 상경성 건설 ② 신라도 개설 ③ 신라소 설치
④ 독서삼품과 시행 ⑤ 왕오천축국전 저술

2 다음과 같은 활동을 전개한 인물을 쓰시오.

- 당의 산둥반도에 법화원을 건립하였다.
- 완도를 근거지로 청해진을 설치하여 해적을 소탕하고 당과 신라·일본을 연결하는 해상 무역을 장악하였다.

3 ㉠, ㉡에 들어갈 내용을 각각 쓰시오.

발해는 문왕 이후 당과 교류하였는데, 당은 산둥반도에 (㉠)을 설치하고 발해인이 숙소로 이용하도록 하였다. 신라와는 건국 초기에 대립하다가 동경 용원부에서 신라 국경에 이르는 (㉡)를 개설하여 신라와 교류하였다.

주제⑱ 고려의 건국과 왕권의 안정

(1) 고려의 건국과 후삼국 통일

왕건의 성장	왕건이 태봉을 세운 궁예의 신하가 되어 최고 관직인 시중의 자리에 오름
고려의 건국	호족들이 왕건을 국왕으로 추대 → 왕건의 고려 건국(918) → 송악으로 도읍을 옮김(919)
후삼국 통일	후백제의 내분으로 견훤이 고려에 투항(935) → 신라 경순왕이 고려에 항복(935) → 고려의 후백제 공격, 후삼국 통일(936)
후삼국 통일의 의의	• 민족 재통합: 신라, 후백제, 발해 유민까지 포용 • 새로운 민족 문화 발달의 토대 마련: 옛 삼국의 다양한 문화 흡수 • 정치 참여 세력의 확대: 호족, 6두품 등 지방 세력이 새로운 지배층으로 성장

(2) 태조의 정책

① 민생 안정 정책: 백성의 세금 감면, 빈민 구제

② 북진 정책: 고구려 계승 표방, 서경을 전진 기지로 삼음 → 영토 확장(청천강에서 영흥만에 이르는 지역까지 확장)

③ 호족 포섭·견제 정책: 호족에게 왕씨 성·토지·관직 등 하사, 기인 제도·사심관 제도 실시

④ 훈요 10조 제시: 후손이 지켜야 할 교훈을 담은 훈요 10조를 남김

(3) 왕권의 안정과 체제 정비

광종	• 노비안검법 실시: 호족의 경제적·군사적 기반 약화 → 왕권 강화 • 과거제 실시: 유교적 지식과 능력을 지닌 인재 선발 • 개혁에 반대하는 공신과 호족 숙청, 황제 칭호 및 독자적 연호('광덕', '준풍' 등) 사용
성종	• 최승로의 시무 28조 수용 → 유교를 국가 통치의 근본이념으로 삼음 • 통치 체제 정비: 2성 6부 마련, 12목 설치 등 • 유학 교육 강화: 국자감(개경)과 향교(지방) 설립

1 ㈎～㈣를 일어난 순서대로 나열하시오.

> ㈎ 신라 경순왕이 고려에 항복하였다.
> ㈏ 왕건이 수도를 철원에서 송악으로 옮겼다.
> ㈐ 왕건이 국왕으로 추대되어 고려를 건국하였다.
> ㈑ 고려가 후백제군을 격파하고 후삼국을 통일하였다.

2 다음에서 설명하는 왕을 쓰시오.

> 노비안검법을 실시하여 호족이 불법으로 차지한 노비를 양인으로 해방하여 호족의 경제적·군사적 기반을 약화시켰다.

주제 ⑲ 고려의 통치 체제 정비

(1) 중앙 정치 제도

중서문하성	최고 관청으로 국가의 정책 논의, 장관인 문하시중이 국정을 총괄
상서성	6부를 통해 주요 정책 집행
중추원	국왕의 비서 기관 → 군사 기밀, 왕명의 전달 담당
어사대	관리의 비리 감찰, 정치의 잘잘못을 논함, 중서문하성의 낭사와 함께 대간으로 불림
삼사	국가 재정의 출납과 회계 업무 담당
도병마사·식목도감	고려의 독자적 회의 기구 → 중서문하성·중추원의 고위 관료들이 모여 국가 중대사 논의

(2) 지방 행정 조직

5도	· 일반 행정 구역, 안찰사 파견, 도 아래에 주·군·현 설치 · 군현에 지방관 파견(주현(지방관 파견))보다 속현(지방관이 파견되지 않음)이 더 많음) · 향리가 지방의 행정 실무 담당
양계	군사 행정 구역(북계와 동계), 병마사 파견, 아래에 주·군·현 설치
경기	수도 개경과 그 주변을 묶은 지역
3경	개경·서경·동경(후에 남경)
특수 행정 구역	향·부곡(농업에 종사), 소(수공업에 종사)

(3) 군사 제도: 중앙군(2군 6위), 지방군(주현군, 주진군)

(4) 관리 등용 제도: 과거제(문과·잡과·승과 실시, 무과는 시행하지 않음), 음서(왕족과 공신의 후손, 5품 이상 고위 관료의 자손은 시험 없이 등용)

1 ㉠, ㉡에 들어갈 정치 기구를 각각 쓰시오.

> 고려 시대 최고 관청인 (㉠)은 국가의 정책을 논의하여 결정하였고, 장관인 문하시중이 국정을 총괄하였다. 한편, 국왕의 비서 기관인 (㉡)은 군사 기밀을 다루고 왕의 명령을 전달하였다.

2 고려 시대 지방 행정 조직의 특징으로 옳지 **않은** 것은?

① 5도 아래 주·군·현을 설치하였다.
② 모든 군현에 지방관을 파견하였다.
③ 향리가 지방의 행정 실무를 담당하였다.
④ 수도 개경과 주변 지역은 경기라 하였다.
⑤ 특수 행정 구역으로 향·부곡·소를 두었다.

주제 ⑳ 문벌 사회의 동요

(1) **문벌의 성장**: 왕실이나 유력 가문과 혼인 관계를 맺어 정치권력 장악, 음서와 과거를 통해 주요 관직 독점, 권력을 이용하여 넓은 토지 차지

(2) **이자겸의 난**

배경	왕실과의 거듭된 혼인 관계를 통해 경원 이씨 가문의 권력 독점
전개	이자겸이 외척으로 권력 행사 → 인종의 이자겸 제거 시도 → 이자겸과 척준경의 반란 → 척준경이 이자겸 제거
결과	왕실의 권위 하락

(3) **서경 천도 운동**

배경	인종의 왕권 회복 노력, 금을 배척하는 여론 강화, 풍수지리설의 유행, 서경 출신의 승려 묘청 등용 (황제 칭호와 연호 사용, 서경 천도, 금 정벌 등 주장)
전개	묘청·정지상 등 서경 세력이 풍수지리설을 근거로 서경 천도 추진 → 김부식 등 개경 세력의 반대로 좌절 → 묘청 등이 서경에서 반란을 일으킴(국호-대위, 연호-천개) → 김부식이 이끄는 관군에 의해 진압됨
결과	서경 세력의 몰락, 김부식 등 문벌 출신의 정치 주도

1 밑줄 친 '이들'이 가리키는 세력을 쓰시오.

> 이들은 고려 전기에 왕실과 혼인하며 세력을 확대하였으며 음서와 과거를 통해 주요 관직을 독점하였다. 대표적으로 경원 이씨, 혜주 최씨 등이 있었다.

2 이자겸의 난에 대한 설명으로 옳은 것은?

① 서경 세력의 몰락을 초래하였다.
② 왕실의 권위가 하락하는 결과를 가져왔다.
③ 경원 이씨 가문의 권력 독점이 원인이 되었다.
④ 김부식 등 문벌이 권력을 장악하는 계기가 되었다.
⑤ 국호를 대위, 연호를 천개로 하고 반란을 일으켰다.

3 ㉠, ㉡에 들어갈 인물을 각각 쓰시오.

> 승려 (㉠)은 풍수지리설을 근거로 서경으로 도읍을 옮길 것을 주장하며 난을 일으켰다. 그러나 (㉡)이 이끄는 관군에게 진압되었다.

1 문벌 2 ②, ③ 3 ㉠ 묘청 ㉡ 김부식

주제 21 무신 정권의 성립

(1) 무신 정변

배경	문신 위주의 정치, 무신에 대한 차별 대우, 군인전을 지급받지 못한 하급 군인들의 불만
전개	정중부·이의방 등의 무신들이 의종의 보현원 행차를 이용하여 정변을 일으킴 → 문신 제거, 의종 폐위
결과	무신 정권 성립

(2) 무신 정권의 성립

① 권력 기반: 최고 회의 기구인 중방을 통해 권력 장악

② 사회 혼란: 무신들 간의 권력 다툼으로 잦은 집권자 교체, 무신의 백성 수탈 심화

(3) 최씨 정권의 성립

① 성립: 최충헌이 이의민을 제거하고 권력 장악 → 4대 60여 년간 최씨 정권 유지

② 권력 기반

정치적 기반	· 교정도감: 국가의 중요 정책 결정 및 집행 · 정방: 최우가 설치, 관리의 인사 행정 담당 · 서방: 최우가 설치, 문신을 등용하여 국가의 중요 정책 자문
군사적 기반	· 도방: 무신 집권자들의 신변 보호를 위한 사병 집단으로, 최씨 정권 때 확대 · 야별초: 최씨 정권을 보호하는 군사적 기반으로 활용

1 무신 정변에 대한 설명으로 옳지 <u>않은</u> 것은?

① 무신에 대한 차별 대우가 원인이 되었다.

② 많은 문신들이 제거되고 의종이 폐위되었다.

③ 신분 해방을 목표로 일어났으나 실패하였다.

④ 문신 위주의 정치에 대한 불만으로 일어났다.

⑤ 군인전을 지급받지 못한 하급 군인들의 불만이 큰 상황에서 발생하였다.

2 다음에서 설명하는 기구를 쓰시오.

> 무신 정변으로 정권을 장악한 무신들의 회의 기구로, 권력 행사의 중심이 되었다.

3 ㉠, ㉡에 들어갈 정치 기구를 각각 쓰시오.

> 최충헌은 권력을 장악한 후 (㉠)을 설치하여 국가의 중요 정책을 결정하고 집행하였다. 한편, 최우는 (㉡)을 설치하여 능력 있는 문인들에게 정책을 자문하였다.

정답 1 ③ 2 중방 3 ㉠ 교정도감 ㉡ 서방

주제 ㉒ 농민과 천민의 봉기

(1) 농민과 천민 봉기의 배경

① 정부의 통제력 약화: 무신들의 권력 다툼으로 정치 혼란 → 지방에 대한 정부의 통제력 약화

② 경제적 수탈 심화: 무신 집권자들의 농장 확대와 과도한 세금 부과 등으로 백성 수탈

③ 신분 질서 동요: 천민 출신 무신 집권자의 등장 → 신분 상승에 대한 기대감 확대

(2) 농민의 저항 운동

① 망이 · 망소이의 난(공주 명학소): 일반 군현보다 과도한 세금 부담과 부역에 반발

② 김사미(운문)와 효심(초전)의 난: 경주 세력과 합세하여 중앙에 저항

(3) 천민의 저항 운동

① 전주 관노비의 난: 지방관의 횡포에 불만을 품고 봉기

② 만적의 난: 사노비였던 만적이 개경에서 신분 해방을 목적으로 봉기 → 사전에 발각되어 실패

③ 삼국 부흥 운동: 고려 왕조 부정 → 신라 부흥 운동(경주) · 고구려 부흥 운동(서경) · 백제 부흥 운동 (담양) 발발 → 모두 진압됨

---

1 농민과 천민의 봉기가 발생한 배경만을 [보기]에서 있는 대로 골라 기호를 쓰시오.

┤ 보기 ├

ㄱ. 지방에 대한 정부의 통제력이 강화되었다.

ㄴ. 무신들의 권력 다툼으로 정치가 혼란하였다.

ㄷ. 무신 집권자들이 불법적으로 농장을 확대하였다.

ㄹ. 천민 출신 집권자의 등장으로 신분 질서가 흔들렸다.

2 밑줄 친 ㉠을 배경으로 봉기를 일으킨 인물로 옳은 것은?

무신 정권이 수립된 후 집권자들은 백성을 가혹하게 수탈하였다. ㉠ 특히 부곡이나 소 등 특수 행정 구역에 사는 주민들은 일반 군현보다 과도한 세금 부담에 시달렸다.

① 효심　　　② 김흠돌　　　③ 김보당　　　④ 최광수　　　⑤ 망이 · 망소이

3 ㉠에 들어갈 인물을 쓰시오.

사노비였던 (㉠)은 신분 해방을 목표로 개경에서 봉기를 주도하였으나 사전에 발 각되면서 성공하지 못하였다.

주제 23 고려 전기의 대외 항쟁

(1) **10세기 동아시아의 정세:** 고려·거란·송을 중심으로 다원적인 국제 질서 형성 → 고려는 북진 정책을 추진하여 거란 견제, 송과는 우호 관계 유지

(2) **거란의 침입과 격퇴**

1차 침입	고려의 거란 배척, 송과 친선 관계 유지 → 거란 장수 소손녕의 침입(993) → 서희가 외교 담판으로 강동 6주 확보
2차 침입	강조의 정변을 구실로 침략(1010), 개경 함락 → 양규 등의 활약으로 거란군 격퇴
3차 침입	강감찬이 이끄는 고려군이 귀주에서 거란군 격파(귀주 대첩, 1019) → 북방 민족의 침입에 대비하여 나성과 천리장성 축조

(3) **여진 정벌과 동북 9성 축조**

① 고려의 여진 정벌

배경	12세기 완옌부의 여진 통일·세력 확대 → 고려의 국경 침략
과정	윤관의 별무반 편성 → 예종 때 별무반을 이끌고 여진 정벌 → 동북 지방에 9성(동북 9성)을 쌓아 고려의 영토로 삼음(1107)
결과	여진의 요청과 방어의 어려움으로 여진에게 9성 반환

② **군신 관계 체결:** 여진이 금 건국 후 고려에 사대 요구 → 이자겸의 수락

1 ㉠, ㉡에 들어갈 나라를 각각 쓰시오.

> 고려가 성립한 10세기에는 고려, (㉠), (㉡)을 중심으로 다원적인 국제 질서가 형성되었다. 고려는 건국 초부터 북진 정책을 추진하여 (㉠)과 대립하는 한편, (㉡)과는 우호 관계를 유지하였다.

2 다음에서 설명하는 인물을 쓰시오.

> 거란이 고려를 침략했을 때 거란 장수 소손녕과 담판을 벌여 강동 6주를 고려 영토로 인정받았다.

3 (가)~(라)를 일어난 순서대로 나열하시오.

> (가) 완옌부가 여진을 통일하였다.
> (나) 윤관이 별무반을 조직하였다.
> (다) 이자겸이 금의 사대 요구를 수용하였다.
> (라) 여진을 정벌하여 동북 9성을 축조하였다.

주제 24 고려 전기의 대외 교류

(1) 송과의 교류

목적	고려의 문화적·경제적 실리 추구(송의 선진 문물 수용), 송의 정치적·군사적 목적(거란과 여진 등 주변 민족 견제)
내용	가장 활발히 교류 → 청자 제작, 음악 발달 등이 송의 영향을 받아 이루어짐. 서적·비단·자기 등 수입, 금·은·인삼·나전 칠기 등 수출

(2) 여러 나라와의 교류

거란	거란의 침입을 물리친 뒤 고려가 거란에 정기적으로 사신 파견 → 은·모피 등 수입, 농기구·곡식 등 수출, 거란에서 들여온 대장경은 고려의 대장경 편찬에 기여함
여진	말·화살 등 수입, 식량·농기구 등 생활필수품 수출
일본	수은·향료 등 수입, 식량·인삼·서적 등 수출
아라비아	· 국제 무역항인 벽란도를 통해 교류(수은·향료 등 수입, 비단·금 등 수출) · 아라비아 상인에 의해 고려가 '코리아'라는 이름으로 서방 세계에 알려짐

1 고려의 대외 교류와 관련된 설명만을 [보기]에서 있는 대로 골라 기호를 쓰시오.

┤ 보기 ├
ㄱ. 일본 상인들에게 말, 화살 등을 수입하였다.
ㄴ. 여진은 고려에 서적, 비단, 자기 등을 가져왔다.
ㄷ. 거란에서 들여온 대장경은 고려의 대장경 편찬에 기여하였다.
ㄹ. 아라비아 상인과 교류하며 고려가 코리아라는 이름으로 서방 세계에 알려졌다.

2 고려의 대외 교류에 대한 설명으로 옳지 않은 것은?

① 고려는 일본과 가장 활발하게 교류하였다.
② 고려는 거란에 정기적으로 사신을 파견하였다.
③ 고려는 송에 금, 은, 나전 칠기 등을 수출하였다.
④ 송은 거란과 여진을 견제하기 위해 고려와 교류하였다.
⑤ 고려는 송의 선진 문물을 수용하여 문화적·경제적 실리를 추구하였다.

3 ㉠에 들어갈 무역항을 쓰시오.

(㉠)는 고려의 수도인 개경 근처 예성강에 자리 잡았으며 송의 상인은 물론 아라비아 상인까지 왕래하였던 고려의 국제 무역항이다.

정답 1 ㄷ, ㄹ 2 ① 3 벽란도

주제25 몽골의 침입과 대몽 항쟁

(1) 몽골과의 전쟁

① 몽골의 1차 침입

배경	몽골이 고려에 막대한 공물 요구, 몽골 사신 저고여의 피살
과정	몽골의 침략(1231) → 귀주성 전투(박서의 활약), 충주성 전투(관노비들의 활약) → 많은 성 함락, 고려의 방어군 패배 → 최씨 정권이 몽골과 강화 체결 → 몽골군이 고려에 다루가치를 두고 철수

② 몽골의 2차 침입

배경	몽골의 내정 간섭 심화 → 최씨 정권의 강화도 천도
과정	몽골의 2차 침입(1232) → 처인성 전투에서 승려 김윤후와 처인 부곡민이 몽골군 총사령관 살리타 사살

③ 몽골 침입의 피해: 국토 황폐화, 많은 백성이 죽거나 포로로 끌려감, 문화재 소실(대구 부인사 대장경 판목, 황룡사 9층 목탑 등)

(2) 몽골과의 강화

① 최씨 정권의 붕괴: 몽골과 강화를 맺자는 주장 제기 → 최씨 정권 붕괴 → 고려 태자와 쿠빌라이의 강화 체결(1259)

② 개경 환도: 무신 정권이 몽골의 개경 환도 요구 거부 → 내분으로 무신 정권이 붕괴 → 고려 정부의 개경 환도(1270)

③ 삼별초의 대몽 항쟁(1270~1273): 개경 환도에 반대 → 강화도에서 진도·제주도로 이동하며 대몽 항쟁 전개 → 고려와 몽골 연합군에 의해 진압됨

---

1 몽골과 고려의 전쟁에 대한 설명으로 옳지 <u>않은</u> 것은?

① 귀주성에서 박서가 몽골의 침입을 물리쳤다.
② 몽골의 침입으로 팔만대장경 등의 문화재가 소실되었다.
③ 최씨 정권이 붕괴되면서 고려는 몽골과 강화를 체결하였다.
④ 최씨 정권은 강화도로 수도를 옮기고 장기 항전을 준비하였다.
⑤ 몽골의 침입으로 많은 백성이 죽거나 몽골에 포로로 끌려갔다.

2 ㉠에 들어갈 군사 조직을 쓰시오.

(㉠)는 최우가 도적을 잡기 위해 만든 야별초가 확대된 것으로, 좌별초, 우별초, 신의군으로 구성되었다. 몽골의 고려 침입 때 개경 환도에 반대하여 진도를 근거지로 삼아 대몽 항쟁을 전개하였다.

정답 1 ② 2 삼별초

주제 26 원의 내정 간섭과 공민왕의 개혁 정치

(1) 원의 내정 간섭

① 국왕을 통한 간접 지배: 고려의 국왕이 원의 공주와 혼인, 고려의 왕자들은 원에서 성장하며 교육을 받음

② 정동행성 설치: 일본 원정을 목적으로 설치 → 원정 실패 후 고려의 내정 간섭 기구로 존속

③ 관제·왕실 용어 격하: 고려 국왕이 원 황제에게 '충(忠)'자가 붙은 시호를 받음, '폐하'를 '전하'로, '태자'를 '서자'로 고침

④ 원의 고려 영토 지배: 쌍성총관부(철령 이북), 동녕부(서경), 탐라총관부(제주도) 설치 → 원이 고려 영토 일부를 직접 지배

⑤ 원의 조공 요구: 금, 인삼, 매 등의 특산물과 환관, 공녀 등 요구

⑥ 고려와 원의 문물 교류: 고려 지배층을 중심으로 몽골풍 유행(변발, 몽골식 복장과 음식 등), 원에 고려양이 전해짐(고려의 의복, 음식 등)

(2) 권문세족의 성장: 원의 세력에 기대어 부와 권력 유지(친원적 성향) → 원 간섭기 새로운 지배 세력으로 등장, 주로 음서로 고위 관직 독점, 백성의 토지를 빼앗아 대농장 경영

(3) 공민왕의 개혁 정치

반원 정책	정동행성이문소 폐지, 쌍성총관부 공격(→ 철령 이북의 땅 회복), 기철 등 친원 세력 제거, 고려 왕실의 호칭과 관제 복구, 원의 풍습(몽골풍) 금지
내정 개혁	신돈 등용(→ 전민변정도감 설치), 성균관 정비(→ 유학 교육 강화), 정방 폐지(→ 인사권 장악)

1 원 간섭기 고려의 모습으로 옳지 <u>않은</u> 것은?

① 원의 황제가 고려를 직접 지배하였다.

② 고려의 국왕이 원의 공주와 혼인하였다.

③ 고려의 관제와 왕실의 용어가 격하되었다.

④ 원이 정동행성을 설치해 고려의 내정에 간섭하였다.

⑤ 원은 고려에 조공이라는 이름으로 각종 공물을 요구하였다.

2 다음에서 설명하는 지배 세력을 쓰시오.

> 원 간섭기에 원의 세력에 기대어 부와 권력을 유지하며 지배 세력으로 성장하였다.

3 ㉠에 들어갈 인물을 쓰시오.

> 원의 간섭을 물리친 뒤 공민왕은 (㉠)을 등용하여 전민변정도감을 설치하였다. 이를 통해 권문세족이 빼앗은 토지와 노비를 원래 주인에게 돌려주었다.

주제 27 새로운 정치 세력의 성장과 고려의 멸망

(1) 신진 사대부의 성장

출신	지방의 향리·하급 관리의 자제, 일부는 권문세족 출신
특징	성리학을 바탕으로 도덕과 명분 중시, 과거를 통해 관직 진출
성장	공민왕의 개혁 추진 과정에서 성장 → 권문세족의 비리와 불교의 폐단 비판, 원과 명이 교체되던 시기에 명과의 화친 주장

(2) 신흥 무인 세력의 성장: 홍건적과 왜구의 격퇴 과정에서 최영과 이성계 등 신흥 무인 세력 성장

(3) 고려의 멸망

① 위화도 회군(1388): 명이 철령 이북의 땅 요구 → 우왕과 최영의 요동 정벌 추진 → 이성계가 위화도에서 회군 → 최영 제거·우왕 폐위 → 이성계가 정치·군사적 실권 장악

② 과전법 실시: 이성계와 급진파 사대부가 조세 제도, 토지 제도 개혁 → 권문세족의 경제적 기반 약화

③ 조선 건국(1392): 이성계와 급진파 사대부가 연합하여 정몽주 등 제거 → 고려 멸망, 조선 건국

---

1 밑줄 친 ㉠~㉤ 중 옳지 않은 것은?

신진 사대부는 ㉠ 공민왕의 개혁 추진 과정에서 성장하였는데, ㉡ 대부분 하급 관리나 지방 향리의 자제였으며, 권문세족 출신도 있었다. 이들은 ㉢ 성리학을 공부하고 과거를 통해 관직에 진출하였다. 또한 점차 독자적인 세력을 형성하여 ㉣ 권문세족의 비리를 비판하였고, ㉤ 원과 명이 교체되던 시기에 원과 화친할 것을 주장하였다.

2 (가)~(라)를 일어난 순서대로 나열하시오.

(가) 우왕과 최영이 요동 정벌을 추진하였다.
(나) 명이 고려에 철령 이북의 땅을 요구하였다.
(다) 이성계가 위화도에서 군대를 돌려 개경을 장악하였다.
(라) 이성계와 급진파 사대부가 조세 제도와 토지 제도의 개혁을 추진하였다.

3 ㉠에 들어갈 토지 제도를 쓰시오.

(㉠)은 위화도 회군 이후 이성계와 급진파 사대부가 조세 제도와 토지 제도를 바로 잡고 권문세족의 경제적 기반을 약화시키기 위해 마련한 제도이다.

주제 28 고려 시대 생활 모습

(1) 고려의 가족 제도

가족·친족 관계	· 제사: 친가와 외가의 상을 애도하는 기간을 동등하게 함, 아들과 딸이 제사 비용 균등 부담 · 음서제: 친손자와 외손자 모두 음서의 혜택을 받음 · 친족 용어: 부계와 모계를 구분하지 않음 · 재산 상속: 딸과 아들에게 균등하게 상속
여성의 지위	· 혼인 관계: 일부일처제가 일반적, 대체로 신부 집에서 혼인식을 치르고 자녀를 낳아 키움, 남성과 여성 모두 이혼 요구 가능·재혼 가능 · 호주 상속: 여성도 호주가 될 수 있음, 족보에 친손과 외손을 모두 기록, 호적은 남녀 구분 없이 태어난 순서대로 기록

(2) 백성의 풍속

① 향도: 농민들이 불교 신앙을 바탕으로 조직한 대규모 노동 조직, 향리를 중심으로 운영

전기	매향 활동, 절·불상·석탑 등을 만들 때 주도적인 역할을 함
후기	이웃의 상장례를 함께 치르고 친목을 다지는 농민 조직으로 변함

② 지방민의 신앙: 각 지역 출신의 위대한 인물을 수호신으로 섬김

---

1 고려 시대 가족 제도에 대한 설명으로 옳지 <u>않은</u> 것은?

① 제사의 의무는 아들에게 있었다.

② 호적은 태어난 순서대로 기록되었다.

③ 남성과 여성 모두 이혼을 요구할 수 있었다.

④ 재산은 아들과 딸에게 균등하게 상속되었다.

⑤ 친손자와 외손자 모두 음서의 혜택을 받았다.

2 고려 시대 여성의 지위에 대한 설명만을 [보기]에서 있는 대로 골라 기호를 쓰시오.

┤ 보기 ├
ㄱ. 여성은 호주가 될 수 없었다.
ㄴ. 호적은 태어난 순서대로 기록되었다.
ㄷ. 족보에 친손과 외손을 모두 기록하였다.
ㄹ. 혼인 제도는 일부일처제가 일반적이었다.

3 ㉠에 들어갈 내용을 쓰시오.

(㉠)는 농민들이 불교 신앙을 바탕으로 조직한 대규모 노동 조직으로, 향리를 중심으로 운영되었다.

정답 1 ① 2 ㄴ, ㄷ, ㄹ 3 향도

주제 29 고려의 종교와 학문의 발달

(1) 불교의 발달

전기	태조의 불교 장려(연등회, 팔관회 개최), 광종의 제도 정비(국사와 왕사 제도 정비, 승과 설치)
중기	의천의 교단 통합 운동: 화엄종을 중심으로 교종 통합 → 천태종(해동 천태종)을 창시하여 교종의 입장에서 선종 통합 도모
후기	・지눌의 불교 개혁 운동: 무신 집권기 불교의 세속화 비판 → 수선사(송광사) 중심, 선종을 중심으로 교종을 포용하여 선종과 교종의 조화를 이루고자 함(선교 일치) ・원 간섭기: 불교의 개혁적 성격 약화 → 권문세족과 연결되어 여러 폐단 발생

(2) 유학의 발달: 고려는 정치와 교육 등에서 대부분 유학 사상을 따름

① 과거제 실시: 유교적 소양을 갖춘 인재를 관리로 등용

② 국자감(개경)과 향교(지방) 설치: 유교 경전과 역사서 강의

③ 유학 교육의 변화: 고려 초(유교 경전에 대한 이해 중시) → 고려 중기(최충의 9재 학당 설립, 사학 번성) → 무신 집권기(유학 교육 위축)

(3) 성리학의 수용: 안향이 원으로부터 도입, 신진 사대부가 개혁 사상으로 수용

(4) 역사서의 편찬

전기	김부식의 『삼국사기』(현존하는 우리나라에서 가장 오래된 역사서, 유교적 합리주의 사관, 신라 계승 의식 반영)
후기	이규보의 『동명왕편』(고구려 계승 의식 반영), 일연의 『삼국유사』(최초로 단군의 건국 이야기 수록), 이승휴의 『제왕운기』(단군 조선을 우리 역사상 최초의 국가로 기록), 이제현의 『사략』(성리학 수용 후 정통 의식과 대의명분을 강조하는 사관 반영)

1 고려 시대의 종교와 학문에 대한 설명으로 옳지 <u>않은</u> 것은?

① 광종 때 승과를 설치하였다.

② 정치와 교육 등에서 불교를 따랐다.

③ 신진 사대부는 성리학을 개혁 사상으로 수용하였다.

④ 의천은 천태종을 창시하여 교단 통합 운동을 전개하였다.

⑤ 원 간섭기의 불교는 권문세족과 연결되어 여러 폐단을 드러냈다.

2 다음 내용에 해당하는 역사서를 [보기]에서 골라 기호를 쓰시오.

| 보기 |
| ㄱ. 동명왕편 ㄴ. 삼국사기 ㄷ. 제왕운기 |

① 고구려 계승 의식이 반영되었다. (   )

② 현존하는 우리나라에서 가장 오래된 역사서이다. (   )

③ 단군 조선을 우리 역사상 최초의 국가로 기록하였다. (   )

주제 ③⓪ 고려의 문화와 예술의 발달

(1) 불교 예술의 발달

불상	대형 철불(하남 하사창동 철조 석가여래 좌상), 대형 석불(논산 관촉사 석조 미륵보살 입상), 통일 신라의 불상 양식을 계승한 불상(영주 부석사 소조 아미타여래 좌상) 제작
석탑	다각 다층탑 유행(평창 월정사 8각 9층 석탑), 원의 영향을 받은 석탑 제작(개성 경천사지 10층 석탑), 승탑 제작(원주 법천사지 지광 국사탑)
건축	배흘림기둥과 주심포 양식을 갖춘 사찰 건축(안동 봉정사 극락전, 영주 부석사 무량수전, 예산 수덕사 대웅전 등), 원의 영향을 받은 다포 양식의 사찰 건축(황해도 황주 성불사 응진전)

(2) 귀족 문화의 발달

회화	원 화풍의 영향(「천산대렵도」), 지배층의 평안과 극락왕생을 기원하는 불화 제작(아미타불도 등)
공예	· 고려청자: 11세기 비색의 순청자 발달 → 12세기 상감 청자 유행 → 고려 말 분청사기 제작 · 금속 공예(입사 기법)와 목공예(나전 칠기 공예) 발달
글씨	구양순체 유행(굵세고 힘찬 글씨체), 탄연의 글씨가 뛰어남
음악	· 아악: 송의 대성악이 전래되어 발전한 궁중 음악 · 속악(향악): 우리 고유의 음악, 신라 시대에 전래된 당악의 영향을 받아 발달

(3) 인쇄술의 발달

① 목판 인쇄술: 초조대장경 목판(몽골 침입 때 불탐), 팔만대장경(최우가 주도하여 제작, 고려 목판 인쇄술의 높은 수준을 보여 줌)

② 금속 활자 인쇄술: 『상정고금예문』(현존하지 않음, 1234), 『직지』(현존하는 가장 오래된 금속 활자 인쇄본, 1377)

---

1 고려 시대의 불교 예술에 대한 설명으로 옳지 <u>않은</u> 것은?

① 개성 경천사지 10층 석탑은 원의 영향을 받았다.

② 고려 후기에는 명의 영향을 받은 다포 양식의 사찰이 지어졌다.

③ 영주 부석사 무량수전은 배흘림기둥과 주심포 양식의 건축물이다.

④ 영주 부석사 소조 아미타여래 좌상은 통일 신라의 불상 양식을 계승하였다.

⑤ 고려 후기에는 아미타불도 등 지배층의 평안과 극락왕생을 기원하는 불화가 제작되었다.

2 ㉠, ㉡에 들어갈 내용을 각각 쓰시오.

> 합천 해인사에 보관되어 있는 (㉠)은 고려 목판 인쇄술의 높은 수준을 보여 준다.
> 한편, 1377년에 간행된 (㉡)는 현재 전해지는 세계에서 가장 오래된 금속 활자본으로 공인받고 있다.

시험 대비 문제집

한끝

중등 역사 ②-1

선사 문화와 고대 국가의 형성

01 선사 문화와 고조선

●● 만주와 한반도의 선사 문화

1. 만주와 한반도의 구석기 시대

시작	약 70만 년 전으로 추측
도구	❶⬜⬜⬜(초기 하나의 석기를 여러 용도로 사용 → 후기 정교한 도구 제작)
생활 모습	• 경제·사회: 사냥·채집·고기잡이, 무리·이동 생활, 동굴·바위 그늘·강가의 막집에 거주 • 종교·예술: 시체 매장, 동물의 뼈나 뿔을 이용한 예술품 제작(사냥의 성공 등 기원)

2. 만주와 한반도의 신석기 시대

시작	약 1만 년 전부터 시작
도구	간석기(갈돌과 갈판 등), 토기 제작(빗살무늬 토기 등), ❷⬜⬜⬜⬜·뼈바늘로 옷이나 그물 제작
생활 모습	• 경제·사회: 사냥·채집, 농경과 목축 시작, 정착 생활 • 종교·예술: 애니미즘·토테미즘 발생, 영혼이나 조상 숭배, 조개껍데기 등으로 장신구 제작

●● 만주와 한반도의 청동기 문화

1. 청동기 문화의 보급

(1) 시기: 기원전 2000년경~기원전 1500년경 만주에 보급 → 점차 한반도 전역으로 확산

(2) 도구: ❸⬜⬜⬜는 지배층의 장신구·제사용 도구·무기 등 제작, 돌·나무로 생활 도구와 농기구 제작, 민무늬 토기·미송리식 토기 제작

(3) 독자적 문화권 형성: 독자적인 청동기 문화권 발달

2. 청동기 시대의 생활

농경	잡곡 재배, 벼농사 보급 → 반달 돌칼 등으로 수확
사회 변화	사유 재산의 개념 등장, ❹⬜⬜ 발생(족장 세력 등장), 지배층의 무덤으로 고인돌 제작, 마을 형성(방어 시설을 갖춤)

↑ 주먹도끼 (구석기 시대)

↑ 빗살무늬 토기 (신석기 시대)

↑ 탁자식 고인돌(청동기 시대)

●● 고조선의 건국과 발전

1. 고조선의 건국: 청동기 문화를 바탕으로 ❺⬜⬜⬜⬜이 건국, 농업 사회, 홍익인간의 건국 이념, 제정일치 사회

2. 철기의 보급과 고조선의 발전

(1) 철기 수용과 발전: 기원전 5세기경 철기 문화 수용 → 농업 발전, '왕' 칭호 사용, 연과 맞설 정도로 성장

(2) ❻⬜⬜의 집권: ❻⬜⬜이 준왕을 몰아내고 집권(기원전 2세기경) → 철기 문화 본격 수용, 중국과 한반도 나라들 사이에서 중계 무역으로 경제적 이익 획득

3. 고조선 사회: 왕을 비롯한 지배층과 피지배층으로 분열, 8개의 법 제정(계급·농경 사회, 개인의 생명과 재산 중시, 사유 재산 인정 등의 사회 모습이 드러남)

4. 고조선의 멸망: ❼⬜의 고조선 공격 → 지배층의 분열로 왕검성 함락·멸망 → ❼⬜이 고조선 옛 땅에 군현 설치

02 여러 나라의 성장

●● 철기의 보급과 사회 변화

1. 철기의 보급: 기원전 5세기경 만주와 한반도에 철기 보급 → 기원전 1세기경 확산

2. 사회 변화: 철제 농기구 사용으로 농업 생산량 증가, 철제 무기 사용으로 전쟁 증가 → 여러 나라 등장

●● 철기 문화를 바탕으로 세워진 여러 나라

1. 부여와 고구려

부여	• 정치: 연맹 왕국 → 왕 아래 ❽⬜들이 각자의 영역 지배 • 특징: 엄격한 법 제정, 순장 풍습, 영고 거행
고구려	• 정치: 연맹 왕국 → 5부의 대가가 국가 운영, 제가 회의에서 국가의 중대사 결정 • 특징: ❾⬜⬜⬜의 혼인 풍습, 동맹 거행

2. 옥저와 동예, 삼한

옥저	왕이 없고 읍군·삼로라고 불린 ❿⬜⬜이 각 지역 지배	가족 공동 무덤, 민며느리제의 혼인 풍습
동예		족외혼, 책화, 무천 거행
삼한	• 정치: 제정 분리 → 신지·읍차라고 불린 군장이 소국 지배, ⓫⬜⬜이라는 제사장이 소도 지배 • 특징: 5월과 10월에 제천 행사 개최	

03 삼국의 성립과 발전

•• 삼국과 가야의 성장과 체제 정비

1. 삼국과 가야의 성장

고구려	• 태조왕: 옥저 정복, 요동 진출 도모 • 고국천왕: 수도 ⑫□□부, 지방 5부로 정비
백제	• 성립: 부여·고구려에서 온 세력이 한강 유역의 토착 세력과 연합하여 건국(기원전 18) • 성장: ⑬□□□ 때 관등제 정비, 목지국 병합
신라	• 성립: 진한의 사로국에서 시작(기원전 57) • 성장: 내물왕 때 김씨의 왕위 세습 확립, 왕의 칭호로 '⑭□□□' 사용
가야	여러 가야가 연맹 형성 → 김해의 금관가야가 전기 가야 연맹 주도(철 풍부, 해상 교역 발달)

2. 삼국의 중앙 집권 체제 형성: 왕위 세습, 영토 확장, 관등제 정비, 지방 행정 제도 정비, 율령 반포, 불교 수용 등을 통해 왕권 강화

3. 삼국의 경쟁과 발전

고구려	• 소수림왕: 불교 수용, 태학 설립, 율령 반포 • 광개토 대왕: 한강 이북의 땅 차지, 요동 지역 확보, '영락' 연호 사용 • ⑮□□□: 평양 천도, 한강 유역 전체 차지
백제	• 근초고왕: 마한 지역 대부분을 복속시킴, 해상 교역 전개, 황해도 일부 차지 • ⑯□□□: 지방에 22담로 설치(왕족 파견) • 성왕: 사비 천도, 국호를 '남부여'로 개칭, 중앙에 22부 설치, 수도 5부·지방 5방으로 정비
신라	• 지증왕: 국호 '신라' 확정, '왕' 호칭 사용 • ⑰□□□: 병부 설치, 율령 반포, 관등제 정비, 불교 공인, '건원' 연호 사용, 금관가야 병합 • 진흥왕: 화랑도를 국가적 조직으로 재편, 한강 유역 모두 차지, 대가야 정복

•• 가야 연맹의 재건과 붕괴

1. 가야 연맹의 재건: 고령의 대가야가 후기 가야 연맹 결성 → 대가야의 합천 지역 정복, 섬진강 일대로 세력 확장

2. 가야 연맹의 붕괴: 각 소국이 독자적 권력 유지, 백제와 신라 사이에 위치하여 불안한 상황 지속 → 금관가야가 신라 법흥왕에 항복(532), 대가야가 신라 진흥왕에 복속함(562)

04 삼국의 문화와 대외 교류

•• 삼국의 다양한 문화와 생활

1. 삼국의 다양한 문화

불교	왕실에서 적극 수용, 사찰 건축, 탑·불상 제작
⑱□□	신선 사상과 결합, 고구려의 사신도·백제의 산수 무늬 벽돌·백제 금동 대향로 등 제작
유학	고구려의 ⑲□□ 설립, 백제 오경박사가 교육, 신라 임신서기석에 유교 경전 공부 사실 기록

2. 삼국의 생활 모습

(1) 삼국 시대의 신분제: 왕족·귀족, 평민, 천민으로 구분

(2) 삼국의 고분 문화

변화	돌무지무덤(고구려, 백제), 돌무지덧널무덤(초기 신라) 등 → 삼국 후기에 굴식 돌방무덤 조성
특징	벽화와 껴묻거리 등으로 당시 생활 모습 확인

•• 삼국과 가야의 대외 교류

중국	불교, 도교, 유학 등 전래
서역	초원길과 비단길을 따라 교류
일본	삼국과 가야의 문화 전파(불교, 학문, 기술 등) → 일본 ⑳□□□ 문화 발전에 기여

정답 확인하기

❶ 뗀석기	❷ 가락바퀴	❸ 청동기	❹ 계급
❺ 단군왕검	❻ 위만	❼ 한	❽ 가(加)
❾ 서옥제	❿ 군장	⑪ 천군	⑫ 5
⑬ 고이왕	⑭ 마립간	⑮ 장수왕	⑯ 무령왕
⑰ 법흥왕	⑱ 도교	⑲ 태학	⑳ 아스카

스스로 점검하기

맞은 개수	이렇게 해봐
10개 이하	본책으로 돌아가 복습해봐!
11 ~ 15개	틀린 문제의 답을 다시 확인하고 100점 도전 실전 문제를 풀도록 해!
16 ~ 20개	자신감을 가지고 100점 도전 실전 문제를 풀어봐. 학교 시험 100점 도전!

01 선사 문화와 고조선

잘 나와!

01 ㉠ 시대에 대한 설명으로 옳은 것은?

>
>
> 이 유물은 주먹도끼이다. 돌의 양쪽 면을 다듬어 만든 주먹도끼는 사냥, 나무 손질, 고기 자르기 등 다양한 용도로 쓰인 정교한 석기로, (㉠) 문화의 발달을 보여 준다.

① 이동 생활을 하였다.
② 움집에서 거주하였다.
③ 토기를 만들어 이용하였다.
④ 철제 농기구를 제작하였다.
⑤ 반달 돌칼로 곡식을 수확하였다.

100점이 코 앞!

02 밑줄 친 '이 시대'에 대한 설명으로 옳은 것은?

> **탐구 활동 보고서**
> • 주제: 이 시대의 생활 모습
> • 주요 도구와 이용법
>
> | 도구 | 이용법 |
> |---|---|
> | | |

① 농경이 시작되었다.
② 명도전을 사용하였다.
③ 비파형 동검을 만들었다.
④ 주로 동굴에서 생활하였다.
⑤ 지배층의 무덤으로 고인돌을 만들었다.

03 (가), (나) 유물을 처음 사용한 시대에 대한 설명으로 옳지 않은 것은?

↑ 긁개   ↑ 갈돌과 갈판

① (가) – 뗀석기를 사용하였다.
② (가) – 애니미즘과 토테미즘이 나타났다.
③ (나) – 토기에 곡식을 저장하였다.
④ (나) – 강가나 바닷가에 거주하였다.
⑤ (가), (나) – 평등 사회를 이루었다.

04 (가), (나) 도구에 대한 설명으로 옳은 것은?

① (가)는 세형 동검이라 불린다.
② (가)는 신석기 시대의 집터에서 출토되었다.
③ (나)는 한국식 동검이라 불린다.
④ (나)의 분포 범위를 통해 고조선의 문화 범위를 알 수 있다.
⑤ (가), (나)는 주로 사냥 도구로 사용되었다.

05 다음은 고조선에서 있었던 일들을 나타낸 것이다. (가)에 들어갈 내용으로 적절한 것은?

'왕' 칭호를 사용하기 시작 → (가) → 한이 왕검성 함락

① 옥저 정복
② 졸본에 도읍
③ 진대법 실시
④ 철기 문화 수용
⑤ 위만이 왕위에 즉위

06 다음 법률이 있었던 나라에 대한 설명으로 옳은 것은?

> 사람을 죽인 자는 즉시 죽이고, 남에게 상처를 입힌 자는 곡식으로 갚는다. 도둑질을 한 자는 노비로 삼는데, 용서 받고자 하는 자는 한 사람마다 50만 전을 내야 한다.
> – 반고, 『한서』

① 서옥제를 운영하였다.
② 제정일치의 사회였다.
③ 움집을 처음 만들었다.
④ 무천이라는 제천 행사를 지냈다.
⑤ 신지, 읍차라는 군장이 다스렸다.

02 여러 나라의 성장

07 다음 자료에 해당하는 국가에 대한 탐구 주제로 가장 적절한 것은?

> 정월(12월)에 지내는 제천 행사는 나라의 큰 행사로, 날마다 마시고 먹고 노래하고 춤추는데, 그 이름을 영고라고 한다. 이때는 죄지은 자를 처벌하지 않고 감옥에 갇힌 죄수도 풀어 주었다.
> – 『삼국지』

① 책화의 실시
② 목지국의 병합
③ 가(加)들의 권력
④ 서옥제의 혼인 풍습
⑤ 가족 공동 무덤의 설치

08 다음 자료의 혼인 풍습이 있었던 나라에 대한 설명으로 옳지 <u>않은</u> 것은?

> 혼인할 때는 말로 미리 약속하고, 여자 집에서 본채 뒤편에 작은 별채인 서옥을 짓는다. …… 이때 신랑은 돈과 비단을 내놓는다. (서옥에서 살다가) 자식을 낳아 장성하면 아내를 데리고 집으로 돌아간다.
> – 『삼국지』

① 무천을 거행하였다.
② 연맹 왕국을 형성하였다.
③ 5부의 대가가 국가를 운영하였다.
④ 말타기, 활쏘기 등의 무예를 중시하였다.
⑤ 왕 아래 상가, 패자, 고추가 등의 관직이 있었다.

09 다음에서 설명하는 나라로 옳은 것은?

> • 철기 문화를 기반으로 한반도 동해안의 비옥한 지역에서 성립하였다.
> • 다른 부족의 경계를 침범하면 배상하도록 하였다.
> • 족외혼의 풍습이 있었다.

① 동예 　② 부여 　③ 삼한
④ 옥저 　⑤ 고구려

[10~11] 지도는 철기 문화를 기반으로 성립된 여러 나라를 나타낸 것이다. 이를 보고 물음에 답하시오.

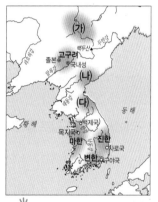

10 (가) 국가에 대한 설명으로 옳지 <u>않은</u> 것은?

① 순장의 풍습이 있었다.
② 엄격한 법을 제정하였다.
③ 소의 발굽 모양으로 길흉을 점치기도 하였다.
④ 왕과 가(加)들이 나라의 중대사를 의논하여 결정하였다.
⑤ 부여에서 이주한 주몽 집단과 압록강 유역의 토착 세력이 건국하였다.

11 (나), (다) 국가에 대한 설명으로 옳은 것은?

① (나) – 서옥제의 풍습이 있었다.
② (나) – 신지와 읍차가 소국을 지배하였다.
③ (다) – 책화라는 풍습이 있었다.
④ (다) – 천군이 소도를 지배하였다.
⑤ (나), (다) – 연맹 왕국을 이루었다.

12 다음 자료를 통해 알 수 있는 삼한 사회의 특징으로 옳은 것은?

> 하늘의 신의 제사를 주관하는 사람을 천군이라고 부른다. 여러 나라에는 각각 별도의 지역이 있는데, 이를 소도라고 한다. 소도에는 큰 나무를 세우고 방울과 북을 매달아 놓았다. 그 지역으로 도망 온 사람은 누구든 돌려보내지 아니하였다. – 「삼국지」

① 연맹 왕국이었다.
② 제정 분리 사회였다.
③ 관등제를 정비하였다.
④ 족외혼의 풍습이 있었다.
⑤ 마가, 우가, 저가, 구가가 각 영역을 지배하였다.

03 삼국의 성립과 발전

13 태조왕 통치 시기 고구려에서 있었던 일로 옳은 것은?

① 태학을 세웠다.
② 옥저를 정복하였다.
③ 율령을 반포하였다.
④ 평양으로 도읍을 옮겼다.
⑤ 한강 유역을 모두 차지하였다.

14 다음 자료를 통해 알 수 있는 사실로 가장 적절한 것은?

⬆ 장군총(중국 지안)　　⬆ 석촌동 3호분(서울 석촌동)

① 신라와 백제가 동맹을 맺었다.
② 전기 가야 연맹이 결성되었다.
③ 고구려가 신라를 도와 왜를 물리쳤다.
④ 백제 건국 세력이 고구려의 영향을 받았다.
⑤ 삼국은 귀족 회의에서 국가의 중대사를 결정하였다.

15 밑줄 친 '이 왕'의 업적으로 옳은 것은?

> 신라는 건국 초기에 박씨, 석씨, 김씨가 돌아가며 왕의 자리를 차지하였다. 그러나 이 왕 때부터 김씨의 왕위 세습이 확립되었다.

① 불교를 공인하였다.
② 상대등을 설치하였다.
③ 신라 국호를 사용하였다.
④ 마립간 칭호를 사용하였다.
⑤ 화랑도를 국가적 조직으로 재편하였다.

16 고구려의 정치 체제에 대한 설명으로 옳은 것을 〈보기〉에서 고른 것은?

┤ 보기 ├
ㄱ. 대대로와 10여 등급의 관리를 두었다.
ㄴ. 수도와 지방을 5부 체제로 정비하였다.
ㄷ. 신분 제도를 정비하여 골품제를 확립하였다.
ㄹ. 지방에 22담로를 설치하고 왕족을 파견하였다.

① ㄱ, ㄴ　　② ㄱ, ㄷ　　③ ㄴ, ㄷ
④ ㄴ, ㄹ　　⑤ ㄷ, ㄹ

17 다음은 백제에서 있었던 일들이다. 이를 활용한 탐구 주제로 가장 적절한 것은?

> • 마한 지역 정복
> • 가야의 여러 나라에 영향력 행사
> • 황해도 일부 차지, 고국원왕 격퇴
> • 중국 동진과 왜를 잇는 해상 교역 전개

① 근초고왕의 업적
② 나제 동맹의 배경
③ 성왕의 중흥 노력
④ 한강 유역의 상실
⑤ 단양 신라 적성비에 기록된 내용

잘 나와!

18 지도와 같이 한반도의 형세가 이루어진 시기에 삼국에서 있었던 일로 옳은 것은?

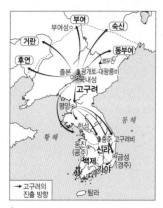

① 고구려가 옥저를 정복하였다.
② 백제의 개로왕이 전사하였다.
③ 백제가 목지국을 병합하였다.
④ 신라가 대가야를 정복하였다.
⑤ 백제가 국호를 남부여로 바꾸었다.

 100점이 코앞!

19 밑줄 친 ㉠이 공통으로 가리키는 왕의 업적으로 옳은 것은?

> • 보병과 기병 5만을 보내 신라를 도와주게 하였다. 남거성을 통해 신라성에 이르렀는데 그곳에 왜적이 가득하였다. ㉠ 왕의 군대가 이르자 왜적이 도망하였다. 왜적을 쫓아 임나가라(가야)의 종발성에 이르자 성이 곧 복종하였다.
> • 시조인 추모왕(주몽)은 북부여에서 나셨는데, 하늘신의 아드님이고 어머니는 하백의 따님이었다. …… ㉠ 영락 대왕의 은택은 하늘까지 미쳤고 위엄은 온 세상에 떨쳤다.

① 불교를 수용하였다.
② 태학을 설립하였다.
③ 진대법을 시행하였다.
④ 평양으로 도읍을 옮겼다.
⑤ 한강 이북의 땅을 차지하였다.

20 지도와 같이 도읍을 옮긴 시기 백제에서 있었던 일로 옳은 것은?

① 불교 수용
② 개로왕 전사
③ 22담로 설치
④ 국호를 남부여로 개칭
⑤ 왕호를 마립간으로 변경

21 ㈎, ㈏ 사이 시기에 신라에서 있었던 사실로 옳은 것은?

> ㈎ 왜의 침공을 받은 신라가 고구려에 도움을 요청하자, 고구려가 대군을 파견하여 왜군을 물리치고 가야까지 공격하였다.
> ㈏ 신라에서는 율령을 반포하고 관리들의 등급을 17등급으로 확정하였다. 아울러 불교를 공인하여 사상의 통합을 도모하였다.

① 사로국이 건국되었다.
② 위만이 왕위에 올랐다.
③ 신라가 정식 국호가 되었다.
④ 고령의 대가야가 멸망하였다.
⑤ 화랑도가 국가 조직으로 재편되었다.

잘 나와!

22 신라 법흥왕의 업적으로 옳은 것을 〈보기〉에서 고른 것은?

┤보기├
ㄱ. 병부를 설치하였다.
ㄴ. 율령을 반포하였다.
ㄷ. 태학을 설립하였다.
ㄹ. 우산국을 복속시켰다.

① ㄱ, ㄴ　　② ㄱ, ㄷ　　③ ㄴ, ㄷ
④ ㄴ, ㄹ　　⑤ ㄷ, ㄹ

23 다음 비석을 건립한 왕의 업적으로 옳지 <u>않은</u> 것은?

① 황룡사를 조성하였다.

② 금관가야를 정복하였다.

③ 함경도 남부까지 진출하였다.

④ 한강 유역을 모두 차지하였다.

⑤ 화랑도를 국가적 조직으로 재편하였다.

24 지도와 같이 맹주가 변화된 국가에 대한 발표 주제로 가장 적절한 것은?

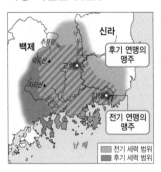

① 연호 영락의 사용

② 마립간 호칭의 의미

③ 진대법 시행의 배경

④ 연맹체의 형성과 운영

⑤ 화랑도의 개편과 기능

25 가야 연맹에 대한 설명으로 옳은 것은?

① 고구려와 백제 사이에 위치하였다.

② 중앙 집권 국가로 성장하지 못하였다.

③ 천군이라는 제사장이 소도를 다스렸다.

④ 전기와 후기의 맹주가 고구려에 멸망하였다.

⑤ 광개토 대왕릉비에 독자적인 천하관이 드러나 있다.

04 삼국의 문화와 대외 교류

26 다음은 어느 역사 수업의 발표 제목이다. 이 수업의 주제로 가장 적절한 것은?

> • 1모둠: 금동 연가 7년명 여래 입상의 특징
> • 2모둠: 왕권 강화에 끼친 영향
> • 3모둠: 황룡사를 건립한 배경

① 불교의 발달

② 관등제의 정비

③ 제천 행사의 개최

④ 독자적 천하관의 정착

⑤ 제정일치 사회의 형성

27 삼국 시대의 불교에 대한 설명으로 옳은 것을 〈보기〉에서 고른 것은?

> ┤보기├
> ㄱ. 왕의 권위를 약화시켰다.
> ㄴ. 국가적인 종교로 발전하였다.
> ㄷ. 사찰과 탑이 건립되는 데 영향을 주었다.
> ㄹ. 백성들이 수용하여 점차 귀족에게 확산되었다.

① ㄱ, ㄴ   ② ㄱ, ㄷ   ③ ㄴ, ㄷ

④ ㄴ, ㄹ   ⑤ ㄷ, ㄹ

28 다음 문화유산에 공통으로 담긴 사상에 대한 설명으로 옳지 <u>않은</u> 것은?

↑ 고구려 강서대묘의 사신도 중 현무   ↑ 산수무늬 벽돌

① 삼국 귀족들의 환영을 받았다.

② 삼국 시대에 중국에서 전래되었다.

③ 신선 사상과 결합하여 발전하였다.

④ 산천 숭배와 불로장생을 추구하였다.

⑤ 삼국이 중앙 집권 국가를 확립하기 위해 수용하였다.

29 ㉠에 들어갈 내용으로 가장 적절한 것은?

고구려에서는 태학을 세워 이 사상을 교육시켰다고 해.

백제에서는 오경박사가 그 역할을 맡았어. 신라에서는 (㉠)을/를 통해 확인할 수 있지.

① 명도전의 기능
② 임신서기석의 내용
③ 비파형 동검의 특징
④ 강서대묘의 사신도 벽화
⑤ 광개토 대왕릉비의 기록

30 다음 고분 양식에 대한 설명으로 옳은 것은?

① 무령왕릉이 대표적이다.
② 도굴이 어려운 구조이다.
③ 중국 남조의 영향을 받았다.
④ 고분 벽화가 많이 남아 있다.
⑤ 신라 초기에 주로 만들어졌다.

31 신라 문화의 일본 전파에 대한 학생의 발표 내용으로 가장 적절한 것은?

① 철로 만든 갑옷을 전하였어요.
② 논어와 천자문을 전해 주었어요.
③ 먹의 제조 방법을 전파하였어요.
④ 배 만드는 기술을 전파하였어요.
⑤ 토기를 전하여 스에키의 바탕이 되었어요.

서술형 문제

1 다음 자료를 통해 알 수 있는 고조선 사회의 특징을 세 가지 서술하시오.

> 환인이 아들의 뜻을 알고 아래의 삼위태백을 보자 널리 인간을 이롭게 할 만하였다. …… (환웅은) 바람, 비, 구름을 다스리는 신을 거느리고 …… 인간 세상의 360여 가지의 일을 다스리게 하였다. …… 곰은 21일 동안 쑥과 마늘을 먹으며 햇빛을 보지 않는 것을 지켜 여자의 몸(웅녀)이 되었다. …… 환웅이 웅녀와 혼인하여 아들을 낳았으니 이름을 단군왕검이라 하였다.
> – 단군의 건국 이야기

_____

_____

_____

2 ㉠에 들어갈 왕을 쓰고, 밑줄 친 ㉡의 의의를 대외 교류와 연관지어 서술하시오.

> 신라의 (㉠)은/는 백제 성왕과 연합하여 한강 상류를 차지하고, 다시 백제로부터 한강 하류의 지역을 빼앗아 ㉡ 한강 유역을 모두 차지하였다.

_____

_____

_____

3 다음 자료를 통해 알 수 있는 문화 교류 내용을 근거와 함께 서술하시오.

↑ 고구려 수산리 고분 벽화

↑ 일본 다카마쓰 고분 벽화

_____

_____

01 선사 문화와 고조선

01 지도의 유적지를 남긴 시대에 대한 설명으로 옳은 것은?

① 철제 무기로 전쟁을 벌였다.
② 갈돌과 갈판으로 곡식을 갈았다.
③ 동굴이나 바위 그늘에 거주하였다.
④ 뼈바늘로 옷이나 그물을 만들었다.
⑤ 지배층의 무덤으로 고인돌을 만들었다.

02 (가)에 들어갈 내용으로 가장 적절한 것은?

> **안내장**
>
> 이번 ○○○ 시대 축제에 오신 것을 환영합니다. 우리 전곡리 지역은 주먹도끼의 발굴로 유명한 지역입니다. 이를 기념하여 과거에 살았던 사람들의 생활을 체험하는 자리를 마련하였으니 오셔서 당시 사람들의 모습을 경험해 보시기 바랍니다.
> • 일시: 20○○년 ○월 ○일
> • 장소: 체험장 마당
> • 체험 내용: ＿＿＿＿＿＿＿＿＿＿＿ (가)

① 고인돌 만들기
② 사냥 도구 만들기
③ 가락바퀴 사용하기
④ 반달 돌칼로 수확하기
⑤ 빗살무늬 토기 제작하기

03 잘 나와! 다음 유물을 남긴 시대에 볼 수 있는 모습으로 가장 적절한 것은?

↑ 얼굴 모양 조개껍데기   ↑ 가락바퀴

① 벽돌무덤을 쌓는 인부
② 고인돌 조성에 동원된 주민
③ 빗살무늬 토기를 만드는 사람
④ 거푸집으로 청동기를 제작하는 장인
⑤ 명도전으로 물품 대금을 치르는 상인

04 다음 무덤을 처음 만든 시기에 대한 설명으로 옳지 <u>않은</u> 것은?

① 평등한 사회였다.
② 벼농사가 시작되었다.
③ 족장(군장) 세력이 등장하였다.
④ 나무와 돌로 만든 농기구가 사용되었다.
⑤ 농사와 전쟁에 유리한 지역에 마을이 형성되었다.

05 고조선에 대한 탐구 활동으로 적절하지 <u>않은</u> 것은?

① 단군왕검 이름의 의미를 살펴본다.
② 지배층이 가진 관직의 종류를 알아본다.
③ 위만 집권 시기 중계 무역 내용을 찾아본다.
④ 철기를 수용하면서 나타난 사회 변화를 정리한다.
⑤ 영고와 같은 제천 행사를 개최한 배경을 조사한다.

06 다음 자료를 읽고 고조선 사회에 대해 발표한 내용으로 적절한 것을 〈보기〉에서 고른 것은?

> • 사람을 죽인 자는 사형에 처한다.
> • 남에게 상처를 입힌 자는 곡식으로 갚아야 한다.
> • 도둑질한 자는 노비로 삼되, 이를 면하고자 할 때에는 50만 전을 내야 한다.   – 고조선의 법률(요약)

┤ 보기 ├
> ㄱ. 계급이 존재하였어요.
> ㄴ. 무역을 기반으로 하였어요.
> ㄷ. 개인의 생명을 중시하였어요.
> ㄹ. 사유 재산을 인정하지 않았어요.

① ㄱ, ㄴ   ② ㄱ, ㄷ   ③ ㄴ, ㄷ
④ ㄴ, ㄹ   ⑤ ㄷ, ㄹ

07 다음은 고조선에서 있었던 일들이다. (가)~(다)를 일어난 순서대로 나열한 것은?

> (가) 위만이 집권하였다.
> (나) 한에게 왕검성을 함락당하였다.
> (다) 한과 한반도 나라들 사이에서 중계 무역을 전개하였다.

① (가) – (나) – (다)   ② (가) – (다) – (나)
③ (나) – (가) – (다)   ④ (다) – (가) – (나)
⑤ (다) – (나) – (가)

02 여러 나라의 성장

08 철기가 보급되면서 나타난 사회 변화로 옳은 것은?
① 목축이 시작되었다.
② 전쟁이 감소하였다.
③ 사유 재산이 인정되었다.
④ 농업 생산량이 증가하였다.
⑤ 족장(군장) 세력이 등장하였다.

09 다음 자료에 해당하는 나라에 대한 설명으로 옳은 것은?

> 가축 이름으로 관명을 정한 마가, 우가, 저가, 구가 등이 있다. 제가들이 사출도를 다스리는데, 큰 곳은 수천 가호이며 작은 곳은 수백 가호이다.   – 『삼국지』

① 낙랑과 왜에 철을 수출하였다.
② 영고라는 제천 행사를 열었다.
③ 같은 씨족끼리 혼인하지 않았다.
④ 가족 공동 무덤에 시체를 묻었다.
⑤ 압록강 중류 지역에서 건국하였다.

10 밑줄 친 '이 나라'에 대한 설명으로 옳은 것은?

> 이 나라에서는 혼인을 정한 신랑이 신부의 집 뒤꼍에 작은 집을 짓고 살다가, 자식이 태어나 장성하면 가족을 데리고 자신의 집으로 돌아가는 혼인 풍습이 있었다.

① 천군이 제사를 지냈다.
② 책화라는 풍습이 있었다.
③ 만주 쑹화강 일대에서 성립하였다.
④ 중국 연과 대립할 정도로 강성하였다.
⑤ 제가 회의에서 국가 중대사를 결정하였다.

11 다음 혼인 풍습이 있었던 나라에 대한 설명으로 옳은 것은?

> 여자의 나이가 열 살이 되기 전에 혼인을 약속하고, 신랑 집에서 그 여자를 길러 아내로 삼는다. 여자가 성인이 되면 다시 친정으로 돌아가고, 신랑 집에서 돈을 낸 후 데려온다.   – 『삼국지』

① 왕이 지배하였다.
② 진대법을 실시하였다.
③ 소금과 해산물이 풍부하였다.
④ 사람들이 주로 움집에 살았다.
⑤ 5월과 10월에 제천 행사를 열었다.

12 ㉠ 나라에서 있었던 사실로 옳은 것은?

솟대는 장대 위에 새 모양을 올린 것으로 천군이 다스리는 소도와 관련된 것으로 추정된다. (㉠)의 사람들은 새를 하늘의 전령이라고 생각하고 새가 영혼을 하늘로 실어 날라 준다고 믿었다.

◀ 솟대

① 영락이라는 연호가 사용되었다.
② 낙랑군 등 한의 군현이 설치되었다.
③ 빈민 구제를 위한 진대법이 시행되었다.
④ 5월과 10월에 하늘에 지내는 제사가 열렸다.
⑤ 국가의 중대사를 두고 제가 회의가 개최되었다.

13 ㉠에 들어갈 내용으로 옳은 것을 〈보기〉에서 고른 것은?

이 나라는 농사가 발달하였고, 특산물로 단궁과 과하마, 반어피가 유명하였으며, (㉠)의 풍습이 있었다.

┤ 보기 ├
ㄱ. 책화   ㄴ. 서옥제
ㄷ. 족외혼   ㄹ. 가족 공동 무덤

① ㄱ, ㄴ   ② ㄱ, ㄷ   ③ ㄴ, ㄷ
④ ㄴ, ㄹ   ⑤ ㄷ, ㄹ

03 삼국의 성립과 발전

14 고구려 태조왕의 업적으로 옳은 것은?

① 옥저를 정복하였다.
② 태학을 설립하였다.
③ 낙랑군을 점령하였다.
④ 수도와 지방을 5부 체제로 정비하였다.
⑤ 후연을 격파하여 요동 지역을 확보하였다.

15 ㉠, ㉡에 들어갈 왕을 옳게 연결한 것은?

• 고구려는 (㉠) 3년, 율령을 처음으로 반포하였다.
• 신라는 (㉡) 7년, 율령을 반포하고 처음으로 모든 관리의 공복을 제정하였고, 붉은색, 자주색으로 위계를 정하였다.
　　　　　　　　　　　　　　　　　　　　　　　－『삼국사기』

　　　　　㉠　　　　　　　㉡
① 미천왕　　　　　　진흥왕
② 장수왕　　　　　　내물왕
③ 고국천왕　　　　　법흥왕
④ 소수림왕　　　　　법흥왕
⑤ 광개토 대왕　　　　지증왕

16 다음 제도를 운영한 나라에 대한 설명으로 옳은 것은?

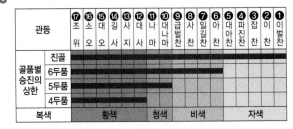

① 마한의 소국에서 출발하였다.
② 정사암 회의에서 재상을 선출하였다.
③ 17등급의 관리들이 중앙 정치를 맡았다.
④ 건국 초기에는 김씨가 왕위를 세습하였다.
⑤ 빈민을 구제하기 위해 진대법을 시행하였다.

🖊 100점이 코앞!

17 밑줄 친 '왕'의 통치 시기에 대한 탐구 주제로 가장 적절한 것은?

그해 겨울에 왕이 태자와 함께 정예군 3만 명을 거느리고 고구려에 침입하여 평양성을 공격하였다. 고구려 왕 사유(고국원왕)가 필사적으로 항전하다가 화살에 맞아 사망하자 왕이 군사를 이끌고 물러났다.
　　　　　　　　　　　　　　　　　　　　　　　－『삼국사기』

① 상대등과 병부 설치
② 화랑도의 조직 개편
③ 목지국의 병합과 의미
④ 마한 정복과 영토 확장
⑤ 22담로 설치와 지방 통제

18 다음 자료를 통해 알 수 있는 사실로 옳은 것은?

사진은 경주 호우총에서 출토된 청동 '광개토 대왕'명 호우 그릇이다. 그릇의 바닥에 '국강상광개토지호태왕'이라는 글자가 새겨져 있다.

① 고구려가 도읍을 평양으로 옮겼다.
② 백제가 황해도 일부를 차지하였다.
③ 고구려가 신라의 정치에 간섭하였다.
④ 고구려와 백제가 군사 동맹을 맺었다.
⑤ 고구려와 백제가 한강 유역을 회복하기 위해 신라를 공격하였다.

19 (가)에 들어갈 내용으로 옳은 것은?

고구려의 장수왕은 중국과의 관계를 안정시킨 후, 국내성에 기반을 두고 있던 귀족 세력을 약화하고 왕권을 강화하기 위해 _____ (가)

① 불교를 수용하였다.
② 수도를 평양으로 옮겼다.
③ 16관등제의 틀을 갖추었다.
④ 영락이라는 연호를 사용하였다.
⑤ 수도와 지방을 5부 체제로 정비하였다.

20 밑줄 친 '정책'의 내용으로 옳지 않은 것은?

한강 유역을 상실한 백제는 성왕 때 중흥을 위한 여러 가지 정책을 전개하였다.

① 사비로 도읍을 옮겼다.
② 중국 남조와 교류하였다.
③ 중앙에 실무 관청 22부를 설치하였다.
④ 지방에 22담로를 두고 왕족을 파견하였다.
⑤ 수도를 5부, 지방을 5방으로 나누어 통치하였다.

21 지증왕 시기의 신라에 대한 역사 신문 제목으로 적절하지 않은 것은?

① 우경을 보급하다
② 국호를 신라로 확정하다
③ 수도에 시장을 개설하다
④ 왕호를 마립간으로 바꾸다
⑤ 복속시킨 지역에 지방관을 파견하다

22 ㉠ 왕이 주도한 정책으로 옳은 것은?

(㉠) 15년, 불교를 공인하였다. …… (이차돈의) 목을 베자 피가 솟구쳤는데, 그 색이 우윳빛처럼 희었다.
– 『삼국사기』

① 우산국을 정복하였다.
② 금관가야를 병합하였다.
③ 수도를 평양으로 이동하였다.
④ 김씨의 왕위 세습을 확립하였다.
⑤ 화랑도를 국가적 조직으로 재편하였다.

23 지도의 영역을 확보한 신라 왕의 업적으로 옳은 것은?

① 대가야 정복
② 상대등 설치
③ 국호를 신라로 확정
④ 왕호를 왕으로 개편
⑤ 건원이라는 연호 사용

24 가야가 중앙 집권 국가로 성장하지 못한 배경으로 옳은 것은?

① 한반도 동남쪽에 치우쳐 있었다.

② 중국과 교역하지 않아 고립되었다.

③ 각 소국이 독자적 권력을 유지하였다.

④ 연맹을 주도할 맹주국이 등장하지 못하였다.

⑤ 박·석·김씨가 돌아가며 왕위를 차지하였다.

---

04 삼국의 문화와 대외 교류

잘 나와!

25 다음 불상을 만든 국가의 문화 발달 모습으로 옳은 것은?

① 고분 벽화를 제작하였다.

② 칠지도를 일본에 전하였다.

③ 아스카 문화를 발달시켰다.

④ 첨성대로 천문을 관측하였다.

⑤ 경주 분황사 모전 석탑을 지었다.

100점이 코 앞!

26 ㉠ 종교에 대한 설명으로 옳은 것은?

- 침류왕 1년, 승려 마라난타가 진(전진)에서 왔다. ……
  (㉠)이/가 이로부터 시작되었다.
- 법흥왕 15년, (㉠)을/를 공인하였다.

① 신라가 일본에 전파하였다.

② 백제의 오경박사가 교육하였다.

③ 산천 숭배와 불로장생을 추구하였다.

④ 왕은 곧 부처라는 사상이 왕권을 뒷받침하였다.

⑤ 백제의 산수무늬 벽돌에 이상 세계가 담겨 있다.

27 (가)에 들어갈 내용으로 가장 적절한 것은?

수행 평가 보고서

- 탐구 주제: 삼국의 ○○ 발달
- 조사 내용

모둠	주제
1모둠	태학의 성립과 역할
2모둠	임신서기석에 나타난 경전
3모둠	(가)

① 소도의 기능

② 오경박사의 역할

③ 미륵 신앙의 유행

④ 제천 행사의 의미

⑤ 황룡사와 미륵사의 규모

28 다음에서 설명하는 사상이 담긴 문화유산으로 옳은 것은?

- 삼국 시대에 중국에서 전래되었다.
- 신선 사상과 결합하여 산천 숭배와 불로장생을 추구하였다.

①
▲ 산수무늬 벽돌

②
▲ 단양 신라 적성비

③
▲ 익산 미륵사지 석탑

④
▲ 첨성대

⑤
▲ 고인돌

29 (가), (나) 고분 양식에 대한 설명으로 옳지 <u>않은</u> 것은?

① (가)는 삼국에서 모두 만들어졌다.
② (가)의 천장과 벽면에 그림이 그려졌다.
③ (나)에서 껴묻거리가 많이 발견되었다.
④ (나)는 중국 남조의 영향을 받아 만들어졌다.
⑤ 신라는 (나)를 만들다가 점차 (가)를 많이 만들었다.

30 고구려가 중국과 교역한 내용으로 옳은 것을 〈보기〉에서 고른 것은?

┤ 보기 ├
ㄱ. 초원길을 따라 교류하였다.
ㄴ. 불교와 도교 등을 받아들였다.
ㄷ. 백제를 통해 중국 문화를 수용하였다.
ㄹ. 중국 악기를 개조하여 거문고를 만들었다.

① ㄱ, ㄴ 　　② ㄱ, ㄷ 　　③ ㄴ, ㄷ
④ ㄴ, ㄹ 　　⑤ ㄷ, ㄹ

31 (가)의 문화 전파에 해당하는 내용으로 옳은 것은?

① 스에키에 영향을 주었다.
② 배 만드는 기술이 전파되었다.
③ 한문과 천자문을 전해 주었다.
④ 쇼토쿠 태자의 스승이 포함되었다.
⑤ 종이와 먹의 제조법을 전달하였다.

서술형 문제

1 밑줄 친 ㉠에 해당하는 내용을 <u>세 가지</u> 서술하시오.

> 고구려는 고국원왕이 평양성을 공격한 백제군을 막다가 전사하며 국가적인 위기를 맞았다. 이러한 상황에서 즉위한 소수림왕은 위기를 극복하고 사회를 안정시키기 위해 ㉠ 국가 체제를 다시 정비하였다.

_____
_____
_____

2 다음을 읽고 물음에 답하시오.

> 554년 7월, 신라의 진흥왕이 가야와 함께 관산성(충북 옥천)을 공격해 왔다. …… 신주의 군주인 김무력이 자기 휘하의 군사를 이끌고 나아가 교전할 때, 비장인 삼년산군의 도도가 습격하여 백제의 (㉠)을/를 죽였다. 이에 전군이 승세를 타고 진격하여 대승을 거두니, …… 한 마리의 말도 돌아간 것이 없었다.
> – 김부식, 『삼국사기』

(1) ㉠에 들어갈 왕을 쓰시오.

_____

(2) 자료의 전투를 통해 신라가 얻게 된 이점을 서술하시오.

_____
_____
_____

3 삼국의 왕실이 불교를 적극적으로 수용한 이유를 서술하시오.

_____
_____
_____

Ⅱ 남북국 시대의 전개

01 신라의 삼국 통일과 발해의 건국

•• 고구려와 수·당의 전쟁

1. 6세기~7세기 동아시아 정세: 수의 중국 통일 → 고구려가 ❶□□·백제·왜와 연결, 신라는 수·당과 연결

2. 수·당의 침입과 격퇴

수	• 배경: 수가 고구려에 복속을 요구 → 고구려가 요서 지방 선제공격 • 과정: 수 문제의 침입(실패) → 수 양제의 요동성 공격(실패) → 수의 우중문이 30만 별동대로 평양 공격 → ❷□□□□이 살수 대첩에서 수군 격퇴(612)
당	당의 고구려 압박 → 고구려가 천리장성을 쌓아 당의 침입에 대비 → 연개소문의 정변 → 당의 요동성·백암성 함락 → 안시성 싸움에서 당군 격퇴(645)

3. 고구려 승리의 원동력: 산성을 이용한 방어 체계, 철광 지대 확보, 뛰어난 제련 기술 등

•• 신라의 삼국 통일과 발해의 건국

1. 신라의 삼국 통일

(1) 나당 동맹: 신라 김춘추의 제의로 체결

(2) 백제와 고구려의 멸망과 부흥 운동

구분	멸망 과정	부흥 운동
백제	지배층의 분열로 정치 혼란 → ❸□□의 결사대가 황산벌 전투에서 패배 → 나당 연합군의 사비성 함락(660)	복신과 도침, 흑치상지 등이 전개 → 백강 전투 패배, 나당 연합군의 주류성 함락으로 실패
고구려	연개소문 사후 아들 간 권력 다툼 → 나당 연합군의 평양성 함락(668)	고연무(당군과 싸움), ❹□□□(안승을 왕으로 추대) 등이 전개 → 지배층 분열로 실패

(3) 나당 전쟁과 삼국 통일

배경	당의 한반도 지배 야심(❺□□□□□, 웅진도독부, 계림도독부 설치)
전개	신라·고구려군이 당군 선제공격 → 당이 신라 침략 → 매소성·기벌포 전투에서 당군 격파 → 대동강 이남에서 당 세력 축출, 삼국 통일 완성(676)
의미	• 한계: 외세를 끌어들임, 대동강 이남 지역만 차지 • 의의: 자주적 통일, 우리 민족 최초의 통일(→ 새로운 민족 문화 발전의 기반 마련)

2. 발해의 건국

(1) 건국: 고구려 장수 출신 ❻□□□이 발해 건국(698)

(2) 발해의 주민: 고구려 유민, 말갈인으로 구성

(3) 발해의 고구려 계승 의식: 고구려 유민이 지배층의 핵심, 발해 왕이 일본에 보낸 외교 문서에 고려·고려 국왕 자처

02 남북국의 발전과 변화

•• 통일 신라와 발해의 발전

1. 통일 신라의 왕권 강화

무열왕	최초의 진골 출신 왕
문무왕	삼국 통일 완성, 친당적인 진골 귀족 축출
❼□□□	진골 귀족 숙청(김흠돌의 난 진압), 국학 설치, 관료전 지급·녹읍 폐지 → 전제 왕권 확립

2. 발해의 발전

(1) 주요 왕의 업적

무왕	북만주 일대 장악, 당의 산둥 지방 공격
문왕	❽□□ 천도, 당과 친선, 신라와 교류
선왕	최대 영토 확보, 전성기 이룩

(2) 국가 위상 확대: 무왕 이후 독자적 연호 사용, 중국에서 발해를 '해동성국'이라고 부름

3. 통일 신라와 발해의 통치 제도

구분	통일 신라	발해
중앙	❾□□□ 중심 운영, 시중(중시)의 권한 강화	3성(정당성 중심), 6부 (행정 실무 담당)
지방	9주 5소경	❿□□ 15부 62주
군사	9서당, 10정	10위, 지방군

↑ 통일 신라의 지방 행정 조직

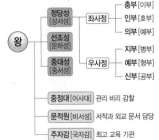

↑ 발해의 중앙 정치 조직

•• 신라의 분열과 후삼국의 성립

1. 신라의 분열

(1) 신라 말 정치적 동요: 소수 진골 귀족이 권력 독점 → 혜공왕 피살 이후 왕위 쟁탈전 심화(김헌창의 난 등)

(2) 농민 봉기

배경	귀족의 대토지 소유 확대 및 농민 수탈 심화, 흉년·자연재해·전염병 발생 등으로 농민 생활 악화
내용	정부가 지방에 세금 독촉 → ⑪□□□ □□의 난을 시작으로 전국적 농민 봉기 발생

(3) ⑫□□의 성장과 6두품의 사회 비판

⑫□□	독자적 군사 보유, 촌락 주위에 성을 쌓고 성주나 장군 자처 → 지방을 실질적으로 지배	새로운 사회 건설 추구
6두품	골품제의 모순으로 역할 축소 → 학문 활동에 몰두, 사회 개혁안 제시(→ 수용되지 않음)	

(4) 새로운 사상의 유행: 호족의 환영을 받음

⑬□□	인간의 마음에 내재된 깨달음을 얻는다는 실천적 경향이 강함, 전통적인 권위 부정
풍수지리설	선종 승려 도선이 널리 보급 → 경주(금성) 중심의 지리 개념 탈피, 지방의 중요성 강조

2. 후삼국의 성립

(1) ⑭□□□: 견훤이 건국(900), 완산주에 도읍함, 영토 확장

(2) 후고구려: ⑮□□가 건국(901), 철원 천도, 마진·태봉 등으로 국호 변경

(3) 신라: 경주 부근의 경상도 일대만 지배

↑ 후삼국의 성립

•• 통일 신라와 발해의 문화

1. 통일 신라의 문화

유학	정치 이념으로 채택, 국학 설치(유학 교육), 독서삼품과 실시, 유학자 배출(대부분 6두품 출신)
불교	• 원효: 화쟁 사상 주장, 불교의 대중화에 기여 • ⑯□□: 화엄 사상 주장, 신라 화엄종 개창
문화유산	불국사, 석굴암, 경주 불국사 3층 석탑 등 건립 → 신라 말 선종의 유행으로 승탑과 탑비 유행

2. 발해의 문화: ⑰□□□ 문화 기반·당 문화 수용, 말갈의 토착 문화 흡수 등 → 융합적·국제적 문화 발달

유학	⑱□□□ 설치(유학 교육), 정혜 공주·정효 공주 묘지석에 유교 경전 인용
불교	지배층을 중심으로 유행, 상경성 일대의 절터 조성
문화유산	당·고구려 문화의 영향(상경성, 정혜 공주·정효 공주 묘 등), 말갈식 토기 제작

•• 통일 신라와 발해의 교류

1. 통일 신라의 대외 교류: 울산항과 당항성 번성

당	활발하게 교류 → 당에 신라방, 신라소 등 설치
일본	일본·당 사이에서 중계 무역, 불교·유교 사상 전파
기타	서역과 교류 → ⑲□□의 『왕오천축국전』 저술

2. 발해의 대외 교류

당	⑳□□ 이후 친선 → 당에 발해관 설치
일본	건국 초부터 교류, 점차 교류 확대
신라	신라도를 통해 교류

---

01 신라의 삼국 통일과 발해의 건국

01 (가), (나) 사이 시기에 있었던 사실로 옳은 것은?

> (가) 수의 양제는 113만 명이 넘는 군사를 이끌고 고구려를 침략하였다.
> (나) 수는 고구려 원정으로 국력을 소모하였고, 각지에서 반란이 일어나 멸망하였다.

① 나당 연합이 결성되었다.
② 신라가 삼국을 통일하였다.
③ 연개소문이 정변을 일으켰다.
④ 태종이 안시성 싸움에서 패하였다.
⑤ 살수 대첩에서 고구려가 승리하였다.

02 (가)에 들어갈 내용으로 옳은 것은?

> 고구려는 _____(가)_____ 랴오허강을 따라 북쪽의 부여성에서 남쪽의 비사성까지 천리장성을 쌓았다.

① 당의 공격에 대비하기 위해
② 돌궐의 침입을 방어하기 위해
③ 수와의 국경선을 확정하기 위해
④ 고구려 부흥 운동을 벌이기 위해
⑤ 안동도호부의 설치에 대응하기 위해

03 다음 사건의 결과로 옳은 것은?

> 당 태종은 연개소문의 정변을 구실로 고구려를 침입하였다.

① 나제 동맹이 체결되었다.
② 고구려와 돌궐이 결탁하였다.
③ 왜군이 백강 전투에 참전하였다.
④ 고구려가 천리장성을 축조하였다.
⑤ 고구려가 안시성에서 당군을 몰아냈다.

04 다음은 삼국 통일 과정에서 있었던 일들이다. (가)~(라)를 일어난 순서대로 나열한 것은?

> (가) 나당 연합군이 평양성을 함락하였다.
> (나) 매소성·기벌포 전투에서 당군이 패배하였다.
> (다) 검모잠이 한성에서 안승을 왕으로 추대하였다.
> (라) 백제가 기벌포에서 소정방의 군대에 패하였다.

① (가) - (나) - (다) - (라)
② (다) - (가) - (라) - (나)
③ (다) - (라) - (나) - (가)
④ (라) - (가) - (다) - (나)
⑤ (라) - (나) - (다) - (가)

05 다음 내용을 활용한 보고서 주제로 가장 적절한 것은?

> • 흑치상지는 임존성에서 군사를 일으켰다.
> • 복신과 도침은 왜에 있던 왕자 (부여)풍을 왕으로 맞이하였다.

① 나당 전쟁의 전개
② 후삼국의 성립과 발전
③ 백제 부흥 운동의 전개
④ 고구려와 수·당의 전쟁
⑤ 연개소문의 정변과 당의 대응

06 ㉠ 나라에 대한 설명으로 옳은 것은?

> • (㉠)은/는 고려(고구려) 옛 땅을 수복하고 부여의 풍속을 지니고 있다. – 일본에 보낸 국서
> • 지난날의 고구려가 오늘의 (㉠)(이)다.
> – 최치원, 「여예부배상서찬장」

① 궁예가 건국하였다.
② 연개소문이 정변을 일으켰다.
③ 고연무가 부흥 운동을 벌였다.
④ 고구려 유민과 말갈인이 주민을 구성하였다.
⑤ 황산벌에서 김유신이 이끈 신라군에게 패배하였다.

02 남북국의 발전과 변화

07 밑줄 친 '이 왕'에 대한 설명으로 옳은 것은?

> 이 왕은 삼국을 통일한 뒤 부처의 힘을 빌려 왜구의 침입을 막고자 동해 근처에 절을 짓기 시작하였다. 그의 아들인 신문왕은 그 절의 이름을 감은사라고 하였다.

① 9주 5소경을 설치하였다.
② 최초의 진골 출신 왕이다.
③ 김흠돌의 난을 진압하였다.
④ 나당 전쟁을 승리로 이끌었다.
⑤ 장문휴를 앞세워 산둥반도를 공격하였다.

08 ㉠ 왕의 업적으로 옳은 것은?

> (㉠)은/는 681년 역모를 꾀한 장인 김흠돌을 숙청하고 왕권에 도전하였던 진골 귀족을 제압하였다.

① 국학을 세웠다.
② 병부를 설치하였다.
③ 대가야를 정복하였다.
④ 삼국 통일을 완성하였다.
⑤ 백성에게 정전을 지급하였다.

09 다음과 같이 군사 조직이 정비된 시기에 있었던 일로 옳지 <u>않은</u> 것은?

> 중앙군으로 9서당을 설치하고, 지방군으로 10정을 두었다.

① 성골들이 왕위를 독점하였다.
② 전국을 9주로 나누어 통치하였다.
③ 유학을 보급하기 위해 교육 기관을 설립하였다.
④ 행정을 담당하는 10여 개의 관청을 설치하였다.
⑤ 화백 회의의 기능과 상대등의 역할이 축소되었다.

잘 나와!

10 지도의 통치 조직에 대한 설명으로 옳지 <u>않은</u> 것은?

① 전국을 9주로 나누었다.
② 촌은 촌주가 관리하였다.
③ 모든 주에 지방군을 1정씩 배치하였다.
④ 지방 세력을 견제하기 위해 5소경을 두었다.
⑤ 주 아래 군과 현을 두고 지방관을 보내 다스렸다.

11 ㉠, ㉡에 들어갈 토지 제도를 옳게 연결한 것은?

> 신문왕은 관리에게 (㉠)을 지급하고, 귀족들의 경제 기반이었던 (㉡)을 폐지하였다.

	㉠	㉡		㉠	㉡
①	녹읍	정전	②	녹읍	관료전
③	정전	녹읍	④	관료전	녹읍
⑤	관료전	정전			

12 ㈎, ㈏ 사이 시기 발해에서 있었던 사실로 옳지 <u>않은</u> 것은?

> ㈎ 장문휴를 보내 당의 산둥 지방을 공격하였다.
> ㈏ 연해주에서 요동 지방까지 영토를 넓혔다.

① 신라도를 개설하였다.
② 상경으로 도읍을 옮겼다.
③ 독자적 연호를 사용하였다.
④ 당과 친선 관계를 형성하였다.
⑤ 왕자 대광현이 고려로 망명하였다.

13 다음 자료의 통치 제도에 대한 설명으로 옳은 것을 〈보기〉에서 고른 것은?

┤보기├
ㄱ. 정당성을 중심으로 운영하였다.
ㄴ. 중정대에서 유학을 교육하였다.
ㄷ. 6부의 명칭을 유교 덕목으로 사용하였다.
ㄹ. 당의 중앙 정치 제도를 그대로 받아들였다.

① ㄱ, ㄴ　　　② ㄱ, ㄷ　　　③ ㄴ, ㄷ
④ ㄴ, ㄹ　　　⑤ ㄷ, ㄹ

100점이 코앞!

14 자료에 나타난 시기 신라의 상황에 대한 설명으로 옳은 것은?

> 도적들이 나라의 서남쪽에서 일어났는데, 그들은 바지를 붉은색으로 하여서 다르게 하였으므로 사람들은 그들을 '적고적'이라고 불렀다. 여러 주현을 공격하여 해를 끼치고, 수도 서부의 모량리까지 이르러 민가를 약탈하여 갔다.
> ─『삼국사기』

① 녹읍이 폐지되었다.
② 왕권이 강화되었다.
③ 호족 세력이 몰락하였다.
④ 중국으로부터 해동성국이라 불렸다.
⑤ 지방에서 귀족들의 반란이 일어났다.

---

15 신라에서 유행한 풍수지리설에 대한 설명으로 옳은 것은?

① 호족들의 반발을 초래하였다.
② 국학의 설립에 영향을 주었다.
③ 경전 연구와 교리를 중시하였다.
④ 경주 중심의 지리 개념을 비판하였다.
⑤ 원효와 의상에 의해 체계적으로 정리되었다.

잘나와!

16 ㉠ 세력에 대한 설명으로 옳은 것을 〈보기〉에서 고른 것은?

> 신라 말 중앙 정부의 통제력이 약해지자 지방에서는 (㉠) 세력이 성장하였다. 이들은 지방에서 스스로를 성주, 장군이라 칭하였다.

┤보기├
ㄱ. 녹읍을 기반으로 중앙 권력을 장악하였다.
ㄴ. 당에 유학하여 빈공과에 합격한 경우가 많았다.
ㄷ. 6두품과 함께 새로운 사회를 건설하려고 하였다.
ㄹ. 군사력을 이용해 지방을 실질적으로 통치하였다.

① ㄱ, ㄴ　　　② ㄱ, ㄷ　　　③ ㄴ, ㄷ
④ ㄴ, ㄹ　　　⑤ ㄷ, ㄹ

---

03 남북국의 문화와 대외 관계

17 통일 신라의 유학 발전에 대한 설명으로 옳은 것을 〈보기〉에서 고른 것은?

┤보기├
ㄱ. 오경박사가 유학 교육을 담당하였다.
ㄴ. 주자감을 설치하여 유학을 가르쳤다.
ㄷ. 최치원과 같은 유학자가 배출되었다.
ㄹ. 독서삼품과로 경전의 이해 수준을 평가하였다.

① ㄱ, ㄴ　　　② ㄱ, ㄷ　　　③ ㄴ, ㄷ
④ ㄴ, ㄹ　　　⑤ ㄷ, ㄹ

---

18 다음에서 설명하는 인물로 옳은 것은?

> "모든 것이 오직 한마음에서 나온다."라는 일심 사상을 바탕으로 종파 간의 조화를 강조하는 화쟁 사상을 주장하였다.

① 강수　　　② 설총　　　③ 원효
④ 의상　　　⑤ 최치원

19 다음 문화유산을 남긴 나라에 대한 설명으로 옳지 <u>않은</u> 것은?

↑석굴암 본존상   ↑성덕 대왕 신종

① 과학 기술 인력을 양성하였다.

② 무구정광대다라니경을 제작하였다.

③ 화엄 사상이 사회 통합에 기여하였다.

④ 당의 장안성을 모방하여 상경성을 건설하였다.

⑤ 이중 기단 위에 3층으로 쌓는 석탑 양식이 유행하였다.

20 자료의 무덤에 대한 설명으로 옳은 것은?

↑정효 공주 묘의 내부

① 천마도가 발굴되었다.

② 천장 구조는 말갈의 영향을 받았다.

③ 당의 영향으로 벽돌무덤으로 축조되었다.

④ 내부에서 무구정광대다라니경이 발견되었다.

⑤ 고구려의 영향을 받은 온돌 유적이 발견되었다.

21 발해의 대외 교류에 대한 설명으로 옳은 것은?

① 당에 법화원을 설립하였다.

② 산둥반도의 발해관을 숙소로 이용하였다.

③ 청해진을 설치하여 해상 무역을 장악하였다.

④ 울산항과 당항성 등이 국제 무역항으로 번성하였다.

⑤ 건국 초기 당과 친선 관계를 맺어 문물을 수용하였다.

서술형 문제

1 6세기 말~7세기경 동아시아의 정세를 남북 세력과 동서 세력으로 나누어 서술하시오.

_____

_____

_____

2 밑줄 친 '여러 가지 의의'를 서술하시오.

신라의 삼국 통일은 통일 과정에서 외세를 끌어들였고, 대동강 이남 지역만 차지하였다는 한계가 있으나 <u>여러 가지 의의</u>도 갖고 있다.

_____

_____

_____

3 다음을 읽고 물음에 답하시오.

(㉠) 3년, 여러 주와 군에서 공물과 조세를 바치지 않으니, 창고가 비고 나라의 씀씀이가 궁핍해졌다. 왕이 관리를 보내어 독촉하자, 이로 인해 곳곳에서 도적이 벌 떼 같이 일어났다. 그러자 원종과 애노 등이 사벌주(상주)를 근거로 하여 반란을 일으켰다.   – 『삼국사기』

(1) ㉠에 들어갈 왕을 쓰시오.

(2) 윗글을 참고하여 신라 말 농민 봉기가 일어난 계기를 서술하시오.

_____

_____

_____

01 신라의 삼국 통일과 발해의 건국

01 6세기 말~7세기경의 동아시아 정세에 대한 설명으로 옳은 것은?

① 백제는 신라와 연합하였다.
② 고구려는 신라와 동맹을 맺었다.
③ 신라는 수에 도움을 요청하였다.
④ 수는 고구려와 연합하여 신라를 압박하였다.
⑤ 신라는 고구려와 연합하여 백제를 견제하였다.

 잘 나와!

02 ㉠에 들어갈 전투로 옳은 것은?

> 수의 양제는 우중문에게 30만 명의 별동대를 이끌고 평양성을 공격하도록 하였다. 그러나 을지문덕이 이끄는 고구려군이 (㉠)(으)로 수의 군대를 크게 무찔렀다.

① 백강 전투
② 살수 대첩
③ 매소성 전투
④ 안시성 싸움
⑤ 황산벌 전투

03 (가), (나) 사이 시기에 있었던 사실로 옳은 것은?

> (가) 당이 건국되고 주변국을 압박하자 고구려는 천리장성을 쌓고 침략에 대비하였다.
> (나) 당군이 몇 달 동안 안시성을 공격하였지만, 성주와 백성들이 결사적으로 저항하였다.

① 수가 멸망하였다.
② 신라와 당이 연합을 맺었다.
③ 나당 연합군이 백제를 공격하였다.
④ 연개소문이 정변을 일으켜 대막리지가 되었다.
⑤ 우중문이 이끄는 수군이 평양성을 공격하였다.

잘 나와!

04 (가)에 들어갈 내용으로 가장 적절한 것은?

> **수행 평가 보고서**
> • 탐구 주제: _____(가)_____
> • 자료 수집
> − 고구려는 절벽, 가파른 산 등 험준한 지형에 산성을 쌓았다.
> − 고구려는 풍부한 철과 우수한 제련 기술을 이용하여 강력한 철제 무기와 갑옷을 만들었다.

① 당의 한반도 지배 야심
② 고구려 부흥 운동의 전개
③ 발해의 고구려 계승 의식
④ 나당 연합군의 평양성 함락
⑤ 고구려가 수·당을 물리친 원동력

05 다음 대화의 주제로 가장 적절한 것은?

> 고연무가 요동 지방에서 당군과 싸움을 벌였어.

> 검모잠은 한성에서 보장왕의 이들 안승을 왕으로 추대하였지.

① 발해의 건국 과정
② 살수 대첩의 배경
③ 안시성 싸움의 발발
④ 황산벌 전투의 결과
⑤ 고구려 부흥 운동의 전개

06 신라의 삼국 통일에 대한 설명으로 옳지 <u>않은</u> 것은?

① 우리 민족 최초의 통일이다.
② 통일 과정에서 외세를 끌어들였다.
③ 고구려, 백제 유민과 함께 당을 물리쳤다.
④ 압록강~두만강을 경계로 영토를 확장하였다.
⑤ 삼국의 문화가 융합할 수 있는 토대가 마련되었다.

02 남북국의 발전과 변화

07 다음 학습 목표를 달성한 학생의 답변으로 가장 적절한 것은?

> • 학습 목표: 삼국 통일 전후로 정비된 신라의 통치 제도를 설명할 수 있다.

① 상대등의 역할을 강화하였어요.
② 불교를 공인하여 사상을 통합하였어요.
③ 지방을 5경 15부 62주로 정비하였어요.
④ 집사부를 독립시켜 권한을 강화하였어요.
⑤ 녹읍을 지급하여 귀족들의 경제 기반을 마련하였어요.

08 밑줄 친 '이 왕'에 대한 설명으로 옳은 것은?

> 이 왕은 역모를 꾀한 장인 김흠돌을 숙청하고 왕권에 도전했던 진골 귀족을 제압한 뒤, 통치 제도를 개혁하였다.

① 10위를 설치하였다.
② 국학을 설치하였다.
③ 녹읍을 부활하였다.
④ 정전을 지급하였다.
⑤ 상대등을 설치하였다.

09 통일 신라의 지방 행정 조직에 대한 설명으로 옳은 것을 〈보기〉에서 고른 것은?

> ┤보기├
> ㄱ. 15부 아래 주·현을 설치하였다.
> ㄴ. 전국을 9주로 나누어 통치하였다.
> ㄷ. 촌락은 주로 말갈 족장이 지배하였다.
> ㄹ. 5소경을 설치하여 지방 정치의 중심지로 삼았다.

① ㄱ, ㄴ   ② ㄱ, ㄷ   ③ ㄴ, ㄷ
④ ㄴ, ㄹ   ⑤ ㄷ, ㄹ

10 다음 문서에 대한 설명으로 옳지 **않은** 것은?

↑ 신라 촌락 문서

이 문서는 일본 쇼소인에 소장된 호구 조사 자료이다. 신라는 이 문서를 통해 지방 농민을 효율적으로 지배하고자 하였다.

① 3년마다 작성되었다.
② 지방관이 직접 작성하였다.
③ 세금 수취를 위해 작성되었다.
④ 현존하는 가장 오래된 호구 조사 자료이다.
⑤ 소와 말의 수, 토지의 넓이 등을 작성하였다.

11 ⑷ 시기 신라의 정치 상황에 대한 설명으로 옳은 것은?

관료에게 관료전 지급 → ⑷ → 백성에게 정전 지급

① 나당 전쟁에서 승리하였다.
② 상대등의 권한이 강화되었다.
③ 원종과 애노의 난이 일어났다.
④ 호족이 성장하여 지방을 통치하였다.
⑤ 6두품이 왕의 정치적 조언자로 성장하였다.

12 밑줄 친 '이 왕'의 재위 시기에 있었던 사실로 옳은 것은?

> 발해 무왕의 뒤를 이은 이 왕은 중앙과 지방의 통치 제도를 정비하고, 당과의 관계를 개선하여 친선 관계를 맺었다.

① 수도를 상경으로 옮겼다.
② 인안을 연호로 사용하였다.
③ 중국으로부터 해동성국이라고 불렸다.
④ 장문휴를 앞세워 산동반도를 공격하였다.
⑤ 연해주에서 요동 지방까지 영토를 넓혔다.

13 ㉠ 나라의 통치 제도에 대한 설명으로 옳은 것은?

> 조선 시대의 학자 유득공은 그의 저서에서 "부여 씨가 망하고 고씨가 망하자 김씨는 남쪽을 차지하였고, 대 씨는 그 북쪽을 차지하고 이름을 (㉠)(이)라고 하 였는데, 이것이 남북국이다. 그러니 마땅히 남북국사 가 있어야 하는데도 고려가 이를 쓰지 않았으니 잘못 이다."라고 하였다.

① 화백 회의를 운영하였다.
② 당의 정치 기구를 그대로 받아들였다.
③ 6부의 명칭에 유교 덕목을 사용하였다.
④ 전국을 9주 5소경으로 나누어 통치하였다.
⑤ 왕실과 수도를 지키기 위해 9서당을 두었다.

14 다음 자료에 나타난 사건이 일어난 시기 신라의 상황 으로 옳은 것은?

> 혜공왕 16년 2월, 이찬 김지정이 반란을 일으켜 무리 를 모아 궁궐을 에워싸고 공격하였다. 4월에 상대등 김양상과 이찬 김경신이 병력을 일으켜 김지정 등을 죽였으나, 왕과 왕비는 난병에게 해를 입었다.
> ─ 「삼국사기」

① 녹읍이 폐지되었다.
② 농민 생활이 안정되었다.
③ 상대등의 권한이 약화되었다.
④ 소수의 진골 귀족이 권력을 독점하였다.
⑤ 무열왕의 자손들이 왕위를 계승하기 시작하였다.

잘 나와!

15 밑줄 친 '이들'에 대한 설명으로 옳은 것은?

> 신라 말 중앙의 통제력이 약화된 틈을 타 지방의 유력자 들은 독자적으로 세력을 키웠다. 이들은 군사를 보유하 고 스스로를 성주 또는 장군이라 칭하였다.

① 화백 회의를 주도하였다.
② 풍수지리설을 수용하였다.
③ 6두품과 정치적으로 대립하였다.
④ 신라 말 중앙 권력을 독점하였다.
⑤ 당에 유학하여 학문 연구에 몰두하였다.

16 지도는 10세기 초 한반도 형세를 나타낸 것이다. ㈎ 나라 에 대한 설명으로 옳지 않은 것은?

① 고구려 부흥을 내세웠다.
② 송악에서 철원으로 도읍을 옮겼다.
③ 국호를 마진, 태봉 등으로 변경하였다.
④ 정치적·군사적 요충지에 5경을 설치하였다.
⑤ 경기도·황해도 일대의 호족들을 규합하여 세웠다.

---

03 남북국의 문화와 대외 관계

17 통일 신라의 유학 발달을 탐구하기 위해 조사할 내용 으로 가장 적절한 것은?

① 오경박사의 역할 　　② 국학의 교육 내용
③ 임신서기석의 기록 　④ 정혜 공주 묘지석의 기록
⑤ 승탑과 탑비의 설립 배경

100점이 코앞!

18 ㈎, ㈏ 탑에 대한 설명으로 옳은 것은?

① ㈎ - 선종이 유행하면서 만들어졌다.
② ㈎ - 이중 기단 위에 3층으로 쌓은 석탑이다.
③ ㈏ - 내부에서 무구정광대다라니경이 발견되었다.
④ ㈏ - 고구려의 영향으로 몸체에 연꽃무늬를 새겼다.
⑤ ㈎, ㈏ - 감은사에 건립되었다.

19 (가), (나)에서 설명하는 인물을 옳게 연결한 것은?

> (가) "모든 것이 오직 한마음에서 나온다."라는 일심 사상을 바탕으로 화쟁 사상을 주장하였다.
> (나) "하나가 전체요, 전체가 하나다."라는 화엄 사상을 주장하였으며, 부석사 등 사원을 건립하였다.

	(가)	(나)		(가)	(나)
①	원효	의상	②	원효	혜초
③	의상	원효	④	의상	혜초
⑤	혜초	의상			

20 다음 자료를 통해 알 수 있는 내용으로 가장 적절한 것은?

⬆ 발해 기와 　⬆ 고구려 기와 　⬆ 발해 성터에서 발견된 온돌

① 발해는 당 문화의 영향을 받았다.
② 고구려와 발해에서 불교가 성행하였다.
③ 발해는 당, 말갈의 토착 문화를 융합하였다.
④ 발해 문화는 고구려 문화를 기반으로 발전하였다.
⑤ 고구려와 발해의 무덤에서 껴묻거리가 많이 나왔다.

21 다음 자료를 활용한 수업 주제로 가장 적절한 것은?

⬆ 원성왕릉 무인석 　⬆ 왕오천축국전

① 통일 신라의 불교 예술
② 통일 신라의 중계 무역
③ 통일 신라와 서역의 교류
④ 발해의 고구려 계승 의식
⑤ 융합적인 문화가 발달한 발해

서술형 문제

1 다음을 읽고 물음에 답하시오.

> • 『신라고기』에는 '옛 고구려의 장수였던 그는 성이 대씨인데, 남은 군사를 모아 태백산 남쪽에 나라를 세우고 국호를 발해라고 하였다.'라고 되어 있다. 　　　　　　　　　　 – 『삼국유사』
> • 그는 본래 고려(고구려)의 별종이다. …… (고구려, 말갈) 무리를 이끌고 …… 동모산에 성을 쌓고 살았다. 　　　　　　　　　　 – 『구당서』
> • (발해는) 고려(고구려) 옛 땅을 수복하고, 부여의 풍속을 지니고 있다. 　 – 발해가 일본에 보낸 국서

(1) 밑줄 친 '그'가 공통으로 가리키는 인물을 쓰시오.

_____

(2) 자료를 토대로 발해가 고구려를 계승한 근거를 두 가지 서술하시오.

_____

_____

_____

2 다음을 읽고 물음에 답하시오.

> (가) 신라 말에 유행한 새로운 불교 종파이다. 인간의 마음에 내재된 깨달음을 얻는다는 실천적인 경향이 강하였다.
> (나) 신라 말 도선이 널리 보급하였으며, 산과 땅의 모양이나 물의 흐름 등이 인간의 길흉화복에 영향을 끼친다고 믿는 사상이다.

(1) (가), (나)에서 설명하는 종교나 사상을 각각 쓰시오.

_____

(2) (가), (나) 사상이 신라 후기에 끼친 영향을 호족과 연관하여 서술하시오.

_____

_____

_____

고려의 성립과 변천

01~02 고려의 건국과 정치 변화

고려의 후삼국 통일

1. 고려의 건국과 후삼국 통일

(1) 고려의 후삼국 통일
① 배경: 궁예의 호족 탄압 → 호족들이 ❶□□을 국왕으로 추대 → 고려 건국(918)
② 통일 과정: 후백제 견훤의 귀순 → 신라 경순왕의 항복(935) → 고려의 후백제 공격 → 후삼국 통일(936)

(2) 왕권의 안정
① 태조: 민생 안정 정책(백성의 세금 감면, 가난한 백성 구제), 호족 포섭·견제 정책(사심관 제도·기인 제도 운영), 북진 정책 등 실시, 훈요 10조 제시
② ❷□□: 노비안검법·과거제 실시, 관리의 공복 색깔 제정, 공신 및 호족 세력 숙청, 황제 칭호와 독자적 연호('광덕', '준풍' 등) 사용
③ 성종: 최승로의 ❸□□ □□□ 수용 → 유교 정치 이념을 바탕으로 통치 체제 정비

2. 통치 체제 정비

중앙 정치	2성(중서문하성·상서성) 6부, 중추원, 어사대, 삼사, 도병마사·식목도감(독자적 회의 기구)
지방 행정	5도·양계(북계·동계)·경기로 구분, 향·부곡·소 설치
교육 제도	개경에 국자감, 지방에 향교 설치
군사 제도	중앙군(2군 6위), 지방군(주현군·주진군)
관리 등용 제도	• 과거제: 문과, 잡과, 승과 시행 • ❹□□: 고위 관료의 자손은 시험 없이 관직을 줌
토지 제도	전시과 제도 실시, 공음전 지급

정치 질서의 동요

1. 이자겸의 난과 서경 천도 운동

이자겸의 난(1126)	이자겸의 권력 독점 → 인종이 이자겸 제거 시도 → 이자겸이 척준경과 함께 난을 일으킴 → 척준경이 이자겸 제거
서경 천도 운동(1135)	인종의 왕권 회복 노력, 금을 배척하는 여론 강화, 묘청이 ❺□□□□□을 근거로 하여 서경으로 천도할 것과 금 정벌 주장 → 개경 세력의 반대 → 묘청 등이 서경에서 난을 일으킴 → ❻□□□이 이끄는 관군에게 진압됨

2. 무신 정권의 성립과 농민·천민의 봉기

(1) 무신 정권의 성립
① 배경: 무신에 대한 차별 심화, 하급 군인의 불만
② 전개: 무신들이 보현원에서 정변을 일으킴(무신 정변, 1170) → 최씨 무신 정권 수립(교정도감, 삼별초 등을 기반으로 4대 60여 년간 지속)

(2) 농민·천민의 봉기: 정부의 지방 통제력 약화, 무신 집권자들의 경제적 수탈 심화, 신분 질서의 동요 → 망이·망소이의 난, 김사미와 효심의 난, 만적의 난 등 발생

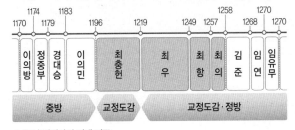

↑ 무신 집권자의 지배 기구

03 고려의 대외 관계

고려 전기의 대외 항쟁

1. 거란의 침입과 격퇴

(1) 1차 침입: 서희의 외교 담판으로 강동 6주 확보(993)
(2) 2차 침입: 양규의 활약
(3) 3차 침입: ❼□□□의 귀주 대첩 승리(1019)

2. 여진 정벌과 동북 9성 축조

배경	12세기 완옌부의 여진 통일, 고려의 국경 침략
과정	❽□□이 별무반을 이끌고 여진 정벌 → 동북 지방에 9성(동북 9성)을 쌓아 고려의 영토로 삼음
결과	여진의 요청, 방어의 어려움 등으로 여진에 9성 반환

고려 전기의 대외 교류

1. 송과의 교류

(1) 배경: 고려의 문화적·경제적 실리 추구(송의 선진 문물 수용), 송의 정치적·군사적 목적(거란과 여진 등 주변 민족 견제)
(2) 내용: 송에 사신·학자 등을 보냄(청자 제작 발달 등에 영향), 비단·서적 등 귀족의 수요품 수입, 나전 칠기·종이 등 수출

2. 여러 나라와의 교류: 거란, 여진, 일본, 아라비아 상인 왕래 → ❾□□□가 국제 무역항으로 번성

04 몽골의 간섭과 고려의 개혁

몽골의 침입과 대몽 항쟁

1. 몽골의 침입

(1) 배경: 고려에 온 몽골 사신 저고여의 피살

(2) 1차 침입: 몽골의 1차 침입(1231) → 귀주성을 비롯한 여러 성에서 저항 → 많은 성이 함락·고려의 방어군 패배 → 최씨 정권이 몽골과 강화 체결

(3) 2차 침입: 몽골의 내정 간섭 심화 → 최씨 정권의 강화도 천도 → 몽골의 2차 침입(1232) → ❿□□□ 전투 승리 (승려 김윤후의 활약) → 여러 차례 침략 지속

2. 몽골과의 강화

(1) 과정: 몽골과 강화를 맺자는 주장 제기 → 무신들이 최씨 정권을 무너뜨리고 몽골과 강화 추진 → 고려 태자와 쿠빌라이의 강화 체결(1259) → 내분으로 무신 정권 붕괴 → 고려 정부의 개경 환도(1270)

(2) ⓫□□□의 대몽 항쟁(1270~1273): 개경 환도에 반대하며 강화도에서 봉기 → 고려와 몽골 연합군에게 진압됨

원의 내정 간섭과 공민왕의 개혁 정치

1. 원의 간섭

(1) 원의 내정 간섭: 국왕을 통한 간접 지배, ⓬□□□□□ 설치(일본 원정 목적), 관제·왕실 용어 격하, 쌍성총관부·동녕부·탐라총관부 설치, 각종 특산물과 공녀 등 요구

(2) 권문세족의 성장: 원의 세력에 기대어 부와 권력 유지

2. 공민왕의 개혁

(1) 반원 정책: 친원 세력 제거, 정동행성이문소 폐지, 관제·왕실 용어 복구, 원의 풍습(몽골풍) 금지 등

(2) 내정 개혁: ⓭□□□□□□□설치(신돈 등용), 정방 폐지(인사권 장악), ⓮□□□ 개편(유학 교육 강화)

새로운 정치 세력의 성장과 고려의 멸망

1. 새로운 정치 세력의 성장: 공민왕의 개혁 정치 과정에서 신진 사대부가 성장, 홍건적과 왜구를 격퇴하는 과정에서 최영·이성계 등 ⓯□□ □□ □□ 성장

2. 고려의 멸망

(1) ⓰□□□ □□(1388): 우왕의 요동 정벌 추진 → 이성계가 위화도에서 군대를 돌려 정치·군사의 실권 장악

(2) 조선 건국(1392): 이성계와 급진파 사대부의 개혁 추진 → 고려 멸망, 조선 건국

05 고려의 생활과 문화

가족 제도	• 가족과 친족: 아들과 딸, 남편과 부인이 평등한 관계 유지 • 여성의 지위: 남성과 여성 모두 이혼 요구 가능, 여성도 호주가 될 수 있음
종교와 학문	• 불교: ⓱□□(천태종 창시, 교단 통합 운동 전개), 지눌(수선사 중심의 불교 개혁 운동 전개) • 유학: 국자감(개경)과 향교(지방) 설치(유교 경전과 역사서 강의), ⓲□□□(안향이 원으로부터 소개, 신진 사대부가 개혁 사상으로 수용)
역사서	• 고려 전기: 김부식의 『삼국사기』 편찬 • 고려 후기: 이규보의 「동명왕편」, 일연의 『삼국유사』, 이승휴의 『제왕운기』 등 편찬
예술	• 불교 예술: 불상, 석탑, 승탑, 불화 등 발달 • 공예: ⓳□□□□(12세기 상감법 사용), 금속 공예(입사 기법), 목공예(나전 칠기 공예) 발달
인쇄술	• 목판 인쇄술: 초조대장경 판목, 팔만대장경 제작 • 금속 활자 인쇄술: 『상정고금예문』(전하지 않음, 1234), ⓴□□(현존하는 가장 오래된 금속 활자본, 1377) 간행

01 고려의 건국과 정치 변화(1)

01 고려의 건국과 후삼국 통일 과정에서 있었던 일로 옳지 않은 것은?

① 후백제에서 내분이 발생하였다.
② 신라 경순왕은 스스로 고려에 항복하였다.
③ 고려가 고창 전투에서 후백제군을 격파하였다.
④ 호족은 견훤을 내쫓고 왕건을 국왕으로 세웠다.
⑤ 왕건은 고려를 건국하고 수도를 송악으로 옮겼다.

100점이 코앞!

02 다음 유훈을 남긴 국왕에 대한 설명으로 옳은 것은?

> 제1조　불교의 힘으로 나라를 세웠으므로, 사찰을 세우고 주지를 파견하여 불도를 닦도록 할 것
> 제4조　중국의 풍습을 억지로 따르지 말고, 거란의 언어와 풍습은 다르므로 의관 제도를 본받지 말 것
> 제5조　서경을 중요시할 것

① 과거제를 시행하였다.
② 교정도감을 설치하였다.
③ 국학을 설치하여 유학을 보급하였다.
④ 인안 등의 독자적인 연호를 사용하였다.
⑤ 영토를 청천강에서 영흥만에 이르는 지역까지 넓혔다.

03 밑줄 친 ㉠에 해당하는 정책으로 옳은 것을 〈보기〉에서 고른 것은?

> 고려 초기 호족들은 여러 가지 특권을 독점하면서 세력을 강화하였다. 이에 ㉠ 광종은 호족을 견제하면서 왕권을 강화하기 위한 정책을 추진하였다.

┤보기├
ㄱ. 과거제 실시　　　　ㄴ. 노비안검법 실시
ㄷ. 사심관 제도 실시　ㄹ. 정동행성이문소 폐지

① ㄱ, ㄴ　　　② ㄱ, ㄷ　　　③ ㄴ, ㄷ
④ ㄴ, ㄹ　　　⑤ ㄷ, ㄹ

04 밑줄 친 '이 인물'로 옳은 것은?

> 이 인물은 성종에게 시무 28조를 올려 유교 정치사상을 통치의 근본이념으로 채택하도록 하였으며, 성종이 12목을 설치하고 지방관을 파견하는 데 기여하였다.

① 신돈　　　② 쌍기　　　③ 최우
④ 최승로　　⑤ 최충헌

05 ㈎~㈐ 왕에 대한 설명으로 옳은 것은?

> ㈎ 태조　　　㈏ 광종　　　㈐ 성종

① ㈎ - 과거제를 처음 실시하였다.
② ㈎ - 광덕, 준풍 등의 연호를 사용하였다.
③ ㈏ - 중앙 관제를 정비하였다.
④ ㈏ - 노비안검법을 실시하였다.
⑤ ㈐ - 관리의 공복 색깔을 정하였다.

06 다음에서 설명하는 정치 기구로 옳은 것을 〈보기〉에서 고른 것은?

> 중서문하성과 중추원의 고위 관료들이 모여 국가 중요 정책을 결정하던 고려의 독자적인 회의 기구이다.

┤보기├
ㄱ. 삼사　　　ㄴ. 어사대
ㄷ. 도병마사　ㄹ. 식목도감

① ㄱ, ㄴ　　　② ㄱ, ㄷ　　　③ ㄴ, ㄷ
④ ㄴ, ㄹ　　　⑤ ㄷ, ㄹ

07 다음은 고려의 중앙 정치 조직을 나타낸 것이다. ㈜, ㈜ 기구에 대한 설명으로 옳은 것은?

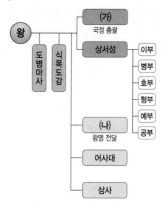

① ㈜는 관리의 비리를 감찰하였다.
② ㈜는 국가 재정의 출납과 회계 업무를 담당하였다.
③ ㈜의 낭사는 어사대의 관리와 함께 대간으로 불렸다.
④ ㈜는 최고 관청으로, 장관인 문하시중이 국정을 총괄하였다.
⑤ ㈜와 ㈜는 고위 관료들이 모여 국가 중대사를 논의한 회의 기구였다.

100점이 코앞!

08 지도의 지방 행정 조직을 갖춘 국가의 지방 통치에 대한 설명으로 옳지 않은 것은?

① 5도 아래 주·군·현을 두었다.
② 주요 지방에 5소경을 설치하였다.
③ 군사 행정 구역으로 양계를 두었다.
④ 지방관이 파견되지 않은 속현이 많았다.
⑤ 수도 개경과 그 주변을 묶은 지역을 경기라 하였다.

09 고려의 관리 등용 제도에 대한 설명으로 옳은 것을 〈보기〉에서 고른 것은?

┤ 보기 ├
ㄱ. 무과는 거의 시행되지 않았다.
ㄴ. 하급 관리의 자손도 음서의 혜택을 누렸다.
ㄷ. 문관 선발 시험으로 제술과와 명경과가 있었다.
ㄹ. 과거 급제자 보다 음서를 받은 사람이 더 인정을 받았다.

① ㄱ, ㄴ ② ㄱ, ㄷ ③ ㄴ, ㄷ
④ ㄴ, ㄹ ⑤ ㄷ, ㄹ

02 고려의 건국과 정치 변화(2)

10 고려 시대 문벌에 대한 설명으로 옳지 않은 것은?

① 경원 이씨 가문이 대표적이다.
② 왕실과 혼인하며 정치권력을 장악하였다.
③ 권력을 이용하여 넓은 토지를 차지하였다.
④ 여러 세대에 걸쳐 고위 관리를 배출하였다.
⑤ 음서의 혜택은 누릴 수 없었지만 과거를 통해 주요 관직을 차지하였다.

잘 나와!

11 ㉠ 인물에 대한 설명으로 옳은 것은?

역사 신문

서경 천도를 주장하던 세력의 반란, 결국 진압되다

풍수지리설을 근거로 서경 천도를 주장하던 승려 (㉠)이/가 서경에서 반란을 일으켜 중앙 정부와 대치하였다. 그러나 반란 세력은 김부식이 이끄는 관군에게 진압되었다.

① 봉사 10조를 국왕에게 올렸다.
② 부하인 척준경에게 제거되었다.
③ 황제 칭호와 연호 사용을 주장하였다.
④ 딸들을 왕실과 혼인시키며 막강한 권세를 누렸다.
⑤ 유교적 명분을 내세워 금에 사대할 것을 주장하였다.

12 다음 상황이 배경이 되어 일어난 사건으로 옳은 것은?

> 왕이 보현원으로 행차하던 길에 신하들과 술을 마시던 중, …… 무신들을 위로하기 위해 오병수박희를 열었다. …… 대장군 이소응이 수박희에서 패하자, 한뢰가 갑자기 앞으로 나서며 이소응의 뺨을 때리니 계단 아래로 떨어졌다. - 『고려사』

① 묘청의 난　　　　② 무신 정변
③ 이자겸의 난　　　④ 원종과 애노의 난
⑤ 망이·망소이의 난

13 (가) 인물의 집권 시기에 볼 수 있는 모습으로 가장 적절한 것은?

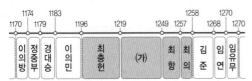

① 별무반 편성을 명하는 왕
② 무신 정변에 가담하는 무신
③ 개경 환도 소식에 반발하는 무인
④ 서방에서 정책을 자문해 주는 문인
⑤ 이자겸의 난을 피해 달아나는 관리

14 자료를 통해 알 수 있는 당시 사회의 모습으로 적절한 것을 〈보기〉에서 고른 것은?

> 노비 만적 등 여섯 명이 노비들을 불러 모아 말하기를 "무신 정변 이후에 높은 관직을 얻은 천한 노비가 많이 나왔으니 어찌 장군과 재상이 타고나는 것이겠는가? 때가 오면 누구나 차지할 수 있다. …… "라고 하였다. - 『고려사』

┤ 보기 ├
ㄱ. 소수 문벌이 권력을 독점하였다.
ㄴ. 천민 출신의 무신 집권자가 등장하였다.
ㄷ. 신분 상승에 대한 기대감이 고조되었다.
ㄹ. 이자겸이 외척으로 막강한 권력을 행사하였다.

① ㄱ, ㄴ　　② ㄱ, ㄷ　　③ ㄴ, ㄷ
④ ㄴ, ㄹ　　⑤ ㄷ, ㄹ

---

03 고려의 대외 관계

15 ㉠, ㉡에 들어갈 나라를 옳게 연결한 것은?

> 10세기 동아시아에서는 고려, (㉠), (㉡)을 중심으로 다원적인 국제 질서가 형성되었다. 고려는 건국 초부터 고구려를 계승한 나라임을 밝히며 북진 정책을 추진하여 (㉠)과 대립하는 한편, (㉡)과 우호 관계를 유지하였다.

	㉠	㉡		㉠	㉡
①	송	거란	②	송	여진
③	거란	송	④	거란	여진
⑤	여진	거란			

잘 나와!

16 (가)에 대한 설명으로 옳은 것은?

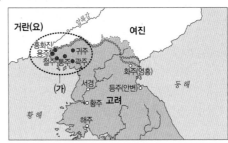

① 서희가 외교 담판으로 획득하였다.
② 강감찬이 거란군을 전멸시킨 곳이다.
③ 윤관이 개척하여 고려의 영토로 삼았다.
④ 고려 북방 민족의 침입에 대비하여 나성을 쌓았다.
⑤ 여진의 요청과 방어의 어려움으로 고려가 여진에 돌려주었다.

100점이 코 앞!

17 다음은 고려와 거란의 전쟁 과정에서 있었던 일이다. 이를 일어난 순서대로 나열한 것은?

> (가) 양규 등이 거란군을 물리쳤다.
> (나) 거란 장수 소손녕이 침입하였다.
> (다) 고려가 국경 지역에 천리장성을 쌓았다.
> (라) 고려군이 귀주 대첩에서 거란군을 격퇴하였다.

① (가) - (나) - (다) - (라)　　② (가) - (다) - (나) - (라)
③ (나) - (가) - (라) - (다)　　④ (다) - (나) - (가) - (라)
⑤ (다) - (라) - (가) - (나)

18 다음에서 설명하는 군사 조직으로 옳은 것은?

> 기병이 강한 여진을 물리치기 위해 기병 부대인 신기군을 중심으로, 보병인 신보군과 승려들로 구성된 항마군으로 편성하였다.

① 10위   ② 주진군   ③ 주현군
④ 별무반   ⑤ 삼별초

19 ㈎에 들어갈 내용으로 옳지 <u>않은</u> 것은?

> **수행 평가 보고서**
> • 주제: 고려 전기의 대외 관계
> • 조사 내용: _____ ㈎

① 당항성이 국제 무역항으로 번성하였다.
② 고려는 송과 가장 활발하게 교류하였다.
③ 여진은 고려에 말과 화살 등을 바치고 생활필수품을 받아 갔다.
④ 거란에서 들어온 대장경은 고려의 대장경 편찬에 도움을 주었다.
⑤ 아라비아 상인에 의해 고려가 코리아라는 이름으로 서방에 알려지게 되었다.

04 몽골의 간섭과 고려의 개혁

20 ㈎에 들어갈 내용으로 옳은 것은?

| 몽골의
1차 침입 | → | 최씨 정권의
강화도 천도 | → | ㈎ | → | 고려와 몽골의
강화 체결 |

① 무신 정권 붕괴   ② 귀주성 전투 승리
③ 처인성 전투 승리   ④ 삼별초의 대몽 항쟁
⑤ 고려 정부의 개경 환도

21 ㈎에 들어갈 내용으로 적절한 것을 〈보기〉에서 고른 것은?

> • 선생님: 처인성 전투에 대해 발표해 볼까요?
> • 학생: _____ ㈎

> **보기**
> ㄱ. 박서가 활약하였어요.
> ㄴ. 홍건적과 왜구를 격퇴하였어요.
> ㄷ. 몽골의 2차 침입에 맞서 항쟁하였어요.
> ㄹ. 몽골군 총사령관 살리타를 사살하였어요.

① ㄱ, ㄴ   ② ㄱ, ㄷ   ③ ㄴ, ㄷ
④ ㄴ, ㄹ   ⑤ ㄷ, ㄹ

22 ㉠, ㉡에 들어갈 지역을 옳게 연결한 것은?

> 고려 정부가 개경 환도를 결정하자 삼별초는 강화도에서 난을 일으켰다. 이후 (㉠)로 이동하여 남해안 일대를 장악하는 등 몽골과의 항쟁을 이어나갔다. 그러나 고려와 몽골 연합군에 의해 진도가 함락되자, 남은 세력이 (㉡)로 옮겨 항전하였지만 결국 진압되었다.

	㉠	㉡		㉠	㉡
①	진도	거제도	②	진도	제주도
③	완도	거제도	④	완도	제주도
⑤	거제도	제주도			

23 다음 학습 목표를 달성한 학생의 답변으로 적절하지 <u>않은</u> 것은?

> • 학습 목표: 원 간섭기에 고려 사회에 나타난 변화를 정리할 수 있다.

① 교정도감이 설치되었다.
② 원이 고려의 영토 일부를 직접 지배하였다.
③ 고려에서 몽골식 복장과 음식 등이 유행하였다.
④ 고려의 왕자들은 원에서 성장하며 교육을 받았다.
⑤ 왕의 호칭과 관직 이름이 제후국 수준으로 격이 낮아졌다.

24 ㉠ 세력에 대한 설명으로 옳은 것은?

> (㉠)은/는 기존의 지배층과 더불어 원과 관련된 업무 종사자, 원의 지배층과 혼인을 맺으며 출세한 사람들이 형성하였다.

① 공민왕의 개혁을 지지하였다.
② 과거를 통해 중앙 관직에 진출하였다.
③ 무신 정변을 일으켜 권력을 장악하였다.
④ 원의 세력에 기대어 지배 세력으로 성장하였다.
⑤ 성리학을 바탕으로 고려 사회를 개혁하려 하였다.

25 다음 권문세족과 신진 사대부를 비교한 내용 중 옳지 않은 것은?

구분	권문세족	신진 사대부
① 집권 시기	원 간섭기	고려 말
② 관직 진출	주로 음서로 진출	주로 과거로 진출
③ 경제 기반	대농장 소유	중소 지주
④ 사상 기반	성리학	불교
⑤ 대외 관계	친원적	친명적

26 지도에 나타난 사건을 주도한 인물에 대한 설명으로 옳지 않은 것은?

① 과전법을 실시하였다.
② 요동 정벌을 추진하였다.
③ 정몽주 등 온건파 세력을 제거하였다.
④ 홍건적과 왜구 격퇴 과정에서 성장하였다.
⑤ 위화도에서 군대를 돌려 개경을 장악하였다.

05 고려의 생활과 문화

27 ㈎에 들어갈 내용으로 적절하지 않은 것은?

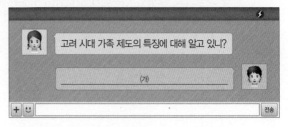

① 여성도 호주가 될 수 있었어.
② 외손자는 음서의 혜택을 받지 못하였어.
③ 딸과 아들에게 재산을 균등하게 상속하였어.
④ 일반적으로 신부의 집에서 혼인식을 치렀어.
⑤ 친가와 외가의 상을 애도하는 기간을 동등하게 하였어.

28 ㉠에 들어갈 인물로 옳은 것은?

> (㉠)은/는 불교의 세속화를 비판하고, 수선사(송광사)를 중심으로 불교 개혁 운동을 펼쳤다. 또한 선종의 입장에서 교종을 포용하는 선교 일치를 주장하였다.

① 원효   ② 의상   ③ 의천
④ 지눌   ⑤ 혜초

29 다음을 통해 알 수 있는 고려 사회의 모습으로 가장 적절한 것은?

> • 사학의 번성   • 과거제의 실시
> • 삼국사기의 편찬   • 국자감과 향교의 설치

① 도교가 발달하였다.
② 불교가 융성하였다.
③ 유학이 발달하였다.
④ 성리학이 도입되었다.
⑤ 풍수지리설이 유행하였다.

30 (가)에 들어갈 내용으로 가장 적절한 것은?

① 유교적 합리주의 사관에 따라 저술된 책은?
② 최초로 단군의 건국 이야기를 수록한 책은?
③ 고려가 고구려를 계승하였다는 의식이 반영된 책은?
④ 단군 조선을 우리 역사상 최초의 국가로 기록한 책은?
⑤ 정통 의식과 대의명분을 강조하는 사관이 반영된 책은?

31 고려 시대의 문화유산에 대한 설명으로 옳지 <u>않은</u> 것은?

① 영주 부석사 무량수전은 배흘림기둥으로 유명하다.
② 원의 영향을 받은 개성 경천사지 10층 석탑이 만들어졌다.
③ 대규모 석불인 논산 관촉사 석조 미륵보살 입상이 건립되었다.
④ 이중 기단 위에 3층으로 쌓은 경주 감은사지 동서 3층 석탑이 건립되었다.
⑤ 영주 부석사의 소조 아미타여래 좌상은 통일 신라의 불상 양식을 계승하였다.

100점이 코앞!

32 고려의 문화와 예술에 대해 정리한 내용 중 옳지 <u>않은</u> 것은?

	구분	내용
①	회화	아미타불도 등 불화 제작
②	공예	금속 공예와 목공예 발달
③	음악	송의 영향을 받은 속악(향악) 발달
④	글씨	굳세고 힘찬 느낌의 구양순체 유행
⑤	인쇄술	목판인쇄술로 초조대장경과 팔만대장경 제작

서술형 문제

1 밑줄 친 '이 왕'을 쓰고, 왕의 정책을 <u>두 가지</u> 서술하시오.

> <u>이 왕</u>은 과거제를 처음 실시하여 유교적 지식과 능력을 갖춘 인재를 등용하는 등 중앙 집권적인 통치 체제의 기반을 마련하였다.

_____
_____
_____

2 지도를 보고 물음에 답하시오.

(1) 지도에 표시된 영토를 되찾은 왕을 쓰시오.

_____

(2) (1) 왕이 추진한 반원 정책을 <u>세 가지</u> 서술하시오.

_____
_____
_____

3 다음 주장을 펼친 인물을 쓰고, 이러한 봉기가 시도될 수 있었던 배경을 자료에서 찾아 서술하시오.

> "무신 정변 이후에 높은 관직을 얻은 천한 노비가 많이 나왔으니 어찌 장군과 재상이 타고나는 것이겠는가? 때가 오면 누구나 차지할 수 있다. …… "
> 라고 하였다.
> – 「고려사」

_____
_____
_____

01 고려의 건국과 정치 변화(1)

01 고려의 후삼국 통일 과정을 순서대로 나열한 것은?

> (가) 왕건이 고려를 건국하였다.
> (나) 후백제의 견훤이 고려에 귀순하였다.
> (다) 신라의 경순왕이 고려에 나라를 넘겨주었다.
> (라) 고려가 후백제군을 격파한 뒤 후백제를 통합하였다.

① (가) – (나) – (다) – (라) ② (가) – (다) – (나) – (라)
③ (나) – (가) – (다) – (라) ④ (다) – (나) – (가) – (라)
⑤ (다) – (라) – (가) – (나)

02 다음 정책이 반영된 사실로 옳은 것은?

> 태조는 건국 직후부터 고구려 계승을 내세웠고, 고구려의 옛 땅을 회복하기 위해 북진 정책을 추진하였다.

① 유력한 호족과 혼인 관계를 맺었다.
② 평양을 서경이라 부르며 중시하였다.
③ 호족이나 공신을 사심관으로 삼았다.
④ 연등회와 팔관회를 국가적인 행사로 개최하였다.
⑤ 호족의 자제를 수도에 머물게 하여 출신 지역의 일에 자문을 구하였다.

잘 나와!

03 고려 태조의 정책에 대한 설명으로 옳지 <u>않은</u> 것은?

① 관리에게 관료전을 지급하였다.
② 청천강에서 영흥만까지 영토를 확장하였다.
③ 백성의 생활 안정을 위해 세금을 줄여 주었다.
④ 신라와 후백제 세력을 지배층으로 받아들였다.
⑤ 각 지역의 호족 세력을 포섭하기 위해 그 딸과 혼인하였다.

04 다음 개혁안을 받아들인 왕에 대한 설명으로 옳은 것을 〈보기〉에서 고른 것은?

> 제7조 임금께서 백성의 집집마다 가서 날마다 돌볼 수는 없습니다. 수령을 파견하여 백성을 돌보게 하십시오.
> 제13조 연등회와 팔관회를 줄여 백성이 힘을 펴게 하십시오.
> 제20조 불교를 믿는 것은 자신을 수양하는 근본이며, 유교를 행하는 것은 나라를 다스리는 근원입니다. 자신을 수양하는 것은 내세에 복을 구하는 일이며, 나라를 다스리는 것은 오늘의 급한 일입니다.   – 『고려사』

> ┤보기├
> ㄱ. 지방에 12목을 설치하였다.
> ㄴ. 2성 6부의 중앙 관제를 마련하였다.
> ㄷ. 광덕, 준풍 등의 연호를 사용하였다.
> ㄹ. 호족에게 관직과 토지, 왕씨 성 등을 내려 주었다.

① ㄱ, ㄴ ② ㄱ, ㄷ ③ ㄴ, ㄷ
④ ㄴ, ㄹ ⑤ ㄷ, ㄹ

05 밑줄 친 '이 왕'의 업적으로 옳은 것은?

이 왕은 호족 세력을 견제하고 왕권을 강화하기 위한 정책을 추진하였어.

맞아, 그래서 노비안검법을 실시하였지.

① 훈요 10조를 남겼다.
② 과거제를 시행하였다.
③ 후삼국을 통일하였다.
④ 독서삼품과를 시행하였다.
⑤ 사심관 제도를 실시하였다.

06 ㉠, ㉡에 들어갈 내용을 옳게 연결한 것은?

> 고려 시대의 (㉠)은 국가의 정책을 논의한 최고 관청이고, (㉡)은/는 관리의 비리를 살피고 정치의 잘잘못을 논하는 역할을 담당하였다.

	㉠	㉡
①	상서성	어사대
②	상서성	중추원
③	중서문하성	어사대
④	중서문하성	중추원
⑤	중서문하성	도병마사

⚡100점이 코 앞!

07 고려의 지방 행정 제도에 대한 설명으로 옳은 것을 〈보기〉에서 고른 것은?

> ┤보기├
> ㄱ. 5도에 안찰사를 파견하였다.
> ㄴ. 모든 군현에 지방관을 파견하였다.
> ㄷ. 향리가 지방 행정의 실무를 담당하였다.
> ㄹ. 전국을 9주로 나누고 그 아래에 군과 현을 두었다.

① ㄱ, ㄴ ② ㄱ, ㄷ ③ ㄴ, ㄷ
④ ㄴ, ㄹ ⑤ ㄷ, ㄹ

08 밑줄 친 ㉠~㉤ 중 옳지 않은 것은?

> **고려의 관리 등용 제도와 교육 제도**
> ㉠ 고려의 관리 등용 제도는 과거제와 음서제가 대표적이었다. 과거제에는 ㉡ 문관을 뽑는 제술과와 명경과, 기술관을 뽑는 잡과, 승려를 대상으로 하는 승과가 있었다. ㉢ 무예가 뛰어난 사람은 무과를 통해 무관으로 임명하였고, ㉣ 5품 이상 고위 관리의 자손은 과거를 거치지 않고 음서로 관리가 될 수 있었다. 한편, 고려는 ㉤ 교육을 중시하여 개경에 국자감, 지방에 향교를 설치하였다.

① ㉠ ② ㉡ ③ ㉢ ④ ㉣ ⑤ ㉤

---

02 고려의 건국과 정치 변화(2)

09 (가) 인물에 대한 설명으로 옳은 것은?

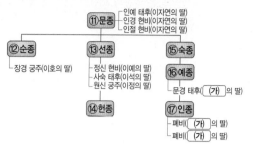

① 야별초를 조직하였다.
② 교정도감을 설치하였다.
③ 소손녕과 외교 담판을 벌였다.
④ 성종에게 시무 28조를 올렸다.
⑤ 왕이 되기 위해 척준경과 함께 반란을 일으켰다.

10 (가) 세력에 대한 설명으로 옳지 않은 것은?

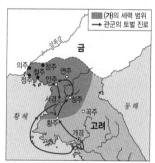

① 금에 사대할 것을 주장하였다.
② 김부식이 이끈 관군에게 진압되었다.
③ 풍수지리설을 사상적 바탕으로 하였다.
④ 서경 천도가 좌절되자 반란을 일으켰다.
⑤ 황제를 칭하고 연호를 사용할 것을 건의하였다.

11 다음 사건들을 일어난 순서대로 나열한 것은?

(가) 무신 정변	(나) 만적의 난
(다) 이자겸의 난	(라) 서경 천도 운동

① (가) - (나) - (다) - (라) ② (가) - (다) - (나) - (라)
③ (나) - (가) - (다) - (라) ④ (다) - (나) - (가) - (라)
⑤ (다) - (라) - (가) - (나)

12 다음 사건이 발생한 시기를 연표에서 옳게 고른 것은?

> 무신을 차별하고 무시하는 풍조가 만연하자 1170년 정중부, 이의방 등은 의종의 보현원 행차 때 정변을 일으켜 권력을 차지하였다.

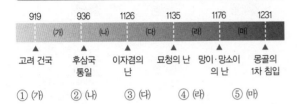

① (가)   ② (나)   ③ (다)   ④ (라)   ⑤ (마)

잘 나와!

13 최씨 정권에 대한 설명으로 옳지 <u>않은</u> 것은?

① 도방을 통해 호위를 강화하였다.
② 최충헌은 집권 초 사회 개혁안을 제시하였다.
③ 최고 회의 기구인 중방을 통해 권력을 유지하였다.
④ 교정도감을 설치하여 국가의 중요 정책을 결정하였다.
⑤ 4대 60여 년간 지속되며 무신 정권의 안정기를 이루었다.

14 (가)에 들어갈 내용으로 가장 적절한 것은?

> • 선생님: 만적의 난과 전주 관노비의 난의 공통점을 말해 볼까요?
> • 학생: _____ (가)

① 천민층의 저항 운동이었습니다.
② 옛 삼국의 부흥을 주장하였습니다.
③ 무신 정권에 대한 지배층의 반발이었습니다.
④ 경주 세력과 합세하여 중앙에 저항하였습니다.
⑤ 일반 군현보다 과도한 세금 부담에 반발하였습니다.

03 고려의 대외 관계

15 거란의 침입과 격퇴에 대한 탐구 활동으로 적절하지 <u>않은</u> 것은?

① 삼별초의 활동 내용을 찾아본다.
② 귀주 대첩의 전개 과정을 정리한다.
③ 양규 등이 활약한 시기를 조사한다.
④ 서희와 소손녕의 담판 내용을 알아본다.
⑤ 나성과 천리장성을 축조한 이유를 살펴본다.

16 밑줄 친 '이 민족'에 대한 설명으로 옳은 것을 〈보기〉에서 고른 것은?

> 이 민족은 고려 초 부족 단위로 흩어져 살면서 고려를 부모의 나라로 섬겼다. 그러나 12세기에 완옌부를 중심으로 통합하면서 점차 세력을 키워 나갔다.

┌ 보기 ┐
ㄱ. 강감찬이 활약하여 물리쳤다.
ㄴ. 바닷길을 통해 고려와 교류하였다.
ㄷ. 윤관이 별무반을 편성하여 정벌하였다.
ㄹ. 금을 세우고 고려에 사대 관계를 요구하였다.

① ㄱ, ㄴ   ② ㄱ, ㄷ   ③ ㄴ, ㄷ
④ ㄴ, ㄹ   ⑤ ㄷ, ㄹ

17 밑줄 친 '이곳'으로 옳은 것은?

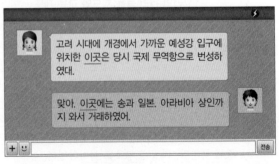

① 당항성   ② 벽란도   ③ 상경성
④ 울산항   ⑤ 청해진

18 ⑦~ⓒ 나라에 대한 설명으로 옳지 <u>않은</u> 것은?

> 고려는 건국 초기부터 주변 국가와 활발하게 교류하였다. (⑦)의 침입을 물리친 뒤에는 (⑦)에 정기적으로 사신을 파견하였고, (ⓒ)과 가장 활발하게 교류하였다. (ⓒ)은/는 수은과 향료를 가져와 식량, 인삼 등과 바꾸어 갔다.

① ⑦은 고려에 은, 모피 등을 보냈다.
② ⑦은 고려의 대장경 편찬에 도움을 주었다.
③ ⓒ은 고려와의 관계를 통해 주변 민족을 견제하려 하였다.
④ ⓒ은 비단, 서적 등 왕실과 귀족의 수요품을 고려에 가져왔다.
⑤ ⓒ과의 교류를 통해 고려는 코리아라는 이름으로 서방 세계에 알려졌다.

---

04 몽골의 간섭과 고려의 개혁

19 ⑦, ⓒ에 들어갈 인물을 옳게 연결한 것은?

> **인물 사전**
> • (⑦): 몽골의 1차 침입 때 귀주성에서 몽골군을 격퇴하였다.
> • (ⓒ): 몽골의 2차 침입 때 처인성에서 부곡민들과 함께 몽골군 사령관 살리타를 사살하였다.

	⑦	ⓒ		⑦	ⓒ
①	박서	김윤후	②	박서	이성계
③	김윤후	이성계	④	김윤후	최무선
⑤	이성계	이방실			

20 삼별초에 대한 설명으로 옳지 <u>않은</u> 것은?

① 무신 정권의 군사적 기반이었다.
② 신기군, 신보군, 항마군으로 구성되었다.
③ 개경 환도에 반대하며 대몽 항쟁을 전개하였다.
④ 제주도에서 고려와 몽골 연합군에게 진압되었다.
⑤ 진도를 근거지로 삼아 남해안 일대를 장악하였다.

---

21 ⑺ 시기에 볼 수 있는 모습으로 적절하지 <u>않은</u> 것은?

① 몽골 음식을 소개하는 학자
② 일본 원정에 동원되는 군인
③ 왕을 전하라고 부르는 신하
④ 몽골에 공녀로 끌려가는 아이
⑤ 위화도 회군 소식을 전하는 관리

22 다음과 같은 개혁을 추진한 기구로 옳은 것은?

> 공민왕이 신돈을 등용하여 설치한 기구로, 권문세족이 불법적으로 차지한 땅을 원래 주인에게 돌려주고 억울하게 노비가 된 자를 양인으로 해방시켰다.

① 응방   ② 식목도감
③ 정동행성   ④ 탐라총관부
⑤ 전민변정도감

잘 나와!

23 공민왕의 개혁 정치에 대한 설명으로 옳지 <u>않은</u> 것은?

① 몽골의 풍습을 금지하였다.
② 정동행성이문소를 폐지하였다.
③ 서방을 설치하여 문신을 등용하였다.
④ 성균관을 정비하여 유학 교육을 강화하였다.
⑤ 쌍성총관부를 공격하여 철령 이북의 땅을 회복하였다.

24 (가) 세력에 대한 설명으로 옳지 <u>않은</u> 것은?

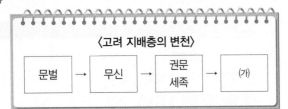

① 대부분 지방 향리 출신이었다.
② 과거를 통해 관직에 진출하였다.
③ 성리학을 학문적 바탕으로 하였다.
④ 친원 세력으로 대농장을 경영하였다.
⑤ 권문세족의 비리와 불교의 폐단을 비판하였다.

05 고려의 생활과 문화

25 다음 학습 목표를 달성한 학생의 답변으로 적절하지 <u>않은</u> 것은?

• 학습 목표: 고려 시대 가족 제도의 특징을 설명할 수 있다.

① 각자의 혈연이 중심이 되었다.
② 족보에 친손과 외손을 모두 기록하였다.
③ 제사 비용은 아들과 딸이 균등 부담하였다.
④ 남성과 여성 모두 이혼을 요구할 수 있었다.
⑤ 친가와 외가의 상을 애도하는 기간에 차등을 두었다.

26 고려 시대 향도에 대한 설명으로 옳은 것을 〈보기〉에서 고른 것은?

┤보기├
ㄱ. 수령을 중심으로 운영되었다.
ㄴ. 도교를 바탕으로 조직된 노동 조직이다.
ㄷ. 매향 활동을 할 때 주도적인 역할을 하였다.
ㄹ. 고려 후기에는 친목을 다지는 소규모 농민 조직으로 변하였다.

① ㄱ, ㄴ ② ㄱ, ㄷ ③ ㄴ, ㄷ
④ ㄴ, ㄹ ⑤ ㄷ, ㄹ

27 ㉠ 사상의 특징으로 옳은 것은?

삼국 시대에 전래된 (㉠)은/는 고려 시대에 왕실을 비롯한 지배층에서 유행하였다. 고려 왕실에서는 여러 신에게 복을 빌며 국가의 안녕과 왕실의 번영을 기원하였다.

① 서경 천도 운동에 영향을 주었다.
② 의천, 지눌 등에 의해 발전하였다.
③ 도참사상과 결합하여 유행하였다.
④ 불로장생과 현세의 복을 구하였다.
⑤ 신진 사대부가 개혁 사상으로 수용하였다.

28 다음 내용을 바탕으로 보고서를 작성할 때 그 주제로 가장 적절한 것은?

• 광종이 과거제를 실시하였다.
• 최충이 9재 학당을 설립하였다.

① 도교의 특징
② 토착 신앙의 유행
③ 유학 교육의 강화
④ 풍수지리설의 영향
⑤ 불교의 발전과 변화

29 ㉠에 들어갈 역사서로 옳은 것은?

(㉠)은/는 승려 일연이 우리 고유의 문화와 불교에 관한 내용을 담아 저술한 역사서로, 처음으로 단군의 건국 이야기를 기록하였다.

① 동명왕편 ② 삼국사기
③ 삼국유사 ④ 제왕운기
⑤ 왕오천축국전

30 밑줄 친 ㉠에 해당하는 탑으로 옳은 것은?

> 고려 후기에는 원과의 교류가 활발해지면서 ㉠ 원의 영향을 받은 석탑이 제작되기도 하였다.

① 경주 분황사 모전 석탑
② 부여 정림사지 5층 석탑
③ 개성 경천사지 10층 석탑
④ 평창 월정사 8각 9층 석탑
⑤ 원주 법천사지 지광 국사탑

31 다음 보고서와 관련된 문화유산에 대한 설명으로 옳은 것은?

> **문화 활동 보고서**
> • 장소: 합천 해인사 장경판전
> • 내용: 고려 목판 인쇄술의 높은 수준을 보여 줌

① 신라 계승 의식이 반영되었다.
② 현존하는 가장 오래된 금속 활자본이다.
③ 지배층의 평안과 극락왕생을 기원하였다.
④ 최우가 몽골을 물리치기 위해 조판하였다.
⑤ 거란의 침입을 물리치기 위해 제작되었다.

32 고려 시대 문화와 예술에 대한 설명으로 옳은 것을 〈보기〉에서 고른 것은?

> ┤보기├
> ㄱ. 무구정광대다라니경이 제작되었다.
> ㄴ. 인공 석굴 사원인 석굴암이 건축되었다.
> ㄷ. 원의 영향을 받은 다포 양식의 사찰이 건축되었다.
> ㄹ. 12세기에 상감법을 사용하여 만든 상감 청자가 유행하였다.

① ㄱ, ㄴ ② ㄱ, ㄷ ③ ㄴ, ㄷ
④ ㄴ, ㄹ ⑤ ㄷ, ㄹ

1 밑줄 친 '내정 간섭'을 받은 고려 사회의 변화를 세 가지 서술하시오.

> 고려 정부가 개경으로 환도한 뒤, 원은 고려에 자신들의 영향력을 확대하고자 하였다. 고려는 독립국의 지위를 유지하였지만 원의 내정 간섭을 받았다.

_____
_____
_____

2 고려 시대 혼인 제도의 특징을 세 가지 서술하시오.

_____
_____
_____

3 다음 건축물의 특징을 두 가지 서술하시오.

↑ 영주 부석사 무량수전

_____
_____
_____